STUDIENKURS SOZIOLOGIE

Lehrbuchreihe für Studierende der Soziologie
an Universitäten und Hochschulen

Wissenschaftlich fundiert und in verständlicher Sprache führen die Bände der Reihe in die zentralen Forschungsgebiete, Theorien und Methoden der Soziologie ein und vermitteln die für angehende SoziologInnen grundlegenden Studieninhalte. Die konsequente Problemorientierung und die didaktische Aufbereitung der einzelnen Kapitel erleichtern den Zugriff auf die fachlichen Inhalte. Bestens geeignet zur Prüfungsvorbereitung u.a. durch Zusammenfassungen, Wissens- und Verständnisfragen sowie Schaubilder und thematische Querweise.

Janna Teltemann

Bildungssoziologie

2., aktualisierte und erweiterte Auflage

Onlineversion
Nomos eLibrary

Die Deutsche Nationalbibliothek verzeichnet diese Publikation in
der Deutschen Nationalbibliografie; detaillierte bibliografische
Daten sind im Internet über http://dnb.d-nb.de abrufbar.

ISBN 978-3-8487-7320-6 (Print)
ISBN 978-3-7489-1330-6 (ePDF)

2., aktualisierte und erweiterte Auflage 2022
© Nomos Verlagsgesellschaft, Baden-Baden 2022. Gesamtverantwortung für Druck
und Herstellung bei der Nomos Verlagsgesellschaft mbH & Co. KG. Alle Rechte, auch
die des Nachdrucks von Auszügen, der fotomechanischen Wiedergabe und der Übersetzung, vorbehalten. Gedruckt auf alterungsbeständigem Papier.

Für Elin

Vorwort zur zweiten Auflage

Ich freue mich, dass sich die mit dem Erscheinen der ersten Auflage verbundene Hoffnung auf eine Gelegenheit zur Korrektur und Erweiterung dieses Lehrbuchs erfüllt hat. Für diese zweite Auflage wurden zahlreiche Tippfehler korrigiert, Formulierungen überarbeitet und Daten aktualisiert. Neu hinzugekommen sind die Kapitel zu den Auswirkungen der Corona-Pandemie im Bildungsbereich und zur Digitalisierung. Für beide Themen ist festzuhalten, dass wir „mittendrin stecken" und somit die in den Kapiteln berichteten Befunde und Einschätzungen nur vorläufig sein können. Somit gilt auch für diese Auflage, dass der Text nicht als „fertig" anzusehen ist. Bei der Überarbeitung und Ergänzung hat mich Hanna Wente sehr tatkräftig und umsichtig unterstützt, auch Maximilian Brinkmann gebührt mein großer Dank. Ich bedanke mich außerdem herzlich bei Alexander Hutzel vom Nomos-Verlag für die vertrauensvolle Zusammenarbeit.

Vorwort

Diese Einführung ist aus der Vorlesung „Einführung in die Bildungssoziologie" an der Universität Hildesheim hervorgegangen, die sich vor allem an Studierende im B.A. mit Lehramtsoption richtet, die Soziologie als ein Wahlpflichtfach im sogenannten Professionalisierungsbereich studieren. Daher richtet sich auch dieses Buch weniger an Studierende, die Soziologie im Vollfach studieren, sondern vielmehr an Studierende, die ergänzend zu ihrem eigentlichen Studienfach mit soziologischen Inhalten in Berührung kommen. Daher wird weitgehend auf soziologischen „Jargon", auf die Nennung von Namen einflussreicher SoziologInnen und auf den Versuch einer vollständigen Übersicht über die zahlreichen verschiedenen theoretischen und empirischen Zugänge zum Thema verzichtet. Ziel des Buches ist es, einen Eindruck über den soziologischen Blick auf Bildungsprozesse zu vermitteln. Gerade für Studierende, die Berufe innerhalb des Bildungssystems anstreben, kann diese soziologische Sichtweise wichtiges Orientierungswissen über die Hintergründe und Rahmenbedingungen des eigenen (zukünftigen) Tuns bereitstellen. Zwei Dinge stehen in diesem Buch im Vordergrund: Ungleichheiten im Bildungserwerb als eine zentrale Perspektive der Bildungssoziologie und die Beschreibung von (Elementen von) Bildungssystemen mit abstrakten, allgemeinen Begriffen. Ein weiteres Ziel ist die Heranführung an Möglichkeiten einer „zahlenmäßigen" Beschreibung, also *Messung*, von Bildung und Bildungsungleichheiten. Dabei liegt der Schwerpunkt auf der verallgemeinerbaren Beschreibung im Sinne einer „Evaluation" der Leistungen von gesamten Bildungssystemen, daher werden vorwiegend Ergebnisse quantitativer Studien berichtet.

Wie immer im „Normalbetrieb" werden Manuskripte nur deshalb abgegeben, weil es eine vereinbarte Deadline gibt, nicht weil der Text als „fertig" anzusehen ist. Dies gilt auch für dieses Buch, das noch einige weitere Kapitel enthalten könnte. Im besten Fall kann sich ein Text weiterentwickeln: mit weiteren Auflagen und Rückmeldungen der LeserInnen. Ich bedanke mich für Kommentare und Hinweise auf Fehler bei Melissa Sarah El Ferouani, Svenja Warnecke, Nick Könnecke und vor allem Simon Gordt. Für etwaige Fehler bin ich allein verantwortlich.

Inhalt

Vorwort zur zweiten Auflage	7
Vorwort	9
Abbildungsverzeichnis	15
Tabellenverzeichnis	17
1. Einführung: Grundlagen der Bildungssoziologie	19
1.1 Was ist Soziologie?	19
1.2 Soziologie als Wissenschaft	25
1.3 Was ist Bildungssoziologie?	29
1.4 Grundbegriffe der Bildungssoziologie	33
1.4.1 Sozialisation	33
1.4.2 Erziehung	37
1.4.3 Bildung	38
2. Die individuelle und gesellschaftliche Bedeutung von Bildung	45
2.1 Individuelle Folgen	45
2.1.1 Empirische Befunde	46
2.1.2 Erklärungsansätze	53
2.2 Gesellschaftliche Folgen	58
2.2.1 Was bedeutet mehr oder weniger Bildung für Gesellschaften?	58
2.2.2 Wissensgesellschaften	63
3. Was sind Bildungssysteme?	69
3.1 Funktionen und Aufgaben von Bildungssystemen	70
3.2 Chancengerechtigkeit als Herausforderung für Bildungssysteme	72
3.3 Gesellschaftstheoretische Perspektiven auf Bildungssysteme	77
3.3.1 Strukturfunktionalismus	77
3.3.2 Konflikttheorie	78
3.3.3 Systemtheorie	79
3.4 Merkmale und Effekte von Bildungssystemen	80
3.5 Personen und ihr Handeln in Bildungssystemen	83
4. Was sind Schulen?	91
4.1 Was sind Organisationen?	92
4.2 Die Schule als Organisation	96
5. Die Messung von Bildung und Ungleichheit	101
5.1 Operationalisierung des Bildungsbegriffs	101
5.2 Niveau	101
5.3 Ungleichheit – Equality	104
5.4 Kopplung mit Herkunftsmerkmalen – Equity	108

5.5	Berücksichtigung von weiteren Einflussfaktoren	114
5.6	Datenquellen	115

6. Soziale Bildungsungleichheit — 117

- 6.1 Schichtspezifische Sozialisation und Theorie der kulturellen Reproduktion — 118
- 6.2 Handlungstheoretische Perspektive — 121
- 6.3 Einflussfaktoren auf Ebene der Schulen und des Unterrichts — 124
- 6.4 Kann soziale Bildungsungleichheit verringert werden? — 126

7. Migrationsbedingte Bildungsungleichheit — 129

- 7.1 Migration, Bildung und Integration — 130
- 7.2 Zuwanderung nach Deutschland — 131
- 7.3 Migrationsbedingte Bildungsungleichheit: Befunde — 134
- 7.4 Erklärungsansätze für migrationsbedingte Bildungsungleichheit — 136
- 7.5 Maßnahmen zur Verringerung migrationsbedingter Bildungsungleichheit — 141

8. Geschlechtsspezifische Bildungsungleichheit — 145

- 8.1 Befunde — 146
  - 8.1.1 Kompetenzen — 146
  - 8.1.2 Bildungsbeteiligung — 147
  - 8.1.3 Erträge von Bildung auf dem Arbeitsmarkt — 148
- 8.2 Erklärungsansätze und Maßnahmen — 149
  - 8.2.1 Geschlechterunterschiede in Kompetenzen und Leistungen — 150
  - 8.2.2 Geschlechterunterschiede beim Arbeitsmarkterfolg — 154
  - 8.2.3 Maßnahmen zur Verringerung geschlechtsspezifischer Bildungsungleichheiten — 156

9. Bildungssysteme im Wandel — 159

- 9.1 Veränderungen in den deutschen Schulsystemen seit der Jahrtausendwende — 160
- 9.2 Bewertung und Analyse des Wandels — 165

10. Auswirkungen der Corona-Pandemie im Bildungsbereich — 169

- 10.1 Auswirkungen auf Lernzuwächse und Kompetenzen — 171
  - 10.1.1 Kompetenzentwicklung und Lernzuwächse — 172
  - 10.1.2 Ungleichheit — 174
- 10.2 Auswirkungen auf Wohlbefinden und mentale Gesundheit — 176
- 10.3 Folgen für Studierende — 178
- 10.4 Gesamtgesellschaftliche Folgen und Ausblick — 179

11. Bildung im digitalen Wandel — 183

- 11.1 Chancen und Herausforderungen der Digitalisierung im Bildungsbereich — 185
- 11.2 Befunde zur Digitalisierung im Bildungsbereich — 188
  - 11.2.1 Infrastruktur und Personal — 188

11.2.2 Kompetenzen	190
11.2.3 Ungleichheit	191
11.3 Digitalisierung an Hochschulen	192
11.4 Perspektiven	194
Literaturverzeichnis	197
Stichwortverzeichnis	213
Bereits erschienen in der Reihe STUDIENKURS SOZIOLOGIE	215

Abbildungsverzeichnis

Abbildung 2.1: Qualifikationsspezifische Arbeitslosenquoten in Deutschland 1975 bis 2019 (bis 1990: Westdeutschland)   46

Abbildung 2.2: Anteil erwerbsloser Personen an der 25- bis 65-jährigen Bevölkerung mit tertiärem Abschluss 2020 (Japan: 2019)   47

Abbildung 2.3: Durchschnittlicher Brutto-Stundenlohn in Euro nach Bildungsstand, Quelle: Bundesinstitut für Berufsbildung 2019, A10.3.1 Indikatoren des beruflichen Erfolgs nach Qualifikation und Geschlecht, eigene Darstellung   48

Abbildung 2.4: Politisches Interesse 2018 nach Bildungsstand (Durchschnittliche vorhergesagte Wahrscheinlichkeiten (Predictive Margins) für das politische Interesse einer Person nach ihrem Bildungsstand)   49

Abbildung 2.5: Anteil Personen mit Vertrauen in Mitmenschen, Antwortalternativen: "Man kann trauen" (dargestellt, in Prozent), "kommt darauf an", "man muss vorsichtig sein", ALLBUS 2012   50

Abbildung 2.6: Tabakkonsum (täglich oder gelegentlich) 2015 nach Bildungsstand, Bildungsniveau nach ISCED-Stufen: niedrig ISCED 0-2, mittel ISCED 3-4, hoch ISCED 5-6   51

Abbildung 2.7: Selbsteinschätzung des Gesundheitszustandes (sehr gut/gut) nach Bildungsstand 2019 in Prozent, Bildungsniveau nach ISCED-Stufen: niedrig ISCED 0-2, mittel ISCED 3-4, hoch ISCED 5-6   52

Abbildung 2.8: Zusammenhang zwischen Bildungsstand und Lebenszufriedenheit 2014 (lineare Regressionskoeffizienten, Referenzkategorie: Abschluss im Sekundarbereich), Bildungsniveau nach ISCED-Stufen: niedrig ISCED 0-2, mittel ISCED 3-4, hoch ISCED 5-6   53

Abbildung 2.9: Ausgaben für Bildungseinrichtungen in Prozent des Bruttoinlandsprodukts in den OECD-Staaten 2018   59

Abbildung 2.10: Bildungsleistungen und langfristiges Wirtschaftswachstum: Zusammenhang zwischen Bildungskompetenzen (Durchschnitt aller internationalen Vergleichstests zwischen 1964 und 2003, gemessen äquivalent zu PISA-Testpunkten) und realem jährlichen Pro-Kopf-Wirtschaftswachstum (1960 bis 2000) im internationalen Ländervergleich nach Herausrechnen weiterer Einflussfaktoren   61

Abbildung 2.11: ArbeitnehmerInnen im Inland nach Wirtschaftssektoren   64

Abbildung 3.1: Fiktives Beispiel für die Kompetenzverteilung von SchülerInnen mit und ohne Migrationshintergrund   75

Abbildung 3.2: Zentrale Aspekte von Bildungssystemen   82

Abbildung 5.1: Entwicklung der Studienberechtigtenquote   102

Verzeichnis der Übersichten und Prüfungsschemata

Abbildung 5.2: Entwicklung der durchschnittlichen Lesekompetenzen in Deutschland, PISA 2000-2015 — 103

Abbildung 5.3: AbsolventInnen aus allgemeinbildenden und beruflichen Schulen 2018 nach Abschlussarten (in Prozent der gleichaltrigen Wohnbevölkerung) — 105

Abbildung 5.4: Sozialer Gradient, Deutschland PISA 2015, Lesekompetenzen — 112

Abbildung 7.1: Entwicklung der Lesekompetenzen von 15-jährigen SchülerInnen mit und ohne Migrationshintergrund in Deutschland von 2000 bis 2015 unter Kontrolle der sozioökonomischen Position (ESCS), des Sprachgebrauchs im Haushalt und der besuchten Klassenstufe — 138

Abbildung 8.1: Geschlechterunterschiede (Jungen – Mädchen) in Lesekompetenzen, PISA 2018 — 146

Abbildung 8.2: Geschlechterunterschiede (Jungen – Mädchen) in Mathematikkompetenzen, PISA 2018 — 147

Tabellenverzeichnis

Tabelle 5.1: Anteil der SchülerInnen auf den verschiedenen Kompetenzstufen (Lesen) in PISA 2018, Deutschland ... 105

Tabelle 5.2: Beispiel für die Berechnung des arithmetischen Mittelwerts, der Varianz und der Standardabweichung ... 106

Tabelle 5.3: Mittelwerte und Quantile der Lesekompetenzen in PISA 2018, ausgewählte Länder ... 107

Tabelle 5.4: Bildungsbeteiligung nach Bildungsstatus im Elternhaus, Ausschnitt aus dem "Bildungstrichter" 2016 ... 110

Tabelle 5.5: Gruppenspezifische Standards (‚kritische Werte') für die Gymnasialpräferenzen der Lehrkräfte, Gesamtskala Lesen ... 111

Tabelle 5.6: Erklärte Varianz und sozialer Gradient, PISA 2015, Lesekompetenz, Statusvariable: International Socio-Economic Index of Occupational Status (HISEI), ausgewählte Länder ... 113

Tabelle 6.1: Anteil der erklärten Varianz der Leseleistungen durch den ESCS-Index. OECD PISA Database 2000, 2003, 2006, 2009, 2012, 2015, 2018. ... 127

Tabelle 7.1: Lesekompetenzen in PISA (Deutschland) nach Migrationshintergrund (MH) und Herkunftsland ... 134

Tabelle 7.2: Bildungsbeteiligung nach Altersgruppen und Migrationshintergrund (MH) ... 135

1. Einführung: Grundlagen der Bildungssoziologie

> Ich glaube nicht, einem Vorurteil nachzugeben und eine unangemessene Vorliebe für eine Wissenschaft zu zeigen, die ich mein ganzes Leben gepflegt habe, wenn ich sage, dass der Erzieher nichts nötiger braucht als eine soziologische Bildung. Die Soziologie kann uns nicht fertige Verfahren reichen, deren wir uns nur zu bedienen hätten. Gibt es die überhaupt? Aber sie kann mehr und sie kann es besser: Sie kann uns das geben, was wir am dringendsten brauchen, das heißt ein Bündel richtungsweisender Ideen, die die Seele unserer Praxis sind und die sie stützen, die unserem Tun einen Sinn geben und uns an sie binden." (Durkheim 1985 [1903]: 53ff)

Zusammenfassung
In diesem Kapitel wird dargestellt, warum die Soziologie als Wissenschaftsdisziplin entstanden ist und was ihr Gegenstand und ihre Arbeitsweisen sind. Anschließend wird kurz umrissen, welches die zentralen Fragestellungen der Bildungssoziologie sind. Im zweiten Teil des Kapitels werden drei zentrale Begriffe der Bildungssoziologie – Sozialisation, Bildung und Erziehung – definiert.

1.1 Was ist Soziologie?

Das obenstehende Zitat eines der ersten „Berufssoziologen" wirbt eindringlich für den Nutzen einer soziologischen Grundbildung, insbesondere für Menschen, die in pädagogischen Berufen arbeiten. Dieses Buch gibt Einblick in einen Teil dieser soziologischen Grundbildung, nämlich jenen, der sich mit der gesellschaftlichen Bedeutung von Bildung beschäftigt. Die Soziologie ist zunächst eine Wissenschaft, die die gegenwärtige Gesellschaft und „das Soziale" im Allgemeinen zum Gegenstand hat. Ihrem Wortursprung nach ist sie die „Lehre" des „Gefährten" (lat.: socius), also des oder der Mitmenschen. Was beinhaltet es, Gesellschaften und Mitmenschen wissenschaftlich zu betrachten? Im Kern geht es der Soziologie darum, zu verstehen, durch welche Prozesse Gesellschaften entstehen und weiterexistieren können, was sie zusammenhält oder – anders gesagt – *integriert*. Es geht um das Zusammenleben von Menschen und wie ihr Handeln dieses Zusammenleben befördert oder behindert. Dabei wird innerhalb der Soziologie weniger von Zusammenleben als von *sozialer Ordnung* und deren *Reproduktion*, also deren Aufrechterhaltung oder Wandel, gesprochen.

Die Soziologie ist eine vergleichsweise junge Wissenschaft, zumindest im Hinblick auf ihre institutionelle Etablierung. Die ersten Lehrstühle an Universitäten entstanden in den 1890er-Jahren in den USA. In Europa hatte der oben schon erwähnte Émile Durkheim (1858-1917) in Frankreich die erste Professur für Soziologie inne. Voraussetzung für die Entstehung der Soziologie als eine an Universitäten vertretene Wissenschaft war, dass sich zunächst die Idee durchsetzen musste, dass die Ordnung von Gesellschaften etwas ist, das man untersuchen kann und sollte – weil diese Ordnung menschengemacht ist und nicht durch eine göttliche oder naturgewaltliche Fügung zustande kommt. Grundlegend für die soziologische Denkweise ist das Infragestellen von scheinbar gegebenen gesellschaftlichen Tatsachen, zum Beispiel ihren Strukturen und Ordnungen, und deshalb konnte es die Soziologie auch nicht geben, solange der Glaube an eine gottgegebene Ordnung verbreitet war.

Die weitgehende Verabschiedung von traditionellen (vor allem religiösen) Glaubensorientierungen hat sich mit der Aufklärung im 17. und 18. Jahrhundert vollzogen. Zugleich haben sich im Zuge der bürgerlich-politischen Revolutionen seit dem 18. Jahrhundert und der Industrialisierung des 19. Jahrhunderts die Lebensverhältnisse der Menschen in vielen Ländern radikal verändert. Zu den Veränderungen gehörte zum Beispiel, dass zunehmend große Teile der Bevölkerung nicht mehr in der (vorwiegend auf Subsistenz ausgerichteten) Landwirtschaft beschäftigt werden mussten, dafür jedoch Arbeit in der aufkommenden städtischen Industrie fanden. Deshalb verließen viele Menschen ihre Familien und (dörflichen) Gemeinschaften, welche bis dahin jedoch wichtige Instanzen der Handlungsorientierung und Unterstützung waren. In dem Maße, wie diese traditionellen Ordnungs- und Kontrollprinzipien an Bedeutung verloren, traten „soziale Probleme" wie Armut, Kriminalität und Prostitution in einem neuen Umfang auf und konnten nicht mehr in den kleinen, traditionellen Gemeinschaften gelöst werden. Die neu entstandenen Nationalstaaten mussten entsprechend eine Sozialpolitik entwickeln, um soziale Probleme zu bewältigen und ihre Gesellschaften zusammenzuhalten. Die Ende des 19. Jahrhunderts von Reichskanzler Otto von Bismarck (1815-1898) im deutschen Reich eingeführten Sozialversicherungen sind ein vielzitiertes Beispiel hierfür.

Zu dieser Zeit entstand die typische soziologische Denkweise auf den Grundlagen der Philosophie, der Ökonomie, der Allgemeinen Staatslehre und der Anthropologie. Den „Gründungsvätern", zu denen in Frankreich unter anderem Auguste Comte (1798-1857), in Deutschland (bzw. im Exil) Karl Marx (1818-1883) und in England Herbert Spencer (1820-1903) gehörten, ging es zunächst darum, den generellen Umbruch des traditionellen menschlichen Zusammenlebens durch die wirtschaftlichen und politischen Umwälzungen („Doppelrevolution", Hobsbawm 2004) zu erklären und Wissen darüber zu generieren, wie die neuen Gesellschaften sich unter bestimmten Bedingungen entwickeln könnten – bzw. wie sich Gesellschaften grundsätzlich und quasi gesetzmäßig entwickeln (wie zum Beispiel Marx in seiner Theorie die Idee der Abfolge von Gesellschaftsformationen von Sklavengesellschaften zu kommunistischen Gesellschaften formulierte).

Diese historische Erzählung der Entstehungsgeschichte der Soziologie als Wissenschaft ist eine Möglichkeit, um den Nutzen einer Wissenschaft der Gesellschaft zu verstehen. Ohne den Blick auf die Entstehungsgeschichte kann man den Zweck der Soziologie aber auch nachvollziehen, in dem man einen Blick auf sich selbst wirft und sich fragt, wo die eigenen Vorstellungen und Verhaltensweisen eigentlich herkommen. Was hat Sie dazu veranlasst, dieses Lehrbuch in die Hand zu nehmen und schon bis zu dieser Zeile zu lesen? Woher wissen Sie, falls Sie zu der vorrangigen Zielgruppe dieses Buches gehören und studieren, wie Sie sich in einem Hörsaal (oder einem virtuellen Seminarraum) im Allgemeinen zu verhalten haben? Woher stammen Ihre täglichen Handlungsroutinen? Wie haben

Sie die „Spielregeln" unterschiedlicher gesellschaftlicher Orte und Gelegenheiten verinnerlicht? Diese Fragen stellt die Soziologie. Die Soziologie sucht nach typischen, wiederkehrenden Handlungsmustern von Menschen („Ordnungen") und nach Erklärungen („Deutungen") für solche Muster. Sie versucht, Bedingungen zu identifizieren, die das Zusammenleben von Menschen generell ermöglichen – oder behindern. Es geht der Soziologie bei der Erforschung menschlichen Handelns und Verhaltens also insbesondere um typische zwischenmenschliche Interaktionen. Dabei geht sie davon aus, dass dieses Handeln insofern „gesellschaftlich" ist, weil es nicht individuell und spontan erfunden wird, sondern durch das Aufwachsen in Kontakt mit Anderen und durch die Notwendigkeit, mit Anderen zusammenzuleben, verinnerlicht wird (siehe auch weiter unten zu den Grundbegriffen). Es geht deshalb auch nicht um allein individuelle (z.B. affektive) Handlungen, sondern um wiederkehrende Muster (*Strukturen*) von Verhaltensweisen.

Die Grundlage der Soziologie ist also zunächst die (anthropologische) Erkenntnis, dass menschliche Existenz immer *soziale* Existenz ist, dass sie immer in Interaktion mit und in Abhängigkeit von Anderen stattfindet. In unseren gegenwärtigen arbeitsteilig organisierten Gesellschaften können wir uns das gut verdeutlichen: unsere Lebensführung hängt in großem Maße davon ab, dass andere Personen etwas für uns – wenn auch nicht für uns persönlich – tun. Wir brauchen für unser Wohl und unsere Bedürfnisse zum Beispiel ÄrztInnen, BäckerInnen, ZugbegleiterInnen und YogalehrerInnen. Es geht aber nicht nur um die Abhängigkeit von Anderen und die grundsätzliche Notwendigkeit der Interaktion und Kooperation, sondern auch darum, dass individuelles Erleben, Denken oder Handeln nicht außerhalb gesellschaftlicher Zusammenhänge verstehbar ist, weil es entscheidend durch das Aufwachsen und Leben in gesellschaftlichen Zusammenhängen geprägt („strukturiert") wird. Die Soziologie untersucht diese Prägungen und ihre Auswirkungen. Wenn man also zum Beispiel Prognosen über die Entwicklung des gesellschaftlichen Zusammenlebens oder über konkrete Verhaltensweisen von (mehreren) Menschen treffen möchte, braucht man dafür die Soziologie.

Damit sind zugleich schon die verschiedenen Perspektiven der Soziologie angesprochen: sie nimmt zum einen den Blick auf ganze Gesellschaften und deren Strukturen und Entwicklung ein. Zum anderen betrachtet sie aber individuelle Personen und die gesellschaftlichen Grundlagen ihres Handelns. Für die Soziologie sind dabei vor allem solche Handlungen relevant, die zur Ausübung von gesellschaftlichen *Rollen* gehören. Die Rolle ist ein zentraler soziologischer Begriff und umfasst die Erwartungen, die von Anderen („der Gesellschaft") an eine Person gerichtet werden. Dabei geht es nicht um die Person als Persönlichkeit, sondern als TrägerIn einer gesellschaftlichen Funktion oder InhaberIn einer bestimmten Position („Stellung"). Rollen stellen somit einen „Anwendungsfall" von gesellschaftlichen Werten und Normen da, die gesellschaftlichen Werte und Normen werden in einer gesellschaftlichen Rolle objektiviert und damit greifbar.

Die gesellschaftlichen Handlungsgrundlagen (z.B. in Form von Rollenerwartungen) treten dem Einzelnen aber nicht in Form der Gesellschaft als Ganzes gegenüber, sondern werden vielmehr in kleinen Teilgruppen (Familie, Freundeskreis) oder Organisationen (Schule, Betrieb, Verein) erlebbar. Peergruppen und Kontex-

1. Einführung: Grundlagen der Bildungssoziologie

te wie Schule oder Arbeitsplatz sind die Orte, in denen Personen handeln und durch die sie geprägt werden. Deshalb sind diese Kleingruppen ebenfalls zentraler Gegenstand der Soziologie, denn sie stellen den Vermittlungsmechanismus zwischen der Gesellschaft – dem *Sozialen* – und dem Individuum dar. Die Untersuchungsebenen der Soziologie erstrecken sich also von der Gesellschaft als Ganzes über Kleingruppen hin zu den einzelnen Individuen. Dabei wird das Individuum mit seinen Handlungen und Interaktionen als *Mikroebene* bezeichnet, Familien, Netzwerke und Organisationen wie die Schule stellen die *Mesoebene* dar, und ganze Gesellschaften die *Makroebene*. Zusätzlich kann man auch den ideellen „Überbau" von Gesellschaften betrachten, das wäre die *Metaebene*. Je nachdem, welche dieser Ebenen betrachtet wird, unterscheiden sich zum Teil die Begriffe und grundlegenden Annahmen (siehe auch den folgenden Abschnitt zu Wissenschaft und Theorien).

Die Ebenen werden jedoch meist nicht getrennt voneinander betrachtet und analysiert. Eine klassische Auseinandersetzung innerhalb der Soziologie dreht sich zum Beispiel um die Bedeutung individuellen Handelns im Vergleich zu den kollektiven Strukturen der Gesellschaft. Die gesellschaftlichen Strukturen (z.B. Werte, Normen und Ungleichheitsverhältnisse) sind zwar nicht einfach „vom Himmel gefallen" sondern werden durch die individuellen Handlungen der Gesellschaftsmitglieder hervorgebracht und aufrechterhalten, doch sie präsentieren sich den einzelnen Personen vielfach als gegebene und kaum veränderbar erscheinende Tatsachen. Daher sehen einige die Aufgabe der Soziologie (im Sinne Émile Durkheims) in der Analyse der Entstehung und Wirkung dieser „Institutionen"[1], andere eher im Verstehen des Sinns, den Personen ihren individuellen Handlungen zuschreiben (im Sinne Max Webers, eines weiteren Gründervaters, siehe die Definition der Soziologie in Abschnitt 1.2). SoziologInnen müssen also oft schon gewisse Vorannahmen darüber treffen, wie sie Gesellschaft und Individuen sehen, bevor sie an die eigentliche Arbeit gehen. Und weil es da unterschiedliche Ansichten gibt, ist die Soziologie eine heterogene Disziplin mit verschiedenen Paradigmen und Arbeitsprogrammen. Das erschwert zumindest die anfängliche Orientierung über das Fach.

Wir haben nun geklärt, was die Soziologie als Lehre von der Gesellschaft macht, doch wir wissen noch nicht, was „Gesellschaft" eigentlich ist, was sie auszeichnet. Offensichtlich kann man beim Blick auf Gesellschaften mehrere Ebenen unterscheiden. Gesellschaften sind eine „Formation" von Menschen, die keine Gemeinschaft im Sinne eines bewussten, persönlichen Zusammenhaltes darstellen müssen, in der die Menschen aber doch in einem Zusammenhang miteinander stehen. Ein solcher Zusammenhang kann zum Beispiel durch das Leben in einem gemeinsamen Staat entstehen, welcher bestimmte organisatorische Funktionen für

---

1 Der Begriff der Institution ist für die Soziologie zentral (siehe auch Kapitel 3 und 4). Eine Institution ist etwas, das sich etabliert hat, auf das man sich verlassen kann. Soziologisch gesprochen sind Institutionen „eine Erwartung über die Einhaltung bestimmter Regeln, die verbindliche Geltung beanspruchen" (Esser 2002a, S. 2). Dass man an einer roten Ampel stehenbleibt, ist zum Beispiel eine Institution. Auch Gesetze sind (festgeschriebene) Institutionen. Andere Institutionen sind variabler, zum Beispiel das Grüßen Fremder auf der Straße. Die Regeln können auf unterschiedliche Weise entstehen, zum Beispiel aus einfacher Wiederholung und Gewohnheit oder durch bewusste Einigung auf eine Regel (Corsten 2011, S. 81).

die in ihm lebenden Personen übernimmt, wie etwa ein Sozialversicherungssystem, zu dem (fast) alle Zugang haben und dadurch in einem Zusammenhang miteinander stehen. An diesem Beispiel wird auch deutlich, dass man praktisch aus Gesellschaften ausgeschlossen („exkludiert") sein kann, wenn man nicht an den verbindenden Elementen teilhaben kann. Die Untersuchung der Bedingungen von individueller Integration in und Exklusion aus gesellschaftlichen Zusammenhängen ist also unter anderem eine Aufgabe der Soziologie.

Eine weitere Aufgabe der Soziologie ist die Analyse der Merkmale und Strukturen von Gesellschaften. So analysiert die Soziologie zum Beispiel, wie die Verteilung von bestimmten (für die Lebensführung der Mitglieder wichtigen) Gütern wie Einkommen, Vermögen, Prestige oder Bildung sich darstellt und geregelt ist („Sozialstrukturanalyse"). Die Soziologie untersucht auch, ob und warum die Verteilungen der verschiedenen Güter mit Unterschieden in Verhaltensweisen (z.B. Wahlverhalten bei politischen Wahlen) oder Wertvorstellungen von Personen (z.B. über die Rolle der Frau in einer Ehe) korrespondieren. Darüber hinaus untersucht die Soziologie, wie solche Verhaltensweisen und Wertvorstellungen in ihrer Regelmäßigkeit Folgen mit sich bringen, die die einzelnen Handelnden gar nicht beabsichtigt haben (sogenannte nicht-intendierte Folgen intentionalen Handelns).

Dabei befasst sich die Soziologie mit nahezu allen Aspekten des menschlichen Verhaltens und Zusammenlebens. Ein Blick auf die derzeit 36 Sektionen der Deutschen Gesellschaft für Soziologie (dem „Branchenverband" der forschenden und lehrenden SoziologInnen in Deutschland) zeigt diese Vielfalt: Es gibt zum Beispiel die Sektion für Soziologie der Kindheit, die Sektion Medizin- und Gesundheitssoziologie, die Sektion Land-, Agrar- und Ernährungssoziologie und eine Sektion für die Soziologie des Körpers und des Sports. Die Vielfalt der Themen der Soziologie zeigt, dass sie sich häufig mit Gegenständen beschäftigt, die die alltäglichen Erfahrungen und Lebenswelten vieler Menschen betreffen. Wir alle haben zum Beispiel das Schulsystem durchlaufen und meinen, eine Vorstellung davon zu haben, was darin „falsch läuft". Oder wir meinen zu wissen, was man tun müsste, um auf der „sozialen Leiter" aufzusteigen. Durch ihre Alltagsorientierung beschäftigt sich die Soziologie also mit Dingen, die auch Nicht-SoziologInnen intuitiv verstehen und nachvollziehen können. Andere Wissenschaftsdisziplinen können zum Beispiel nicht „einfach" auf der Straße ihre Mitmenschen befragen oder beobachten, um Erkenntnisse über ihren Forschungsgegenstand zu sammeln, sondern sie brauchen dafür Teilchenbeschleuniger oder Elektronenmikroskope – und bei solchen wissenschaftlichen Vorgehensweisen und Erkenntnissen wissen Außenstehende dann oft weniger mitzureden als bei sozialwissenschaftlichen Verfahren und Befunden. Manchmal hat die Soziologie deshalb damit zu kämpfen, dass sie nicht ernst genommen wird, da ihre Erkenntnisse allzu banal und alltäglich erscheinen. Ein zentrales analytisches Konzept der Soziologie ist zum Beispiel das des Sozialkapitals – landläufig auch als „Vitamin B" bekannt. Die nützliche Wirkung von bestimmten sozialen Beziehungen, die durch diese Wirkung zum

1. Einführung: Grundlagen der Bildungssoziologie

„Kapital"[2] werden, ist den meisten Personen sehr vertraut und erscheint deshalb zu offensichtlich, als dass sie als wichtige soziologische Erkenntnis gelten könne.

Ein anderes Vorurteil gegenüber der Soziologie ist, dass sie eine Sprache spricht, die keiner versteht. Allerdings ist es so, dass gerade die einfachsten und selbstverständlichsten Dinge, von denen wir alle ein intuitives Gespür haben, recht schwer in einfache Worte zu fassen sind. Verschiedene SoziologInnen haben sich zum Beispiel mit der Definition von „Sinn" beschäftigt – wir alle wissen, was mit dem Wort „Sinn" gemeint ist, aber können wir es einfach in einem Satz zusammenfassen?

Die Aufgabe der Soziologie ist also auch eine Verfeinerung von Begriffen, die allgemein zur Beschreibung von Gesellschaften und individuellem Handeln bekannt sind. Soziologie ist zwar in Teilen „nur" Alltagserfahrung und damit „nichts Besonderes", das Besondere ist aber, dass diese Alltagserfahrung systematisch, das heißt geleitet durch Theorien und Regeln, betrieben wird (siehe den folgenden Abschnitt zur „Soziologie als Wissenschaft"). Besonders ist auch, dass die Soziologie sich ein Denken „gegen die Wirklichkeit, wie sie gegeben zu sein scheint" (Abels 2009, S. 19) zu eigen gemacht hat. Damit ist gemeint, dass es der Soziologie darum geht, alltägliche Gewissheiten zu beschreiben, zu hinterfragen und dadurch zu erklären. Dabei ist sie allerdings nicht auf das praktische Lösen sozialer Probleme ausgerichtet. Die Gesellschaft zu *beschreiben* und zu *erklären*, heißt nicht, sie *kritisieren* zu müssen – gleichwohl gibt es Ausrichtungen innerhalb der Soziologie, die auf Aufklärung und Veränderung der gesellschaftlichen Gegebenheiten zielen, wie etwa die „Kritische Theorie". Die Grenzen zwischen „neutraler" (oder bürgerlicher) und „kritischer" Soziologie sind nicht immer eindeutig und es gibt eine lange Tradition der Auseinandersetzung darüber, wie weitgehend eine wissenschaftliche Wertfreiheit sein soll und überhaupt sein kann. Eine völlig unabhängige und unvoreingenommene Sicht auf die gesellschaftlichen „Verhältnisse" ist schwer möglich, wenn SoziologInnen ihrerseits Teil dieser Verhältnisse sind, aus denen sich immerhin zum Beispiel die Zahl der Professuren und die Höhe der zur Verfügung stehenden Forschungsgelder ergeben. Gerade für die Bildungssoziologie gilt, dass ihre institutionelle Stärke in Bezug auf Personalausstattung und Finanzierung stark abhängig ist von politischen (Aufmerksamkeits-)Konjunkturen (Sommerkorn 1997, S. 30). Zudem ist schon die Auswahl der Begriffe, mit denen man sich an die soziologische Arbeit macht und die Verhältnisse zu beschreiben versucht, von Vorannahmen und Sichtweisen auf die Welt geprägt. So kann man die Struktur einer Gesellschaft zum Beispiel mit den Begriffen Schicht, Lebenslage, Milieu oder Klasse beschreiben – und je nachdem, welcher dieser Begriffe gewählt wird, schwingt dabei unter Umständen schon eine Idee über die Ursachen und Folgen dieser Struktur mit. Solche Vorannahmen sind unter Umständen nicht immer beabsichtigt oder bewusst. So oder so: Die Soziologie ist per se nicht auf

---

2 Der Kapitalbegriff ist ebenfalls zentral für die Soziologie. Eine Sache hat Kapitalcharakter, wenn sie vermehrbar ist („akkumulierbar" ist), oder eingesetzt werden kann, um andere Werte zu erwerben (z.B. kann man mit Geld Immobilien erwerben – oder mit einflussreichen Beziehungen einen lukrativen Job ergattern). In ähnlicher Weise wird auch häufig von *Ressourcen* gesprochen, die ebenfalls eingesetzt werden können, um Ziele zu erreichen, jedoch nicht unbedingt akkumulierbar sind.

konkrete Problemlösung und praktische Anwendungen ausgerichtet und somit nicht unbedingt das, was landläufig als „sozial" verstanden wird.

Die soziologische Denkweise lässt sich also auch als „professionelles Neugierverhalten" (Henecka 2009, S. 28) begreifen, um die scheinbar selbstverständlichen Phänomene unseres Alltags zu betrachten,. Durch das prinzipielle Infragestellen des Vorgefundenen entsteht eine Verfremdung der vertrauten sozialen Umgebung (Dreitzel 1966, S. 223). Aufgabe der Soziologie ist das Beobachten, Beschreiben, Verstehen und Erklären von gesellschaftlichen Zusammenhängen (Abels 2009). Ein weiterer Definitionsversuch stammt von Zygmund Bauman: Der Soziologie geht es darum „das Soziale im Individuellen zu erkennen, das Allgemeine im Besonderen" (Bauman 2001, S. 21). Dafür spielt die Verfeinerung von Begriffen als notwendige Instrumente für diese Aufgaben eine wichtige Rolle.

1.2 Soziologie als Wissenschaft

Dieser Abschnitt zeigt kurz, wie die Soziologie als Wissenschaft vorgeht, was also soziologisches Arbeiten – soziologische Forschung – beinhaltet. Wissenschaft umfasst die systematische Suche nach allgemeinen und *wahren* Aussagen über die Welt. „Allgemein" meint, dass wissenschaftliche Aussagen insofern bedeutungsvoll sein sollen, dass sie zum Beispiel nicht nur eine einzelne Person betreffen. Wissenschaft strebt daher eine Reduzierung aller möglichen Aussagen über die Welt auf „relevante, aufschlussreiche Erkenntnisse" an (Corsten 2011, S. 18). *Wahre* Aussagen sind Aussagen, die intersubjektiv – also von mehreren Menschen – geteilt werden, und in der Regel empirisch (z.B. in der sozialen Welt) beobachtbar und „beweisbar" sind oder den Gesetzen einer Logik folgen. Solche Aussagen sind *objektiv*, also allgemeingültig. Die *systematische* Suche nach solchen Aussagen meint, dass es Regeln dafür gibt, wie diese Aussagen gewonnen werden („Methoden"). Mit dem Begriff Wissenschaft wird häufig aber nicht nur diese Aktivität der Erkenntnisgewinnung und die dieser zugrundeliegenden Prinzipien sondern auch das institutionalisierte System bezeichnet, in dem Wissenschaft betrieben wird, sozusagen der „Wissensbetrieb" und dessen Aktivitäten, wie zum Beispiel die universitäre Lehre und das Beschäftigungssystem für WissenschaftlerInnen.

Wie erfolgt nun die Gewinnung von wahren, also wissenschaftlichen Aussagen? In den sogenannten Erfahrungswissenschaften, in denen Erkenntnisse durch direkte Beobachtung von Objekten und Sachverhalten erlangt werden können, erfolgt dieser Prozess aus zwei verschiedenen, miteinander verbundenen Richtungen, der *Theorie* und der *Empirie*. Es ist immer Ziel der Wissenschaft, Theorien zu entwickeln – oder durch Überprüfung weiterzuentwickeln. Allgemein gesprochen sind Theorien „Systeme" (d.h. Anordnungen) von wahren Aussagen über regelhafte Zusammenhänge. Theorien sind dazu da, einen Sachverhalt und sein Zustandekommen „auf verallgemeinernde Art und Weise" (Dimbath 2011, S. 30), zum Beispiel in Form von Gesetzen zu erklären und ggf. seine Entwicklung vorherzusagen. Theorien „ordnen" damit unsere Wirklichkeit und stellen eine spezifische Form des wissenschaftlichen Wissens dar. Entsprechend sollen Theorien auch möglichst einfach sein, und auf „überflüssige Zusatzannahmen" (Corsten 2011, S. 18) möglichst verzichten können. Sie können als Hilfsmittel für die (wissenschaftliche) Orientierung in der Welt verstanden werden, als „Markierung" (Abels 2009, S. 24) eines Standortes, vom dem aus man auf einen Sachverhalt und seine Ursachen blickt.

Die landläufig bekannte Gewitter-Regel „Buchen sollst du suchen, Eichen sollst du weichen" beruht zum Beispiel auf der Theorie, dass Blitze eher nicht in Buchen, dafür aber in Eichen einschlagen, also auf der Annahme, dass es einen Zusammenhang zwischen Baumart und Blitzeinschlag gibt. Wenig überraschend entspricht diese Theorie jedoch nicht dem wissenschaftlichen Anspruch der Wahrheit – es gibt keinen Zusammenhang zwischen Baumart und Blitzschlag, und um einer Gefahr bei Gewitter zu entgehen, sollte man Bäumen generell ausweichen. Die Gewitter-Regel ist also eine Alltagstheorie. Alltagstheorien müssen nicht unbedingt wahr sein, aber sie helfen uns, im täglichen Leben Entscheidungen zu treffen – zum Beispiel, wenn wir eine „Theorie" darüber haben, an welcher Supermarktkasse man am schnellsten vorankommt.

Das Beispiel der Gewitter-Regel verdeutlicht auch, dass an Theorien oft der wissenschaftliche Anspruch gestellt wird, dass sie ein „Gesetz" enthalten sollten („Bei Gewitter schlagen Blitze nicht in Buchen ein"). In der Sprache der meisten Theorien werden solche Gesetze als „Wenn-Dann-Aussagen" formuliert, mit denen ein Sachverhalt (*Folge, Wirkung*) auf einen oder mehrere erklärende Faktoren (*Ursachen*) zurückgeführt wird. In der Soziologie haben wir jedoch selten allgemeingültige („universelle") Gesetze, denn meistens handeln wir Menschen eben nicht nach Naturgesetzen (wir sind keine Roboter, unser Verhalten wird durch viele unterschiedliche Faktoren und unseren individuellen Willen bestimmt). Die meisten (theoretischen) Aussagen der Soziologie sind deshalb Wahrscheinlichkeitsaussagen. Es wird von einem „durchschnittlichen Verhalten" oder Verhaltenstendenzen ausgegangen, von dem es immer Abweichungen gibt. Zum Beispiel gibt es einen substantiellen und benennbaren Einfluss der Ursache „Bildungsstatus der Eltern" auf den Schulerfolg der Kinder (Folge, Wirkung), aber der Status der Eltern ist nicht die einzige Ursache für den Schulerfolg, und so gibt es erfolgreiche und weniger erfolgreiche Kinder von ÄrztInnen. Und selbst wenn es gelingt, sehr viele der tatsächlich sehr zahlreichen für Bildungserfolg verantwortlichen Einflussfaktoren zu identifizieren und ihren durchschnittlichen Einfluss zu bemessen, wird es auch dann nicht gelingen, auf dieser Basis zum Beispiel den Schulerfolg eines Kindes exakt vorherzusagen (siehe hier auch die Kapitel 5 und 6).

Man kann die Soziologie vielleicht mit der Meteorologie vergleichen, denn die Wettervorhersage kann sich zwar auf einige allgemeine Gesetze stützen, aber oft wird das lokale Wetter doch etwas anders als vorhergesagt, eben auch weil die meteorologischen Prozesse sehr komplex sind und eine Vielzahl von Faktoren das Wetter beeinflussen. Die sozialen Prozesse könnte man dann mit dem Großklima vergleichen, also mit relativ stabilen Abläufen von Jahreszeiten, die aber immer mal ein wenig anders ausfallen und auch durch externe Faktoren (beim Klima könnten das z.B. Emissionen von Treibhausgasen sein, bei den sozialen Prozessen vielleicht neue technische Entwicklungen oder auch Veränderungen der Umwelt) beeinflusst werden. Und ähnlich wie sich PhysikerInnen, GeologInnen und PolitikerInnen darüber streiten, ob es einen Klimawandel gibt und wie genau er sich auswirkt, debattieren SoziologInnen darüber, in welche Richtung sich unsere Gesellschaft bewegt. Schaffen wir es, die Krisen der Wirtschaft zu stabilisieren, die traditionellen politischen Institutionen zu erhalten und zugleich eine gerechtere Gesellschaft zu etablieren oder treibt die Gesellschaft mehr und mehr auseinander? SoziologInnen befassen sich sowohl mit solchen übergeordneten Fragen zur Entwicklung der Gesellschaft, aber eben auch zum Beispiel mit der Frage, wer aus welchen Gründen die traditionellen politischen Institutionen wie Parteien unterstützt oder ablehnt.

Je nach Gegenstand gibt es deshalb unterschiedliche Anforderungen an den Gehalt und die Gestalt soziologischer Theorien. Manche soziologische Theorien stellen eher „Verdichtungen" von Deutungen individuellen sozialen Handelns oder gesellschaftlicher Entwicklung dar. Sie sind damit eher weit weg von „Gesetzen". Abels spricht in diesem Zusammenhang von „reflektierter Gewissheit" (ebd., S. 15) als Ziel von soziologischer Theorie, d.h. die soziologischen Gewissheiten sind bei weitem nicht so sicher wie die der Naturwissenschaften, und diese Unsicherheit wird berücksichtigt.

Je größer die Unsicherheit bezüglich der Geltung einer Theorie ist, desto dringender muss sie überprüft werden. Wissenschaftliche Theorien sollen sich, wenn möglich, der Empirie, also der *Beobachtung*, stellen und überprüfbar sein (das gilt zumindest für die sogenannten Erfahrungswissenschaften). Das ist jedoch in der Soziologie mir ihren unterschiedlichen Theorien und Analyseebenen mehr oder weniger gut realisierbar. Wie oben in Bezug auf die unterschiedlichen Ebenen und Perspektiven der Soziologie schon angedeutet, gibt es eine beträchtliche Zahl verschiedener soziologischer Theorien, was die schnelle Orientierung über das Fach erschwert. Diese Heterogenität, die oft auch als „Multiparadigmatismus" beschrieben wurde, ist immer wieder Gegenstand von Auseinandersetzungen innerhalb des Faches, weil sie von manchen als unproduktiv angesehen wird. Viele Lehrbücher haben es sich zum Ziel gemacht, einen Überblick über die verschiedenen Ansätze zu geben (z.B. Treibel 2000; Rosa et al. 2013; Kneer/Schroer 2009). Häufig wird auch versucht, die Theorien in verschiedene „Klassen" zu ordnen. Etabliert hat sich zum Beispiel das Kriterium der „Reichweite" der Theorie, also der „Dimension" des Erklärungsanspruchs der Theorie. Danach können Theorien zum Beispiel in Sozialtheorien, Theorien mittlerer Reichweite und Gesellschaftstheorien („Großtheorien") unterschieden werden (Bongaerts/Schulz-Schaeffer 2016). Sozialtheorien sind dabei grundlegende (Vor-)Annahmen darüber, wie man „das Soziale" untersuchen kann, ob man etwa auf einzelne bewusste Handlungen oder auf Interaktionen zwischen Personen oder auf unbewusste Praktiken schauen muss. Theorien mittlerer Reichweite sind dann „Werkzeuge", um bestimmte konkrete Phänomene, zum Beispiel abweichendes Verhalten oder Übergangsentscheidungen nach der Grundschule, zu erklären – sie sollten sich empirisch prüfen lassen. Gesellschaftstheorien hingegen sind nur eingeschränkt empirisch prüfbar, weil sie sich auf die Erklärung der langfristigen (zukünftigen) Entwicklungen von ganzen Gesellschaften beziehen. In diesem Fall hilft dann nur

„abwarten" – und es zeigt sich nur auf lange Sicht, welche Theorie sich als haltbar erwiesen hat.

Um die anderen, eher überprüfbaren Theorien an der beobachtbaren Wirklichkeit zu testen, werden zunächst konkrete Aussagen aus der Theorie abgeleitet („*Deduktion*"), diese werden dann an geeigneten Daten geprüft (siehe zu Daten in der Bildungssoziologie Kapitel 5). So argumentieren zum Beispiel mehrere Theorien in der Bildungssoziologie, dass Familien mithilfe der Bildungskarrieren der Kinder versuchen, ihren sozialen Status zu sichern (siehe Kapitel 6, Boudon 1974). Je nach sozialer Schichtzugehörigkeit sind deshalb unterschiedliche Bildungskarrieren nötig: höhere Schichten müssen für ihre Kinder anspruchsvollere Bildungswege wählen, untere Schichten brauchen keine hohen Bildungsabschlüsse. Um diese Theorie zu überprüfen, würde man zum Beispiel die Hypothese ableiten: *Bei gleichen Leistungen haben Kinder, deren Eltern einen Hochschulabschluss haben, eine höhere Wahrscheinlichkeit, das Gymnasium zu besuchen, als Kinder, deren Eltern keinen Hochschulabschluss haben.* Diese Hypothese könnte dann geprüft werden, in dem man in einer Stichprobe von SchülerInnen zu Beginn des Gymnasiums die Grundschulnoten und den Bildungsstand der Eltern abfragt und anhand dieser Daten vergleicht, ob bei gleichen Grundschulnoten mehr AkademikerInnenkinder als ArbeiterInnenkinder das Gymnasium besuchen.

Die Regeln, nach denen eine solche empirische Überprüfung abläuft, werden durch die Methoden der empirischen Sozialforschung, derer sich die Soziologie bedient und die sie mitentwickelt (hat), festgelegt. Die Regeln der empirischen Sozialforschung ermöglichen es auch, neue Theorien zu entwickeln – aus der Beobachtung der sozialen Wirklichkeit heraus. Die beiden Herangehensweisen, Theorieprüfung und Theoriebildung, werden auch mit den Begriffen „deduktiv" (theorieprüfend) und „induktiv" (theoriebildend) unterschieden. Beim deduktiven Vorgehen schließt man von einer schon existierenden (allgemeinen) Theorie auf einen konkreten Fall, an dem man die Theorie überprüfen möchte (z.B. die deutsche Bevölkerung, die Studierendenschaft der Universität Hildesheim, o.ä.). Beim induktiven Vorgehen existiert noch keine Theorie (etwa, weil es sich um ein neues soziales Phänomen handelt), man beobachtet (oder befragt) konkrete Fälle und versucht daraufhin, aus den Befunden allgemeingültige Aussagen aufzustellen. Man schließt sozusagen von unten (dem Besonderen) nach oben (das Allgemeine). Die Methoden der empirischen Sozialforschung geben vor, wie Informationen („Daten") zur Beschreibung und Erklärung der gesellschaftlichen Wirklichkeit gesammelt und ausgewertet werden sollen. Man kann dabei drei typische Wege der Datengewinnung, die Befragung, die Beobachtung und die Inhaltsanalyse unterschieden (Häder 2015). Die Sammlung von Informationen („Datenerhebung") kann entweder standardisiert, d.h. durch theoretische Vorannahmen vorstrukturiert (z.B. durch Fragebögen mit vorgegebenen Antwortmöglichkeiten) oder unstandardisiert und „offen" (z.B. durch narrative Interviews) erfolgen. Diese Herangehensweisen werden üblicherweise als *quantitativ* und *qualitativ* beschrieben. Die Wahl der Herangehensweise hängt dabei unter anderem davon ab, ob für die Erklärung des interessierenden Phänomens schon Theorien vorliegen, oder ob Theorien generiert werden sollen. Sie hängt aber auch davon ab, welche Sozialtheorie, also welche Grundannahme über die „Produktion" des Sozialen und von Gesellschaft, jeweils getroffen werden. Häufig werden die beiden Herangehensweisen auch mit dem Begriffspaar „Verstehen" und „Erklären" unterschieden: die qualitative, offene Methode widmet sich oft neuen, unbekannten Phänomenen und beschreibt diese ausführlich und ordnet sie ein, um daraus Hypothesen zu entwickeln. Im Vordergrund der qualitativen Methoden steht häufig das Verstehen des „Sinns", den Personen mit ihrem Handeln verbinden. Die quantitative Herangehensweise prüft hingegen bereits bestehende Theorien und möchte zu verallgemeinernden Aussagen, häufig auch über kausale Zusammenhänge, also Ursache-Wirkungs-Beziehungen kommen.

Angesichts der Vielfalt der theoretischen und empirischen Zugänge der Soziologie ist das Gewinnen soziologischer Erkenntnisse tatsächlich nicht auf einem schnellen „Standardweg" möglich, es erfordert vielmehr die Auseinandersetzung mit unterschiedlichen wissenschaftlichen Weltsichten, das heißt mit verschiedenen methodischen und theoretischen Perspektiven.

Als Definition der Soziologie als Wissenschaft kann nun hier vorläufig festgehalten werden: „Die Soziologie untersucht die Arten und Weisen, wie das menschliche Leben sozial organisiert wird. Sie bedient sich dabei empirischer Forschungsmethoden und Theorien, um das soziale Leben in einem breiten Spektrum von Situationen zu untersuchen." (Joas 2003, S. 14) Eine weitere, sehr häufig zitierte und wichtige Definition stammt von Max Weber (1864-1920), einem der ersten und prägendsten deutschen Soziologen: „Soziologie soll heißen: Eine Wissenschaft, welche soziales Handeln deutend verstehen und dadurch in seinem Ablauf und seinen Wirkungen ursächlich erklären will." (Weber 1965, S. 1f) Diese Definition erfordert zwei weitere Definitionen, die Weber ergänzt: „‚Handeln' soll dabei ein menschliches Verhalten (einerlei, ob äußeres, innerliches Tun, Unterlassen oder Dulden) heißen, wenn der oder die Handelnden mit ihm einen subjektiven Sinn verbinden. ‚Soziales' Handeln aber soll ein solches Handeln heißen, welches seinem von dem oder den Handelnden gemeinten Sinn nach auf das Verhalten anderer bezogen wird und daran in seinem Ablauf orientiert ist." (ebd.) Das soziale Handeln ist das Handeln, das Gesellschaft möglich macht, es ist zum Beispiel das Handeln, das den Erwartungen von Anderen folgt, also regelgeleitet ist. Daraus entstehen dann Muster typischen Handelns, zum Beispiel Rituale wie das Grüßen oder allgemeine Regeln wie die „Rechts-vor-Links"-Vorschrift. Mit solchen gesellschaftlichen Regeln und Ritualen werden die einzelnen Akteure dann konfrontiert, sie müssen sie kennen, um (einigermaßen reibungslos) Teil der Gesellschaft sein zu können. Die Regeln sind also menschengemacht, durch individuelle Handlungen, aber sie treten den Menschen gleichzeitig als etwas Gegebenes, als eine gesellschaftliche Struktur, gegenüber.

1.3 Was ist Bildungssoziologie?

Die Bildungssoziologie ist eine der sogenannten „speziellen Soziologien", die sich mit konkreten und zentralen gesellschaftlichen Gegebenheiten befassen. Andere spezielle Soziologien sind zum Beispiel die Familiensoziologie, die Kriminalsoziologie, Wirtschaftssoziologie oder politische Soziologie. In den einschlägigen Lehrbüchern und in der institutionellen Verankerung in der Deutschen Gesellschaft für Soziologie ist die Bildungssoziologie als „Soziologie der Bildung und Erziehung" bezeichnet.

Die Bildungssoziologie beschäftigt sich entsprechend im weitesten Sinne mit der Bedeutung (das heißt dem Stellenwert und den Folgen), die Bildung und Erziehung für Gesellschaften als Ganzes und für die einzelnen Mitglieder einer Gesellschaft haben. Sie untersucht die gesellschaftlichen Grundlagen von und Einflüsse auf Erziehung und Bildung sowie deren Auswirkungen. Schon die Gründungsväter der Soziologie haben die Bedeutung von Bildung und Erziehung für die Entwicklung von Gesellschaften untersucht. Um über die gesellschaftlichen Grundlagen der Erziehung aufzuklären, hat zum Beispiel Émile Durkheim dafür plädiert, Soziologie als Bestandteil der LehrerInnenausbildung zu etablieren – wie auch das Zitat, das diesem Kapitel vorangestellt ist, schon suggeriert (Sommerkorn 1997, S. 31).

Der Bildungssoziologie geht es also darum, die gesellschaftlichen (d.h. ökonomischen, politischen, sozialstrukturellen und kulturellen) Rahmenbedingungen zu untersuchen, in denen Bildung stattfindet. Deshalb liegt ein Fokus der Bildungssoziologie zum Beispiel auf der Beschreibung und Erklärung der Entstehung und Entwicklung von *Bildungssystemen*. Es geht aber auch darum, zu untersuchen, was in einer Gesellschaft als „Bildung" definiert und anerkannt wird, was als Zweck und Funktion von Bildung angesehen wird und auf welchen Wegen diese Bildung erlangt wird (siehe dazu auch Abschnitt 1.3 zur Definition von Bildung). Die leitende Grundannahme ist, dass Erziehung und Bildung „soziale Tatbestände" sind, in dem Sinne, dass sie gesellschaftlich „gemacht" sind. Das, was Bildung und Erziehung beinhalten, ist also nicht gottgegeben oder durch ein Naturgesetz bestimmt, sondern die Gesellschaft legt es fest – und damit sind die „Bestandteile" von Bildung und Erziehung entsprechend veränderbar. In ihrem Lehrbuch formulieren Martina Löw und Thomas Geier die Aufgabe der Bildungssoziologie entsprechend folgendermaßen: „Diese Kämpfe um die Definition von Bildung, um die Durchsetzung von Wissenstypen, um die Inhalte der Bildungszertifikate, um die Strukturen der Ausbildung, um die KlientInnen der Bildungsprozesse, um die heimlichen Lehrpläne der Bildung analysiert die Soziologie der Bildung und Erziehung." (Löw/Geier 2014, S. 19)

Konkret heißt das in unseren modernen[3] Gesellschaften zum Beispiel, zu untersuchen, welche Möglichkeiten der Lebensgestaltung („Lebenschancen") mit welchem Bildungsniveau verknüpft sind (siehe Kapitel 2.1), inwieweit und warum sich Bildungsergebnisse zwischen verschiedenen Geschlechtern (siehe Kapitel 8) oder zwischen Personen mit und ohne Migrationshintergrund unterscheiden (siehe Kapitel 7), und wie sich die Ziele und Maßnahmen von Bildungspolitik mit der Zeit verändert haben (siehe Kapitel 9).

---

3 Unter modernen Gesellschaften verstehen wir Gesellschaften, die arbeitsteilig organisiert sind (in verschiedene „Funktionssysteme" wie Wirtschaft, Bildung, Recht und Politik), sie sind „rationalisiert" in dem Sinne, dass Problemlösungen auf Basis wissenschaftlicher Erkenntnisse gefunden werden, und sie sind individualisiert in dem Sinne, dass die Aufgabe und Position von Menschen in einer Gesellschaft nicht qua Geburt (in eine bestimmte Familie) festgelegt ist, sondern die Personen ihren Status selbst erwerben (Loo/Reijen 1992).

Die Bildungssoziologie sucht also nach kollektiven Phänomenen (Strukturen und Regelmäßigkeiten), die im Zusammenhang mit Bildungsprozessen auftauchen, oder die sich auf Bildungsprozesse zurückführen lassen, und beschreibt (und ggf. erklärt) diese mithilfe von soziologischen Theorien und Methoden. Sie ist dabei ebenso heterogen in Bezug auf ihre Perspektiven und theoretischen Blickwinkel wie die allgemeine Soziologie. Das Handbuch Bildungssoziologie (Bauer et al. 2012) behandelt zum Beispiel ganze 14 unterschiedliche „Paradigmen und grundlegende Orientierungen" der Bildungssoziologie. Entsprechend ist es nicht ganz einfach, „die" Bildungssoziologie einzugrenzen und einen umfassenden Überblick zu geben.

Ein zentraler Gegenstand der Bildungssoziologie ist in jedem Fall die sogenannte *Bildungsungleichheit*. Bildungsungleichheit im soziologisch relevanten Sinn liegt vor, wenn Bildungsergebnisse – zum Beispiel Kompetenzen oder Schulabschlüsse – ungleich verteilt sind, und diese Ungleichheit nicht auf „natürliche" oder zufällig verteilte Ursachen wie Intelligenz oder Fleiß zurückgeht, sondern systematisch in Zusammenhang steht mit individuellen Merkmalen wie Geschlecht, Migrationshintergrund oder der sozialen Schichtzugehörigkeit. Diese Merkmale werden als „zugeschrieben" bzw. „askriptiv" (im Sinne von angeboren und nicht erworben) bezeichnet. Der Zusammenhang von Bildungsergebnissen und solchen zugeschriebenen Merkmalen wird in modernen Gesellschaften (siehe Fußnote 3) als illegitim und deshalb problematisch betrachtet, da die zugeschriebenen Merkmale durch die betroffenen Personen kaum veränderbar sind. Deshalb wird in diesem Zusammenhang häufig auch von Chancenungleichheit gesprochen, bzw. die Forderung nach Chancen- oder Bildungsgerechtigkeit gestellt.

Die Bildungssoziologie widmet sich also auch zentralen Fragen der *allgemeinen* Soziologie, die ja unter anderem untersucht, wie moderne Gesellschaften strukturiert sind, und deshalb beispielsweise fragt, welche Personen aufgrund welcher Eigenschaften bestimmte Positionen in einer Gesellschaft einnehmen, und wie soziale Ungleichheit begründet und damit gesellschaftlich akzeptiert wird. Bildung und Erziehung spielen in diesem Zusammenhang eine große Rolle. Wie unter Abschnitt 1.3 zu den Grundbegriffen dargestellt wird, stellt die Erziehung zum Beispiel sicher, dass für den Fortbestand und die Integration von Gesellschaften wichtige Verhaltensmuster von einer Generation an die andere weitergegeben werden. Zudem ist in modernen „Wissensgesellschaften" (siehe Kapitel 2.2) ein bestimmtes Bildungsniveau für erfolgreiche und langfristig sichere Teilhabe am Arbeitsmarkt eine wichtige Voraussetzung. Durch die Erwerbsbeteiligung wird wiederum Einkommen generiert. Bildung, Beruf und Einkommen sind wichtige Bestimmungsfaktoren („Determinanten") der Position in der Sozialstruktur einer Gesellschaft, die eine Person einnimmt und aus der sich ein bestimmtes Niveau an Einfluss und Ansehen für diese Person ergibt. Bildung spielt also eine wichtige Rolle für sozialen Aufstieg – im Sinne von sich zwischen Generationen („intergenerational") verändernden gesellschaftlichen Positionen[4] – und für die Integration,

---

4 Die intergenerationale Veränderung von sozialem Status wird in der Soziologie als soziale Mobilität bezeichnet. Es ist ein weiteres Definitionskriterium von modernen Gesellschaften (siehe Fußnote 3), dass es soziale Mobilität gibt.

also die Einbindung von einzelnen Personen in die Gesellschaft und damit schließlich für den Zusammenhalt der gesamten Gesellschaft.

Die Bildungssoziologie beschäftigt sich entsprechend mit Themen, die nicht nur aus der Perspektive der Soziologie relevant sind, sondern auch von anderen Wissenschaftsdisziplinen bearbeitet werden. Prozesse des Bildungserwerbs, des Lernens, werden zum Beispiel vorrangig in der Psychologie und der Erziehungswissenschaft untersucht, die Bedeutung von Bildung für die Gesamtgesellschaft ist auch ein Thema für die Ökonomie, die Gestaltung von Bildungspolitik interessiert die Politikwissenschaft usw. Die Bildungssoziologie ist somit Teil der *interdisziplinären Bildungsforschung* und ihre Erkenntnisse und Forschungsfragen fließen in diese hinein. Möchte man die Bildungssoziologie innerhalb der interdisziplinären Bildungsforschung als eigenständige Perspektive identifizieren, lässt sich das starke Interesse an Ungleichheiten beim Bildungserwerb und an ihren Ursachen hervorheben. Die Bildungssoziologie informiert andere Bildungswissenschaften insbesondere darüber, warum es bestimmte Muster von erfolgreichen oder scheiternden Bildungskarrieren gibt. Das tut sie etwa mithilfe der schichtspezifischen Sozialisationstheorie und ihren Erweiterungen, auf die im folgenden Abschnitt kurz sowie in Kapitel 6 ausführlicher eingegangen wird.

Dabei liegt ein besonderes Augenmerk der Soziologie auf den sogenannten *institutionellen* Ursachen, also nicht vorrangig auf den individuellen Bedingungen von Bildungserwerb (wie persönliche Motivation und kognitive Grundfähigkeiten). Institutionelle Ursachen von Bildungsungleichheit sind zum Beispiel durch Merkmale von Bildungssystemen (wie ihre Gliederung in verschiedene Schulformen oder den Grad ihrer Privatisierung) bedingt. Die Soziologie hat entsprechend umfangreiches Wissen über die Entstehung, Eigenheiten und Entwicklung von Bildungssystemen hervorgebracht. Die Bildungssoziologie ist zudem überwiegend weniger anwendungsbezogen als die „empirische Bildungsforschung" im Allgemeinen. Und während die Bildungsforschung in der Regel organisierte (institutionalisierte) Bildungsprozesse untersucht, hat die Bildungssoziologie einen breiteren Blick und schließt zum Beispiel auch informelle Bildungsprozesse und Bildungsbestände mit ein. Wie oben dargestellt wurde, gehört es zum Programm der Soziologie, scheinbar selbstverständliche und alltägliche Gewissheiten zu hinterfragen. Somit könnte zum Beispiel die Bildungssoziologie kritisch überprüfen, ob das, was innerhalb der Bildungsforschung als notwendige Bildungsziele definiert wird (z. B. bestimmte Kompetenzniveaus) auch tatsächlich gesellschaftlich notwendige Fähigkeiten sind (Keller 2010). Durch diesen breiteren Blick kann die Bildungssoziologie zum Beispiel (angehende) PädagogInnen über die Bedingungen und auch über unbeabsichtigte Folgen ihres Tuns informieren. Dafür liefert sie aber beispielsweise weniger konkrete Hilfsmittel zur Gestaltung eines effektiven Unterrichts. Zwar gibt es einige Überschneidungen zwischen den Themen und Aufgaben der Bildungssoziologie und beispielsweise der Schultheorie der Erziehungswissenschaft. Die Bildungssoziologie blendet jedoch die pädagogischen Anteile der Bildungsproduktion, also zum Beispiel Unterrichtsprozesse, eher aus und richtet den Blick auf den weiteren Kontext, in den die Unterrichtsprozesse eingebunden sind.

1.4 Grundbegriffe der Bildungssoziologie

In vielen Einführungsbüchern für die Bildungssoziologie, die Pädagogik oder Erziehungswissenschaften werden zu Beginn die drei Grundbegriffe, *Sozialisation*, *Erziehung* und *Bildung* vorgestellt. Darauf kann auch in diesem Buch nicht verzichtet werden. Die drei Begriffe sind natürlich keine „exklusiven" Begriffe der Soziologie, es gibt jedoch jeweils spezifisch soziologische Definitionen und Aspekte der drei Phänomene, auf die in diesem Abschnitt vor allem eingegangen werden soll. Die drei Begriffe sind eng miteinander verbunden, da „mit ihnen Prozesse der Erfahrungsgenese, des Lernens und der ‚Kultivierung von Individuen' umschrieben werden" (Grundmann 2011, S. 61, Hervorh. im Original). Mit dem Begriff der Kultivierung ist gemeint, dass (neuen) Gesellschaftsmitgliedern (insbesondere Kindern) Verhaltensweisen und Handlungswissen vermittelt werden, die ein funktionierendes Zusammenleben aller Gesellschaftsmitglieder ermöglichen.

1.4.1 Sozialisation

Die Soziologie interessiert sich für den Prozess der Sozialisation, weil sie wissen möchte, wie Gesellschaften die Weitergabe von Regeln und Problemlösungen an neue Gesellschaftsmitglieder bewerkstelligen – um damit den Erhalt der Gesellschaft zu sichern. Wenn Menschen geboren werden, sind sie nicht allein überlebensfähig; man könnte sie als „Mängelwesen" bezeichnen (Gehlen 1940), denn sie brauchen zeitintensive Fürsorge von Bezugspersonen. Auch wenn sie nach einigen Jahren halbwegs allein überleben können, brauchen Menschen, da sie nur wenig durch Instinkte und Triebe in ihrem Handeln vorprogrammiert sind, Orientierungen, an denen sie ihr Handeln ausrichten können. Eine solche Orientierung ist zum Beispiel das Gebot „Du sollst nicht töten". Die Menschheit musste im Laufe ihrer Entwicklung lernen, das notwendige Zusammenleben zu organisieren, unter anderem mit Hilfe von Regeln – in der Sprache der Soziologie nennen wir solche Regeln „Institutionen". Ist das Zusammenleben organisiert (existiert also eine „soziale Ordnung"), muss sichergestellt werden, dass auch neue Mitglieder, zum Beispiel neu geborene Kinder, die notwendigen Regeln lernen, damit das Zusammenleben auch weitergehen kann. Der Begriff der Sozialisation umschreibt eben diese Vergesellschaftung von Personen, also den Prozess des „Mitgliedwerdens" oder der „Sozial-Machung" (Helsper 2002). Hartmut Esser (2001, S. 371f) schreibt: „Unter Sozialisation wird jener soziale Prozess verstanden, über den die Kultur einer Gesellschaft in die Identität der neuen Mitglieder – Kinder oder Fremde – vermittelt wird [...] Die Kultur einer Gesellschaft kann allgemein als die Gesamtheit der dort verbreiteten kognitiven Erwartungen und moralischen Ansprüche [...] verstanden werden". Die kognitiven Erwartungen und moralischen Ansprüche stehen hier für die oben genannten Regeln des Zusammenlebens. Sozialisation ist entsprechend ein umfassender Prozess, zu dem wiederum untergeordnete (Teil-)Prozesse wie Erziehung und Bildung gehören. Im Prozess der Sozialisation werden wir buchstäblich gesellschaftsfähig, er ist in diesem Sinne ein überlebensnotwendiger Prozess. Der Sozialisationsprozess beginnt mit der Geburt und hat keinen festen Endpunkt, er verläuft lebenslang. Gesellschaftliche Regeln können sich verändern, und wir müssen uns vielleicht an diese anpassen, wenn wir weiter „mitspielen" wollen. Sozialisation ist damit spezifisch für die jeweilige kulturelle und historische Verortung. Verbringen wir eine Zeit „außerhalb" der Gesellschaft (z.B. im Strafvollzug) müssen wir „resozialisiert" werden. Im Prozess der Sozialisation stehen verschiedene Generationen miteinander in Kontakt, denn bereits vorhandenes Wissen und Erinnerungen werden oft von einer Generation an die andere weitergegeben (z.B. im Teilprozess der Erziehung).

Sozialisation kann allgemein also definiert werden als Prozess der aktiven Auseinandersetzung mit der sozialen, materiellen und kulturellen Umwelt, durch den Personen gesellschaftlich handlungsfähig werden und ihre Persönlichkeit (Identität) entwickeln. Durch die Sozialisation wird der Mensch quasi nach der biologischen Geburt noch einmal geboren (Griese 2015) – als soziales Wesen. In der Betonung der aktiven Auseinandersetzung wird deutlich, dass das Individuum nicht vollständig durch die Gesellschaft bestimmt („determiniert") ist, sondern sie in gewissen Graden mitgestaltet. Gleichwohl beinhaltet die aktive Auseinandersetzung nicht nur bewusste, sondern auch unbewusste Prozesse und Auswirkungen der Umwelt auf die Entwicklung der Person. Sozialisation verläuft für die einzelne Person nicht immer „unbemerkt" und reibungslos, die Sozialisation ist vielmehr eine Gratwanderung zwischen der Anpassung an soziale Normen und der Herausbildung einer individuellen, möglichst unverwechselbaren Persönlichkeit – was von den meisten Menschen als Bedürfnis und „Entwicklungsaufgabe" erlebt wird.

Mit ansteigendem Alter verändern sich die Felder und Orte der Sozialisation und werden vielfältiger. Der Prozess der Sozialisation lässt sich entsprechend nach Stufen bzw. Lebensphasen und einflussreichen Kontexten unterteilen in *primäre* (Kontext Herkunftsfamilie), *sekundäre* (Kontext (Vor-)Schule), *tertiäre* (Kontext Ausbildung und Medien) und *quartäre* (Kontext Beruf, eigene Familie) Sozialisation. Die primäre Sozialisation ist dabei die wichtigste: in dieser werden die grundlegenden Wissensbestände und Werte vermittelt, auf denen die anderen Sozialisationsphasen aufbauen und die die weiteren Einflüsse „filtern" (Esser 2001, S. 373). Der Beginn der sekundären Sozialisation ist dann oft zunächst mit Unsicherheiten über den Verlust der ausschließlichen Orientierung an den frühen Bezugspersonen verbunden. In vielen Gesellschaften ist es daher auch eine Tradition, den Übergang in neue Sozialisationsphasen mit einem Ritual (positiv) zu markieren (Einschulung, Jugendweihfeiern, Konfirmationen u.ä.).

Neben den Phasen können verschiedene Dimensionen der Sozialisation unterschieden werden, die jeweils in den verschiedenen Phasen in unterschiedlichem Maße beeinflusst werden können, etwa die sprachliche, die kognitive sowie die Sozialisation des Selbst und der Identität (Helsper 2002). Andere Differenzierungen des Sozialisationsprozesses unterscheiden die drei miteinander verwobenen Aspekte der *Personalität* (die gesellschaftliche Bestimmtheit), der *Individualität* (die individuelle Besonderheit) und der Subjektivität (Handlungs- und Selbstbestimmungsfähigkeit), die sich im Verlauf der Sozialisation entwickeln und beeinflusst werden.

In welchem Verhältnis die eigenständige Handlungsfähigkeit des Individuums und die Prägekraft der Gesellschaft im Prozess der Sozialisation stehen, ist Gegenstand von verschiedenen Sozialisationstheorien (siehe z.B. die Übersicht bei Helsper

2002). Die verschiedenen Theorien unterscheiden sich beispielsweise darin, welche Rolle sie dem einzelnen Menschen zuschreiben (eher aktiv oder eher passiv, eher bewusst oder eher triebgeleitet) und auf welche Aspekte und „Bestandteile" der Sozialisation sie ihren erklärenden Schwerpunkt legen. Zu den psychologischen Sozialisationstheorien gehören Lerntheorien, Persönlichkeitstheorien und Entwicklungstheorien. Viele dieser Theorien gehen von einem eher „passiven" Individuum aus und nehmen etwa an, dass Bezugspersonen bestimmte Verhaltensweisen belohnen oder bestrafen und diese in der Folge damit verstärken oder verhindern. Auf diese Weise wird die Kultur, also bestehende Werte und Wissen, beim zu sozialisierenden Individuum verinnerlicht (internalisiert). Für die Psychologie steht die Entwicklung der Persönlichkeit im Vordergrund der Beschäftigung mit Sozialisation. SoziologInnen hingegen betrachten den Prozess der Sozialisation eher unter dem Aspekt der Notwendigkeit für das Aufrechterhalten von Gesellschaften (Corsten 2011, S. 84). Wichtige soziologische Sozialisationstheorien sind beispielsweise die Sozialisationstheorie des Strukturfunktionalismus (mit Talcott Parsons als wichtigstem Autor) und des symbolischen Interaktionismus (der zum Beispiel durch George Herbert Mead geprägt wurde). In den soziologischen Sozialisationstheorien wird die Sozialisation als ein stärker interaktiver Prozess konzipiert, „bei dem der Sozialisand sich aktiv und konstruktiv an die Umgebung ‚adaptiert', und in keiner Weise nur passiv ‚anpaßt'" (Esser 2001, S. 391). Für die Soziologie ist das Konzept der Sozialisation deshalb zentral, da es hilft, das sich aus der spezifisch soziologischen Perspektive ergebende Spannungsfeld zwischen dem (vermeintlich eigenständigen und eigenwilligen) Individuum und der (doch „nur" menschengemachten, aber dennoch prägenden) Gesellschaft zu verbinden und eine Erklärung für den Fortbestand („Reproduktion") von Gesellschaften darstellt (siehe weiter unten zur schichtspezifischen Sozialisationstheorie).

Oben hieß es, dass Sozialisation ein „Prozess der aktiven Auseinandersetzung" sei, diese aktive Auseinandersetzung beinhaltet genauer gesagt Prozesse des Lernens, der Kommunikation und der Interaktion. Dies sind die allgemeinen Mechanismen, über welche sich Sozialisation vollzieht. Esser (2001, S. 372) schreibt dazu: „Sozialisation beinhaltet stets die Änderung bereits bestehender Erwartungen und Bewertungen. Lernen kann allgemein als ein Vorgang der Entstehung von Assoziationen verstanden werden. Zum Beispiel: Bestimmte, an sich ‚bedingungslose' Objekte werden nach dem Lernen gedanklich mit Folgen zusammengebracht, wo es vorher keine Verbindung gab". Lernen kann also definiert werden als eine nicht direkt zu beobachtende, durch Erfahrung (nicht durch Drogen, angeborene Fähigkeiten, Ermüdung oder ähnliches) bedingte und relativ dauerhafte Veränderung (Erweiterung) des Verhaltens. Lernen ist ein subjektiver Prozess der Aufnahme von Informationen, der nicht beobachtbar ist, durch Impulse aus der Umwelt einer Person angeregt wird, und dazu führt, dass sich Fähigkeiten und Einstellungen verändern (Timmermann/Strikker 2004, S. 151).

Lernen, Kommunikation und Interaktion führen schließlich zu einer Internalisierung (Verinnerlichung) von Erfahrungen, diese Erfahrungen sind wiederum geprägt durch die (Erfüllung der) Erwartungen von Anderen, also durch Werte und Normen und ihre Befolgung oder Missachtung. Ein Ausdruck der Verinnerlichung von Sozialisationsbestandteilen ist der *Habitus* einer Person. Mit dem Begriff des Habitus wird die inkorporierte (verkörperlichte) Sozialisation und individuelle Biographie einer Person beschrieben. Der Habitus einer Person wird zum Beispiel darin erkennbar, dass „Äußerungen und Handlungen eines Individuums stets eine gewisse Einheitlichkeit erkennen lassen" (Rieger-Ladich 2015, S. 119). In der Soziologie wurde das Konzept des Habitus maßgeblich von Norbert Elias und Pierre Bourdieu geprägt und wird seitdem insbesondere verwendet, um Ähnlichkeiten im Denken, Handeln und Bewerten von Angehörigen derselben sozialen Schicht (oder desselben Milieus) zu beschreiben. Der Habitus ist ein Konzept, mit dem es möglich ist, die Sozialstruktur – das gesellschaftliche Schicht- und Lebensstilgefüge – mit dem individuellen Handeln von Personen (bzw. mit deren Praxis, die unbewusster und verinnerlichter ist als überlegtes „Handeln")[5] zu verbinden.

Im Prozess der Sozialisation werden Werte und Normen verinnerlicht und die Übernahme gesellschaftlicher Rollen ermöglicht. Dadurch wird sozialer Zusammenhalt, oder allgemein das „Funktionieren" von Gesellschaft, dauerhaft möglich – und daher ist der Prozess der Sozialisation ein für die Soziologie und ihre Grundfragen zentrales Phänomen. Mithilfe der Konzeptualisierung von Sozialisationsprozessen kann zum Beispiel die „Schichtspezifität" bestimmter Verhaltensweisen, etwa Entscheidungen bei politischen Wahlen, erklärt werden. In Kapitel 8 wird beispielsweise dargestellt, dass es Unterschiede in den Schulleistungen zwischen den Geschlechtern gibt. Die Forschung hat gezeigt, dass diese Unterschiede zu großen Teilen durch Unterschiede in der Sozialisation der Geschlechter bedingt sind. Eine weitere Folge der Sozialisation (so argumentiert zumindest ein Theoriestrang innerhalb der Soziologie) ist die Weitergabe (und Beibehaltung) des „Gesellschaftlichen" nicht nur in Form von Verhaltensweisen, sondern auch in Form von sozialen Positionen. Die Theorie der schichtspezifischen Sozialisation geht zum Beispiel davon aus, dass in den Schichten spezifische „Sozialcharaktere" geprägt werden. Diese Prägung ist bedingt durch unterschiedliche Verfügbarkeiten von ökonomischen (z.B. finanziellen), sozialen und kulturellen (z.B. sprachlichen) Ressourcen, die die Familiensozialisation (d.h. die Interaktionen und Kommunikation und die Erziehungspraktiken) beeinflussen. Da die Erfolgsbedingungen im Bildungssystem dem Sozialcharakter der Mittel- und Oberschicht entsprechen (so die Annahme der Theorie), werden Kinder aus unteren Schichten auf niedrige Bildungsabschlüsse verwiesen, die wiederum zu schwachen Positionen auf dem Arbeitsmarkt und damit in untere soziale Schichten führen (siehe Kapitel 6).

Abschließend können wir mit Grundmann (2011, S. 63) festhalten, dass mit „dem Begriff der Sozialisation [.] der ganz allgemeine, anthropologisch fundierte Sachverhalt der sozialen Gestaltung von verlässlichen Sozialbeziehungen und der intergenerationalen Tradierung sozialen Handlungswissens" beschrieben werden

---

5 Wenn von sozialem Handeln gesprochen wird, steht oft die (mehr oder weniger) bewusste und beabsichtigte Regelbefolgung des Individuums im Vordergrund. Die Verwendung des Begriffs der sozialen Praxis verweist hingegen eher auf „Kontexte von Tätigkeiten...in denen soziale Ordnungen vor allem auf Basis impliziten Wissens produziert, reproduziert und transformiert werden" (Bongaerts 2008, S. 224). Soziale Praktiken lassen sich weder auf bewusstes Handeln noch auf mechanische Regelbefolgung reduzieren. Hinter der Verwendung der beiden unterschiedlichen Begriffe „Handeln" und „Praxis" stehen also unterschiedliche sozialtheoretische Grundannahmen.

kann. Sozialisation beinhaltet vor allem die Ausbildung persönlicher Identität, den Erwerb sozialer Handlungskompetenzen und die Bildung verlässlicher Bezugsgruppen (ebd.). Sozialisation ist damit eine Voraussetzung für die Teilprozesse *Bildung* und *Erziehung*, da sie zunächst stabile, konfliktfreie soziale Beziehungen zwischen den Generationen ermöglicht, auf deren Grundlage sich Erziehung und Bildung vollziehen können – und müssen, um den Prozess der Sozialisation zu vollziehen (ebd.).

1.4.2 Erziehung

Auch bei der genaueren Betrachtung des Begriffs der Erziehung zeigt sich einer der Zwecke der Soziologie als Wissenschaft: Zweifelsohne ist Erziehung ein Begriff, der den meisten Menschen geläufig ist, man weiß intuitiv, was damit gemeint ist. Die Essenz des Phänomens Erziehung jedoch in Worte zu fassen, Erziehung zu präzisieren und von anderen Sachverhalten abzugrenzen und nutzbar zu machen, zum Beispiel für die Formulierung von Theorien, ist eine Aufgabe der Soziologie.

Erziehung kann definiert werden als Summe der gezielten Einwirkungen durch Lehr- und Führungspersonen zur Einleitung und Steuerung von Lernprozessen von Heranwachsenden (zum Begriff des Lernens siehe oben unter Sozialisation). Erziehung beinhaltet eine gezielte, planmäßige „Verformung", eine Anpassung und Änderung von Verhaltensweisen. Sie ist eine spezifische Form bewusster sozialisatorischer Praxis, die auf die Vermittlung sozial erwünschter Eigenschaften und die Unterbindung abweichender Verhaltensweisen durch Bezugspersonen zielt (Grundmann 2011). Erziehung beinhaltet immer die Idee einer dauerhaften Verbesserung im Sinne der Erreichung eines erwünschten Verhaltens – wie auch immer das Ziel definiert ist.

Das Ziel von Erziehung ist ein Nutzen für die Gesellschaft, indem sich das Individuum durch die Erziehung den sozialen Tatsachen (Werten und Normen) fügt. Es wird das Wissen vermittelt, das benötigt wird, um soziale Erwartungen erfüllen zu können. Die klassische Definition von Bernfeld sieht Erziehung deshalb als „die Summe der gesellschaftlichen Reaktionen" auf die Tatsache, dass für die menschliche Entwicklung Gemeinschaft notwendig ist. Erziehung umfasst also diejenigen Bestandteile der Sozialisation, die explizit als notwendig für den Zusammenhalt und das Funktionieren von Gesellschaften wahrgenommen werden. Erziehung ist damit eine gesellschaftliche „Funktion" – oder anders gesagt: eine „infrastrukturelle Bedingung moderner Gesellschaften" (Winkler 2002, S. 74). Émile Durkheim hat bereits darauf verwiesen, dass die Gesellschaft mittels Erziehung verwirklicht, was sie für ihre Erhaltung braucht (Abels 2009, S. 54). Gesellschaft ist demnach ohne den Prozess der Erziehung nicht denkbar und es ist eine Aufgabe der Soziologie, diese Bedeutung von Erziehung und die daraus folgenden Ausgestaltungen von Erziehung offenzulegen.

Im Gegensatz zum Begriff der Sozialisation, der abstrakt die Auseinandersetzung einer Person mit seiner Umwelt umschreibt, beschreibt Erziehung ein konkretes Interaktionsverhältnis von mindestens zwei Personen (Eltern – Kinder, LehrerIn – SchülerIn). Die Beziehung ist dabei asymmetrisch und hierarchisch (d.h.

nicht auf „Augenhöhe") – sie stellt eine Machtkonstellation dar. Der Erziehungsbegriff drückt Abhängigkeit, Unfreiheit und Bevormundung aus. Lenzen und Luhmann bezeichnen Erziehung entsprechend als eine „Zumutung" (Lenzen/Luhmann 1997, S. 7).

Im Gegensatz zu Sozialisation wird Erziehung dafür aber auch als zeitlich endlich definiert, sie endet (für die zu erziehende Person) dann, wenn sie nicht mehr notwendig ist und die notwendige Anpassung erreicht ist. Erziehung ist abhängig von den gesellschaftlichen Verhältnissen und vorherrschenden Ideologien: sie kann totalitär sein und zur Unterwerfung und Begrenzung führen, sie kann auf Emanzipation und maximale Freiheit des Einzelnen ausgerichtet sein – und alles dazwischen. Entsprechend sind Erziehungsvorstellungen abhängig vom jeweiligen „Zeitgeist". Sofern Erziehung institutionalisiert (wie etwa in Schulen oder Betreuungseinrichtungen) stattfindet, „steht sie stets unter dem Diktat gesellschaftlich definierter Ziele und systemfunktionaler [...] Imperative" (Grundmann 2011).

Im besten Fall ermöglicht Erziehung „als Versuch einer sinn- und verantwortungsvollen Handlungsanleitung" (ebd., S. 67) eine Heranführung an „das gute Leben". Wie dies erreicht werden kann, ist freilich umstritten – und wiederum nicht Gegenstand der Bildungssoziologie, die in der Regel nicht fragt, was die „gute" oder „richtige" Erziehung ausmacht. Eher hat es sich die Bildungssoziologie zur Aufgabe gemacht, verschiedene Erziehungsstile zu unterscheiden (wie autoritäre, vernachlässigende oder permissive Erziehungsweisen), etwa um die Folgen von Erziehung zu untersuchen (Reichenbach 2015).

Die Soziologie beschäftigt sich also weniger mit den Fragen der Folgen auf die Persönlichkeitsentwicklung von Kindern durch Erziehung, sie interessiert sich für Erziehung im Hinblick auf ihre gesellschaftliche Funktionalität und Nützlichkeit. Wie Löw und Geier zusammenfassen, diskutiert die Soziologie zum Beispiel die gesellschaftliche *Wirkung* von Erziehungsstilen, untersucht die *schichtspezifischen Ausprägungen* von unterschiedlichem Erziehungshandeln und die *Strukturen von Erziehungsinstitutionen* und betrachtet das *Erziehungssystem* in seiner Beziehung zu anderen gesellschaftlichen Teilsystemen (Löw/Geier 2014, S. 24).

1.4.3 Bildung

Bildung ist der unschärfste und schillerndste Begriff der drei hier behandelten Grundbegriffe. Ganze Bücher beschäftigen sich mit der Bedeutung und der Herkunft des Begriffs, ohne sich notwendigerweise auf eine abschließende Definition zu einigen (Ricken 2006, S. 163). Gleichwohl lassen sich einige mehr oder wenige unumstrittene Charakteristika von Bildung herausarbeiten. Bildung ist ebenso wie Erziehung eine Teilmenge von Sozialisation, aber während Erziehung der Sozialintegration dient, bezieht sich Bildung auf die *Herausbildung individueller Handlungsbefähigung durch den Erwerb von Wissen*. Damit steht zugleich ein weiterer Begriff zur Definition: *Wissen*. Der Einfachheit halber beschränken wir uns hier zunächst darauf, Wissen als den gesamten personengebundenen Bestand von Fakten, Kenntnissen und Fähigkeiten zu verstehen, der weiterhin unterschieden werden kann, zum Beispiel in deklaratives (*wissen was*) oder prozedurales (*wissen wie*) Wissen. Eine weitere Unterscheidung bezieht sich auf formale, materiale und kategoriale Bildung. „Stark vereinfacht kann man die materiale Bildung als Aufbau von Wissen, die formale Bildung als Konsolidierung von Können und die kategoriale Bildung als Zusammenschluss von Wissen und Können begreifen" (Seel/Hanke 2015, S. 19).

Bildung geht jedoch über bloßes Wissen hinaus, und beinhaltet „Formung und Gestaltung – und zwar nicht nur von personalem Handlungswissen, sondern auch von Handlungsweisen und Wertvorstellungen" (Grundmann 2011). Bildung ist in anderen Worten die „Ausstattung des Menschen zur Bewältigung von Lebenssituationen" (Robinsohn 1988). Neben der gezielten Vermittlung und Aneignung von Wissen, Fähigkeiten und Kompetenzen (im institutionalisierten Bildungsprozess), bezeichnet Bildung also einen Zustand der Verfügbarkeit über „Kultur". Gebildet sein setzt zum Beispiel auch Urteilsvermögen, Reflexion und kritische Distanz gegenüber dem Informationsangebot voraus.

Bildung kann sich auf einen Zustand oder einen Prozess (innerhalb) einer Person beziehen. Der Erwerb von Bildung muss selbst betrieben werden, Bildung kann von außen nur angeregt werden. Im Gegensatz zur Erziehung hört der Bildungsprozess nicht auf. Das macht auch die häufig zitierte Definition des Collège de France deutlich: Bildung muss dieser zufolge „geistige Aufgeschlossenheit zum Ziel haben [.], Einstellungen und Kenntnisse von der Art, wie man sie braucht, um sich immer neues Wissen anzueignen und mit immer neuen Situationen zurechtzukommen" (Collège de France 1987, S. 253). Wo Erziehung durch die dominante asymmetrische Beziehung zwischen ErzieherIn und zu erziehender Person fremdbezogen ist, ist Bildung selbstbezogen, da sie Handlungsautonomie und Emanzipation erreichen will. Zugleich wird es durch diesen Selbstbezug von Bildung möglich, Individuen für ihre Lebensführung – die maßgeblich vom erlangten Bildungsgrad abhängt – selbst verantwortlich zu machen (Grundmann 2011).

Neben diesen hier genannten allgemeinen Merkmalen von Bildung haben sich in verschiedenen Denktraditionen und Disziplinen durchaus unterschiedliche Verständnisse von Bildung mit unterschiedlichen Schwerpunktsetzungen herausgebildet. Im seit dem Ende des 18. Jahrhunderts entwickelten klassisch humanistischen Verständnis bezieht sich Bildung beispielsweise auf die „Formung und Gestaltung des eigenen Selbst und den Erwerb von Handlungsselbstständigkeit des Menschen durch geistige Selbsttätigkeit" (Gordt/Becker 2016, S. 40) und auf ein Sichtbarmachen der inneren Kraft (Horlacher 2015). Als Ziel von Bildung wird die Entwicklung zur Mündigkeit als Entfaltung der individuellen Verstandesmäßigkeit gesehen (Rühle 2018, S. 9). Diese geistesgeschichtlich aufgeladene Auffassung von Bildung als Möglichkeit der Selbständigkeit und Emanzipation – nicht als etwas sonst wie „nützliches" – ist spezifisch für die deutsche Sprache, die „Bildung" von „Erziehung" trennt (im Gegensatz zum Beispiel zum allgemeinen englischen Begriff „education"). Dieser normative Anspruch hat sich jedoch in der Realität immer in einem an den gesellschaftlichen Bedürfnissen ausgerichtetem Bildungssystem „funktionalisiert". Spätestens mit der Industrialisierung kamen seit Ende des 19. Jahrhunderts zunehmend auch Verwertungsaspekte, also die praktische Nützlichkeit von Bildung in den Blick. Entsprechend trägt der Bildungsbegriff heute in unterschiedlichen Debatten jeweils unterschiedliche Züge. So wird zum Beispiel in ökonomisch orientierten Ansätzen vor allem die instrumentelle Bedeutung von Bildung als „Investition" in die eigene Produktivkraft („Humankapital", siehe Kapitel 2.1) als maßgeblich angesehen. Mit dem Fokus auf Kompetenzen und die ökonomische Verwertbarkeit von Bildung hat sich der Bildungsbegriff verengt und die emanzipatorische Dimension hat an Bedeutung verloren. Mit Blick auf die gesellschaftlichen Herausforderungen durch Digitalisierungsprozesse sind jedoch kritisch-reflexive Fähigkeiten wieder vermehrt als Ziele von (emanzipatorischer) Bildung formuliert worden (siehe Kapitel 11). Solche Fähigkeiten beinhalten „das Vermögen, sich begründet zu den Erwartungen der gesellschaftlichen Wirklichkeit zu verhalten, Vorgaben nicht umstandslos zu erfüllen, sondern sie auf die zugrundeliegenden Interessen und damit auf ihre Legitimität zu überprüfen" (Rühle 2018, S. 15). Viele der neueren Bildungskonzepte bewegen sich demnach in dem Spannungsfeld aus Bildung als „Befreiung" und Bildung als „Anpassung" (an die gesellschaftlichen Erfordernisse). Diesen Widerspruch zu bearbeiten ist Aufgabe der pädagogischen Praxis.

Ein insbesondere für die Soziologie relevantes Merkmal von Bildung ist die Bedeutung für das Funktionieren und den Fortbestand von Gesellschaft – z.B. durch die Zuweisung und „Vererbung" von sozialen Schichtstrukturen und von gesellschaftlichen Privilegien. In dieser Perspektive ist Bildung eine Ressource oder anders gesagt ein *Kapital* (Bourdieu 1983, siehe auch Kapitel 6). Dieses Kapital kann eingesetzt werden kann, um es oder andere Kapitalsorten (wie das ökonomische oder soziale Kapital) zu vermehren. Bildung kann zum Beispiel umgesetzt werden in Lebenschancen (siehe Kapitel 2.1) und in Ansehen und Einfluss. Wer von Bildung spricht, impliziert in der Regel das Vorhandensein dieser, Bildung meint also meistens „viel Bildung" – denn wenig Bildung ist in diesem Sinne keine Bildung. Bildung ist damit immer etwas, mit dem man sich abgrenzen kann, das einen „Distinktionswert" besitzt. Wenig Bildung wird dann mit „Bildungsferne" oder „Bildungsarmut" beschrieben. Der Begriff des „Bildungsbürgertums", das gesellschaftlichen Einfluss aufgrund der Verfügbarkeit über Bildung bezeichnet, zeigt diese Bedeutung von Bildung als Statussymbol.

Die Bildungssoziologie hat herausgearbeitet, dass Bildung aufgrund des „Kapitalcharakters" in engem Zusammenhang mit den individuellen Möglichkeiten der Lebensgestaltung („Lebenschancen") und mit persönlichen Einstellungen und Werthaltungen steht (siehe Kapitel 2.1). Zugleich ist das Bildungsniveau einer Bevölkerung von zentraler Bedeutung für das Innovationspotential und die wirtschaftliche Konkurrenzfähigkeit von Staaten (siehe Kapitel 2.2). Um solche Zusammenhänge zu beschreiben, zum Beispiel im Hinblick auf ihre konkrete empirische Ausprägung, muss Bildung „operationalisiert", d.h. messbar gemacht werden. Dies geschieht zum Beispiel über die Betrachtung von Schul- oder Berufsbildungsabschlüssen (siehe Kapitel 5). In den letzten Jahren ist eine weitere Definition und ein neues Maß von Bildung ins Blickfeld gerückt: *Kompetenzen*. Auch für den Kompetenzbegriff liegen verschiedene Definitionen vor: Häufig wird Kompetenz als ein Bestandteil von Bildung verstanden, wobei Bildung der allgemeinere und weitergehende Begriff ist. Kompetenzen ähneln der kategorialen

Bildung und beziehen sich auf die Aneignung funktional verwendbaren Wissens (Klieme/Hartig 2007). Eine weitere, häufig zitierte Definition stammt von Weinert (2001, S. 72): Kompetenzen sind „die bei Individuen verfügbaren oder durch sie erlernbaren kognitiven Fähigkeiten und Fertigkeiten, um bestimmte Probleme zu lösen, sowie die damit verbundenen motivationalen, volitionalen und sozialen Bereitschaften und Fähigkeiten, um die Problemlösungen in variablen Situationen erfolgreich und verantwortungsvoll nutzen zu können". Kompetenzen umfassen also Fähigkeiten und Fertigkeiten, aber auch die Bereitschaft, diese anwenden zu können. Sie grenzen sich von Intelligenz durch ihre *Erwerbbarkeit* ab. Kompetenzen sind Konstrukte (d.h. etwas „Ausgedachtes", in Gedanken konstruiertes), ihr Vorhandensein ist nicht unmittelbar messbar, sondern nur näherungsweise zum Beispiel durch Tests zu ermitteln, in denen Aufgaben mit unterschiedlichen Schwierigkeitsgraden bearbeitet werden müssen. Das Kompetenzkonzept hat in den vergangenen Jahren in der öffentlichen, politischen und wissenschaftlichen Diskussion stark an Bedeutung gewonnen. Maßgeblich befördert wurde dieser Bedeutungswandel durch die *Organisation für wirtschaftliche Zusammenarbeit und Entwicklung* (OECD) und ihr *Programme for International Student Assessment* (PISA). Das zentrale Konzept der PISA-Studie ist die Messung von Kompetenzen (im Gegensatz zu „Schulleistungen"), worunter Fähigkeiten verstanden werden, die angehende Erwachsene zur selbständigen Lebensführung und Alltagsbewältigung in den gegenwärtigen, globalisierten (Wissens-)Gesellschaften benötigen. Eng verknüpft mit dem Kompetenzbegriff ist die Idee der Notwendigkeit des „lebenslangen Lernens". Kompetenzen sind damit umfassender und allgemeiner als die in Lehrplänen definierten und zu vermittelnden Wissensbestände und Fertigkeiten. Seitdem hat das Kompetenzkonzept in vielen Bereichen den Begriff „Bildung" in den Hintergrund gedrängt und zum Beispiel Einzug in Bildungspläne und die nationale Bildungsberichterstattung gehalten (siehe Kapitel 9). Das hat auch damit zu tun, dass im Gegensatz zu dem abstrakten Bildungsbegriff Kompetenzen greifbarer und unmittelbar nützlicher und anwendbarer erscheinen.

Der Bedeutungsgewinn des Kompetenzbegriffs geht einher mit einem stärkeren Gewicht ökonomischer Prinzipien in der Organisation von Bildung, was sich zum Beispiel in der Ausrichtung bestimmter Reformen im Bildungsbereich zeigt (siehe Kapitel 9). Der „Aufstieg" des Kompetenzbegriffs ist vieldiskutiert und in seinen Folgen nicht unumstritten. Das liegt daran, dass mit „Kompetenzen" vor allem das Praktische, Anwendbare und ökonomisch Verwertbare an Bildung betont wird. Die Soziologie beschäftigt sich mit dieser neuen Ausrichtung des Bildungsbegriffs, wie zum Beispiel der Sammelband zur „Soziologie der Kompetenz" (Kurtz/Pfadenhauer 2010) oder das Buch von Richard Münch zu „Bildung und Wissenschaft unter dem Regime von PISA, McKinsey & co" zeigen (Münch 2009). Die kritische Auseinandersetzung mit dem Begriff der Kompetenzen verdeutlicht, dass der Bildungsbegriff und seine Bestandteile (zu denen Kompetenzen gehören) seit jeher umkämpft sind und dass die Antwort auf die Frage, was „gute" und „richtige" Bildung ist, nie zweifelsohne feststehen kann. Reiner Keller formuliert das folgendermaßen: „Das, was als Bildung und Kompetenz verhandelt wird, hat einen spezifischen Zuschnitt. Keineswegs ist dies ein ‚unschuldiges' Bildungs-

oder Kompetenzverständnis, sondern Resultat einer [...] kontingenten diskursiven Formatierung" (Keller 2010, S. 32).

Der Bildungsbegriff bewegt sich also zwischen den idealistischen Ideen der Selbstverwirklichung, Freiheit, Emanzipation, kritischem Urteilsvermögen und dem funktionalistischen Gebot der Verwertbarkeit, Nützlichkeit und Wirtschaftlichkeit. Bildung ist „gleichermaßen Ideal und Kapital" (Löw/Geier 2014, S. 21). Der Soziologie geht es weniger darum, herauszuarbeiten, was Ziele von Bildung sein sollten, sie ist in dieser Hinsicht nicht normativ. Sie zeigt vielmehr auf, wie Gesellschaften mit dem Erfordernis von Bildung für die Aufrechterhaltung einer sozialen Ordnung umgehen, wie unterschiedlich sie dabei Bildung definieren und Zugänge zu Bildung gestalten. Für die Soziologie ist entsprechend die Umkämpftheit von Bildung ein Forschungsinteresse. Die Bildungssoziologie zeigt auf, was dahintersteckt, wenn auf einmal vermehrt von Kompetenzen und nicht mehr von Bildung die Rede ist. Sie macht auch darauf aufmerksam, dass Bildung (genau wie Erziehung) gegenüber der Sozialisation eine klare „Selektionsfunktion" (Grundmann 2011) hat. Damit ist gemeint, dass nur bestimmte Leistungen und Fähigkeiten von Personen anerkannt und belohnt werden, andere hingegen nicht. Damit können dann für den Einzelnen substantielle Konsequenzen hinsichtlich des Zugangs zu Lebenschancen verbunden sein. Somit ist der Versuch einer Definition von Bildung viel mehr als nur das Bestreben, einen Begriff exakt und in all seinen Facetten darzustellen, die Definition von Bildung ist immer schon eine Analyse des Ergebnisses von Machtkämpfen, die sehr folgenreich für die einzelnen Mitglieder einer Gesellschaft sein können.

Der soziologische Blick auf die drei für die Bildungsforschung grundlegenden Prozesse Sozialisation, Bildung und Erziehung zeigt sich insbesondere darin, dass die drei Tatbestände hinsichtlich ihres gesellschaftlichen „Gebrauchswerts" untersucht werden. Die Soziologie betrachtet Sozialisation, Erziehung und Bildung in Hinblick darauf, dass sie sicherstellen, „dass Heranwachsende diejenigen Fähigkeiten, Kenntnisse und Überzeugungen erwerben, von denen angenommen wird, dass sie zur Bestandserhaltung und Weiterentwicklung der jeweiligen gesellschaftlichen Ordnung benötigt werden" (Scherr 2013, S. 23).

Die Bildungssoziologie stellt damit zum Beispiel angehenden LehrerInnen ein Wissen zur Verfügung, das ihnen hilft, die Bedingungen ihres beruflichen Handelns besser zu verstehen. Dazu gehört, zu verdeutlichen, dass und wie Ziele pädagogischen Handelns durch die gesellschaftlichen Ansprüche und Erfordernisse geprägt sind – und wo die Möglichkeiten und Grenzen der gezielten Einflussnahme auf SchülerInnen durch (schulische oder sonst wie institutionalisierte) Erziehung und Bildung liegen.

1.4 Grundbegriffe der Bildungssoziologie

Fragen und Aufgaben zur Wiederholung

- Was kennzeichnet die Soziologie als Wissenschaft? Weshalb ist sie entstanden, was untersucht sie typischerweise und auf welche Weise?
- Womit beschäftigt sich die Bildungssoziologie? Was sind typische Themen und Fragestellungen?
- Beschreiben/definieren Sie die Grundbegriffe Bildung, Erziehung und Sozialisation in jeweils einem Satz.

Literaturempfehlungen:

Abels, H. (2009): Der Blick auf die Gesellschaft. 4. Aufl. Wiesbaden: VS Verlag für Sozialwissenschaften.

Allmendinger, J./Ebner, C./Nikolai, R. (2010): Soziologische Bildungsforschung. In: Tippelt, R./Schmidt, B. (Hrsg.): Handbuch Bildungsforschung. Wiesbaden: VS Verlag für Sozialwissenschaften, S. 47–70.

Becker, R. (Hrsg.) (2011): Lehrbuch der Bildungssoziologie. Wiesbaden: VS Verlag für Sozialwissenschaften.

Berger P. L./Pfadenhauer M. (2011) Einladung zur Soziologie: Eine humanistische Perspektive. UTB Soziologie 3495. Konstanz: UVK-Verl.-Ges.

Corsten, M. (2011): Grundfragen der Soziologie. UTB basics 3494. Konstanz: UVK-Verl.-Ges.

Grundmann, M. (2011): Sozialisation – Erziehung – Bildung: Eine kritische Begriffsbestimmung. In: Lehrbuch der Bildungssoziologie. Wiesbaden: VS Verlag für Sozialwissenschaften, S. 63–85.

2. Die individuelle und gesellschaftliche Bedeutung von Bildung

> **Zusammenfassung**
>
> In Kapitel 1.2 wurde bereits erwähnt, dass sich die Bildungssoziologie unter anderem mit den Folgen von Bildungsprozessen beschäftigt. Um solche Folgen geht es in diesem Kapitel. Dabei werden zunächst Folgen für Individuen und die persönlichen Auswirkungen von höherer oder geringerer Bildung auf verschiedene Aspekte der Lebensführung betrachtet. Anschließend werden die Folgen von unterschiedlichen Bildungsniveaus und -verteilungen für verschiedene Aspekte gesellschaftlicher Entwicklung in den Blick genommen. Dabei wird auch erörtert, was die gesellschaftliche Selbstbeschreibung als „Wissensgesellschaft" bedeutet.

Bildung gilt als der Schlüssel zur Zukunft, mit ihr verbinden sich Erwartungen an wirtschaftliches Wachstum, Konkurrenzfähigkeit und politische Stabilität, ebenso wie an die Verwirklichung persönlicher Lebenschancen (Rühle 2018, S. 8). Doch wie wirkt sich mehr oder weniger Bildung tatsächlich aus – für einzelne Personen und zusammengenommen für die Gesellschaft? Und warum zeigt Bildung diese Effekte? Im Folgenden werden zunächst die individuellen Folgen von Bildung beleuchtet, im Anschluss werden die gesamtgesellschaftlichen Folgen in den Blick genommen.

2.1 Individuelle Folgen

Die individuellen Auswirkungen von Bildung (oder, ökonomisch gesprochen, die *Erträge* von Bildung) lassen sich sehr anschaulich illustrieren, in dem man Daten zu verschiedenen Aspekten von Lebensqualität und allgemeiner Lebensführung betrachtet, und dabei jeweils Gruppen mit unterschiedlichen Bildungsniveaus vergleicht. Dafür benötigt man entsprechend Maße und Indikatoren für Bildung (siehe auch Kapitel 5). Die Beispiele beziehen sich im Folgenden auf Bildung in Form von erworbenen Abschlüssen oder der Beteiligung an bestimmten Bildungsgängen. Lebensqualität und Lebensführung als „abhängige Variablen", d.h. von Bildung beeinflusste Merkmale, lassen sich zum Beispiel abbilden über das verfügbare Einkommen, den Gesundheitszustand einer Person, den Familienstand und die Familienbiographie, die soziale Einbindung oder über persönliche Angaben zur Einschätzung der Lebenszufriedenheit. Wie unten anhand einiger Beispiele gezeigt wird, lassen sich für viele dieser Indikatoren insofern Zusammenhänge mit dem Bildungsniveau feststellen, als dass Gruppen mit höherem Bildungsniveau im Durchschnitt eine höhere Lebensqualität und mehr Teilhabechancen haben.

Neben einer solchen empirischen Illustration ist es aber vor allem Aufgabe der Bildungssoziologie, die individuellen Folgen von Bildung auch theoretisch zu beleuchten, also zu erklären, *warum* Bildung mit den verschiedenen Aspekten von Lebensqualität und Lebensführung in Zusammenhang steht.

Um das Denken in theoretischen Erklärungen zu erleichtern, ist es aber hilfreich, zunächst konkrete Beispiele für Zusammenhänge zwischen Bildung und Lebensführungen zu kennen. Daher werden in diesem Kapitel zuerst beispielhafte empirische Befunde präsentiert, mithilfe derer die anschließend ebenfalls beispielhaft dargestellten Erklärungen nachvollzogen werden können.

2.1.1 Empirische Befunde

Erwerbsbeteiligung ist in modernen Gesellschaften für die meisten Menschen eine wichtige Voraussetzung, um Einkommen und damit Teilhabechancen zu generieren. Der Arbeitsmarkt lässt sich in verschiedene Segmente einteilen, die zum Beispiel durch unterschiedliche Einkommensniveaus und Beschäftigungssicherheiten gekennzeichnet sind. Welche ArbeitnehmerInnen in welche Segmente des Arbeitsmarktes gelangen, hängt maßgeblich von ihrem Bildungsniveau ab. Abbildung 2.1 zeigt etwa die Entwicklung von Arbeitslosenquoten in Deutschland für verschiedene Bildungsniveaus. Aus der Darstellung wird gut ersichtlich, dass die Arbeitslosigkeit für Personen ohne Berufsabschluss deutlich höher ist als die Arbeitslosenquote für diejenigen mit Hochschulabschluss. Deutlich wird auch, dass dieser Unterschied seit 1975 angestiegen ist. Die Qualifikation einer Person war vor 45 Jahren also weniger bedeutend für Erwerbstätigkeit (hier zeigt sich der Übergang zur Wissensgesellschaft, siehe Abschnitt 2.2.2). Die Arbeitslosenquote derjenigen mit Hochschulabschluss war im Jahr 2019 mit 1,9 Prozent achtmal niedriger als in der Gruppe ohne Ausbildung (15,9 Prozent). Ein höheres Bildungsniveau schützt demnach vor Arbeitslosigkeit.

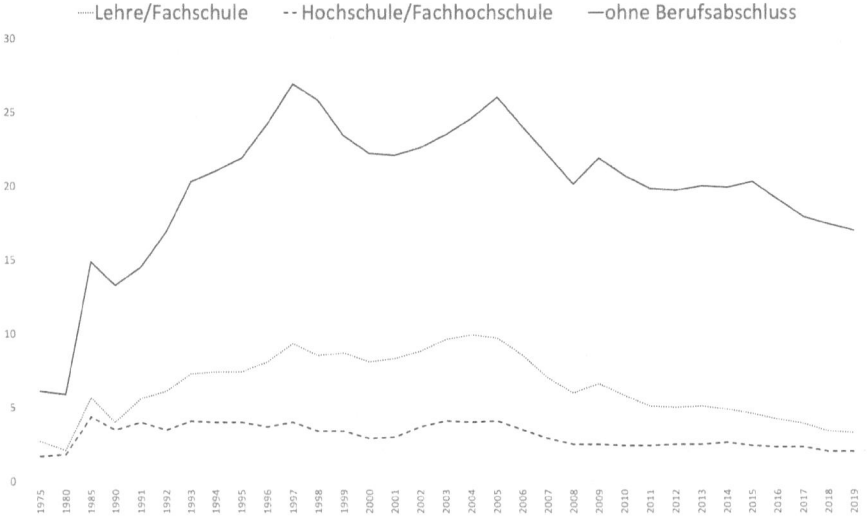

Abbildung 2.1: Qualifikationsspezifische Arbeitslosenquoten in Deutschland 1975 bis 2019 (bis 1990: Westdeutschland), Quelle: IAB 2015, 2016, 2020 eigene Darstellung

Abbildung 2.2 verdeutlicht außerdem, dass in Deutschland im Vergleich zu ausgewählten OECD-Staaten und dem OECD-Durchschnitt die Verbindung zwischen

Bildungsabschluss und Arbeitslosigkeit relativ stark ist, da hier die Arbeitslosenquote für HochschulabsolventInnen besonders gering ist.

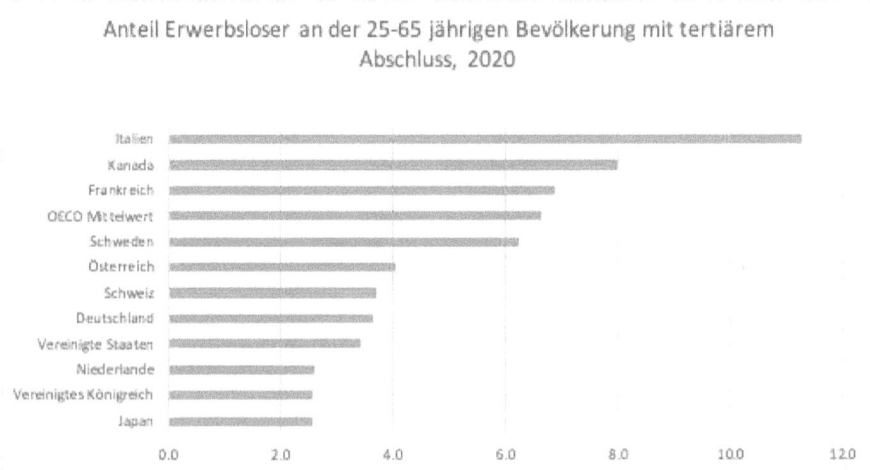

Abbildung 2.2: Anteil erwerbsloser Personen an der 25- bis 65-jährigen Bevölkerung mit tertiärem Abschluss 2020 (Japan: 2019), Quelle: OECD 2021 Tabelle A3.3, eigene Darstellung

Ein wesentlicher weiterer Aspekt in Bezug auf die persönlichen Folgen von Bildung ist das Einkommen – das sich unter anderem aus der Arbeitsmarktposition ergibt. Eine Möglichkeit, diesen finanziellen Ertrag von Bildung darzustellen, bietet der durchschnittliche Brutto-Stundenlohn. Abbildung 2.3 zeigt, wie dieser stetig über die verschiedenen Berufsbildungsabschlüsse ansteigt.

2. Die individuelle und gesellschaftliche Bedeutung von Bildung

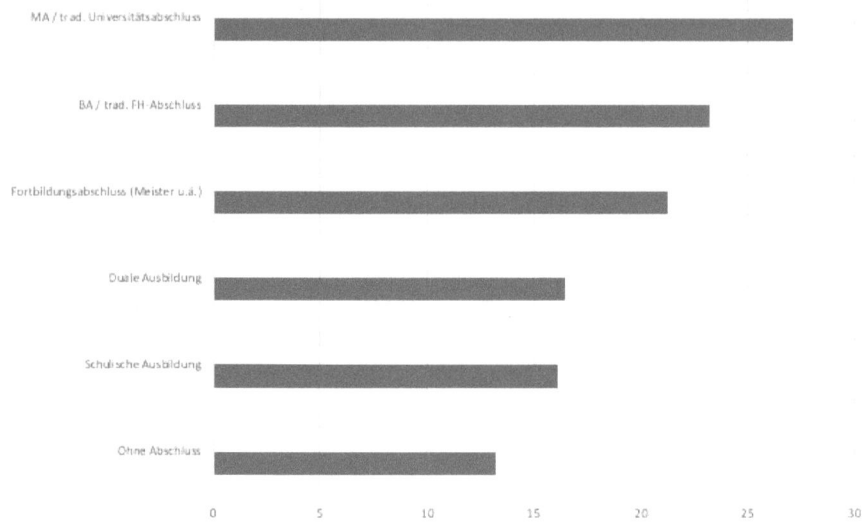

Abbildung 2.3: Durchschnittlicher Brutto-Stundenlohn in Euro nach Bildungsstand, Quelle: Bundesinstitut für Berufsbildung 2019, A10.3.1 Indikatoren des beruflichen Erfolgs nach Qualifikation und Geschlecht, eigene Darstellung

Der Stundenlohn von Personen mit Hochschulabschluss ist etwa doppelt so hoch wie der Stundenlohn von Personen ohne Berufsausbildung. Nicht nur der Zugang zum Arbeitsmarkt, auch der Verdienst hängt demnach entscheidend vom Bildungsniveau einer Person ab.

Die arbeitsmarkt- und einkommensbezogenen Folgen von Bildung sind noch naheliegende Auswirkungen, die wenig überraschend erscheinen mögen. Der Bildungsstand einer Person hängt jedoch auch mit verschiedenen weiteren, weniger offensichtlichen Aspekten der Lebensführung zusammen, die in der Summe auch gesamtgesellschaftliche Auswirkungen haben. Aus Abbildung 2.4 wird ersichtlich, dass auch das politische Interesse mit dem Bildungsniveau ansteigt.

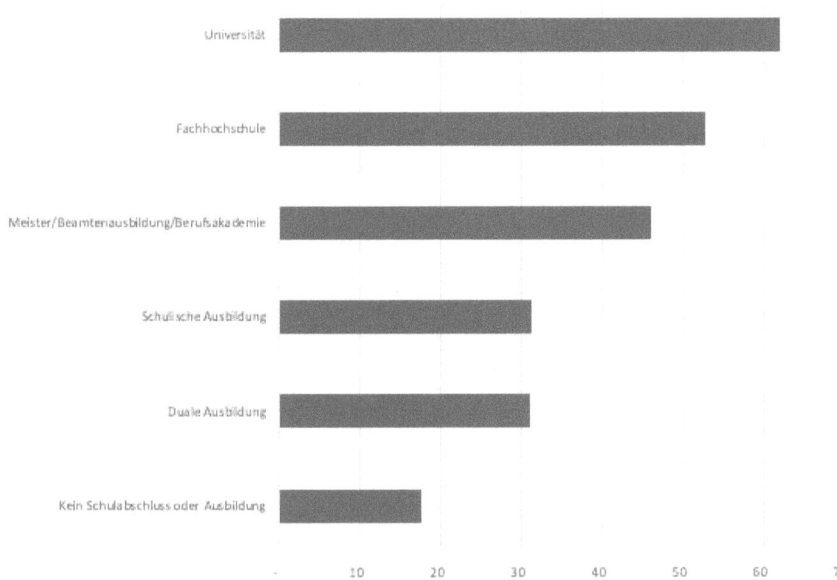

Abbildung 2.4: Politisches Interesse 2018 nach Bildungsstand (Durchschnittliche vorhergesagte Wahrscheinlichkeiten (Predictive Margins) für das politische Interesse einer Person nach ihrem Bildungsstand), Quelle: Autorengruppe Bildungsberichterstattung 2020, Tab. I3-2web:, eigene Darstellung

Der Anteil der Personen, die angaben, ein starkes oder sehr starkes politisches Interesse zu haben, ist in der Gruppe derjenigen mit Hochschulabschluss mehr als doppelt so hoch wie in der Gruppe ohne beruflichen Abschluss und immer noch fast doppelt so hoch wie in der Gruppe mit einer beruflichen Ausbildung. Diese Selbsteinschätzung spiegelt sich auch in der (selbstberichteten) Wahlbeteiligung wider, die 2014 für Personen mit Fachhochschulreife bei 92 Prozent lag, für Personen ohne Schulabschluss nur bei 55 Prozent (Autorengruppe Bildungsberichterstattung 2016: 212). Hinsichtlich des Ausübens einer ehrenamtlichen Tätigkeit sind die Unterschiede zwischen den Schulabschlüssen nicht so stark, jedoch gibt es einen deutlichen Unterschied zu Personen ohne Schulabschluss. Auch das soziale Miteinander und die Wahrnehmung der Qualität dieses Miteinanders hängen mit dem Bildungsniveau zusammen. Abbildung 2.5 zeigt, dass Angaben zum Vertrauen in Mitmenschen je nach Bildungsniveau unterschiedlich ausfallen. Für die Kategorie des höchsten Vertrauens sind die Anteile für Personen mit Hochschulabschluss wieder doppelt so hoch wie für die Gruppe derjenigen ohne beruflichen Abschluss oder mit beruflicher Ausbildung. Das Vertrauen in Mitmenschen kann Auswirkungen haben für das sogenannte Sozialkapital einer Gesellschaft. Wer anderen mehr vertraut, ist unter Umständen eher gewillt, sich auch für andere einzusetzen. Personen mit geringerer Bildung sind zum Beispiel auch seltener Mitglied in Vereinen (Bühlmann/Freitag 2007). Ebenso kann sich mangelndes

2. Die individuelle und gesellschaftliche Bedeutung von Bildung

Vertrauen als Misstrauen äußern, insofern etwa anderen Personen abweichendes oder unsolidarisches Verhalten zugetraut oder unterstellt wird. Wenn zusätzlich Unsicherheit gegenüber Unbekanntem hinzukommt, kann etwa die Wahrnehmung entstehen, dass zum Beispiel MigrantInnen unberechtigte EmpfängerInnen von Sozialleistungen oder kriminell seien – was sich dann in eher rechtsorientiertem Wahlverhalten und Fremdenfeindlichkeit äußern kann (Rippl 2003; Fuchs 2003). Ist das Vertrauen in Mitmenschen geringer, ist häufig auch das Vertrauen in politische Institutionen geringer (Gabriel/Zmerli 2006).

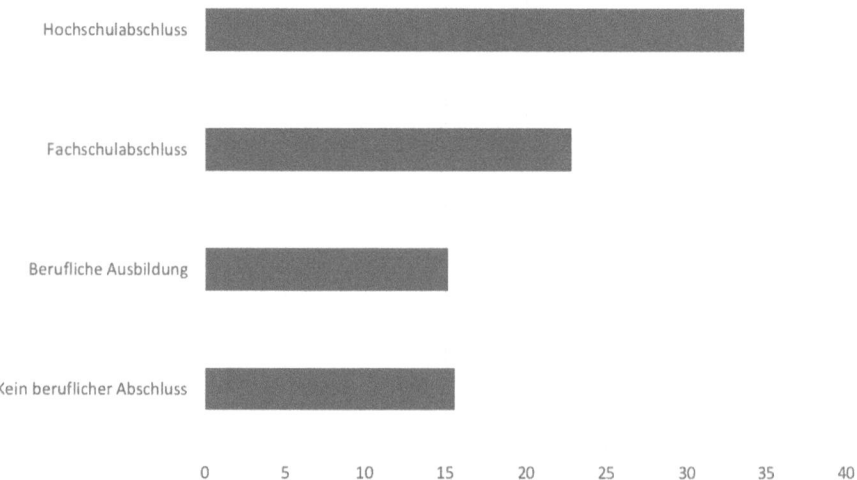

Abbildung 2.5: Anteil Personen mit Vertrauen in Mitmenschen, Antwortalternativen: "Man kann trauen" (dargestellt, in Prozent), "kommt darauf an", "man muss vorsichtig sein", ALLBUS 2012, Quelle: Autorengruppe Bildungsberichterstattung 2014, Tab. I2-9web, eigene Darstellung

Auch der Lebensbereich Gesundheit, Gesundheitsverhalten und Lebenszufriedenheit wird durch das Bildungsniveau beeinflusst. Abbildung 2.6 zeigt, dass Frauen aus der unteren Bildungsgruppe mehr als doppelt so häufig rauchen wie Frauen aus der oberen Bildungsgruppe. Fast jeder zweite Mann in der unteren Bildungsgruppe konsumierte 2015 regelmäßig Tabak, in der oberen Bildungsgruppe tut das weniger als jeder dritte.

Abbildung 2.6: Tabakkonsum (täglich oder gelegentlich) 2015 nach Bildungsstand, Bildungsniveau nach ISCED-Stufen: niedrig ISCED 0-2, mittel ISCED 3-4, hoch ISCED 5-6, Quelle: Zeiher et al. 2017, eigene Darstellung

Die Selbsteinschätzung des Gesundheitszustandes unterscheidet sich ebenfalls nach dem Bildungsniveau von Personen (Abbildung 2.7). In dieser Darstellung werden als Personen mit geringem Bildungsniveau Personen mit einem unteren Sekundarschulabschluss (Hauptschule) eingeordnet. Personen mit mittlerem Bildungsniveau haben ein Abitur und/oder eine Berufsausbildung, Personen mit hoher Bildung einen Hochschulabschluss oder einen Meistertitel. Verschiedene Studien haben gezeigt, dass die Selbsteinschätzung häufig mit dem objektiven Gesundheitszustand übereinstimmt. So ist etwa die Lebenserwartung abhängig von Bildung und Einkommen einer Person (Lampert/Kroll 2014).

2. Die individuelle und gesellschaftliche Bedeutung von Bildung

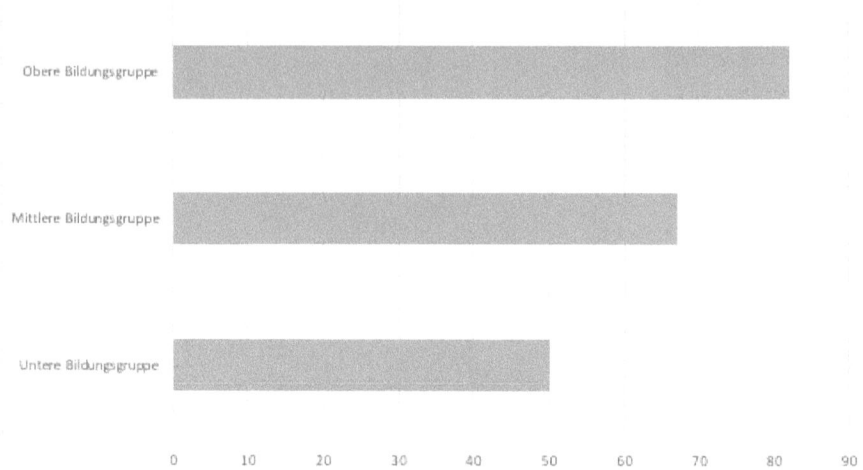

Abbildung 2.7: Selbsteinschätzung des Gesundheitszustandes (sehr gut/gut) nach Bildungsstand 2019 in Prozent, Bildungsniveau nach ISCED-Stufen: niedrig ISCED 0-2, mittel ISCED 3-4, hoch ISCED 5-6, Quelle: OECD 2021, Tabelle A6.2, eigene Darstellung

Auch bei der berichteten Lebenszufriedenheit (Abbildung 2.8) zeigt sich das Muster der vorherigen Befunde. Personen mit hohem Bildungsniveau sind im Durchschnitt zufriedener mit ihrem Leben als Personen mit geringem Bildungsniveau.

2.1 Individuelle Folgen

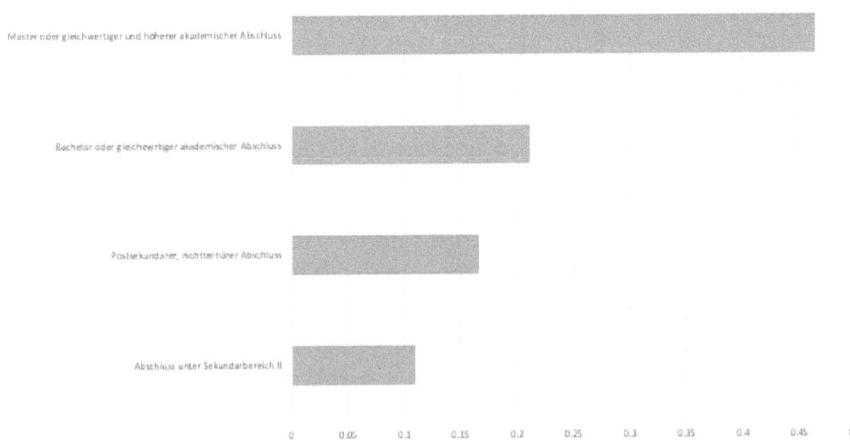

Abbildung 2.8: Zusammenhang zwischen Bildungsstand und Lebenszufriedenheit 2014 (lineare Regressionskoeffizienten, Referenzkategorie: Abschluss im Sekundarbereich), Bildungsniveau nach ISCED-Stufen: niedrig ISCED 0-2, mittel ISCED 3-4, hoch ISCED 5-6, Quelle: Autorengruppe Bildungsberichterstattung 2018, Tab. h4-12web, eigene Darstellung

Weitere, vergleichbare (Teil-)Ergebnisse finden sich zum Beispiel für die Ehestabilität (Diekmann/Schmidheiny 2001). Auch die Zahl der Kinder und das Alter bei der Geburt des ersten Kindes hängen mit dem Bildungsniveau (der Mütter) zusammen (Statistisches Bundesamt 2013). Auch im Bereich Kriminalität lassen sich – je nach Deliktart – Unterschiede zwischen Bildungsniveaus finden. Wirtschaftskriminalität ist weiter verbreitet bei Personen mit höherem Bildungsabschluss, während Delikte wie Raub, Körperverletzung und Mord häufiger von Personen mit geringeren Bildungsabschlüssen begangen werden (Entorf/Minoiu 2004).

2.1.2 Erklärungsansätze

Die Aufgabe der Bildungssoziologie ist es weniger, die oben dargestellten empirischen Befunde zu ermitteln und zu berichten, als den Zusammenhang zwischen Bildung und individueller Lebensführung unter Berücksichtigung weiterer einflussreicher Faktoren zu untersuchen und für die beobachteten Zusammenhänge Erklärungen zu finden. Warum spielt also Bildung für die Lebensführung und Teilhabechancen eine so einflussreiche Rolle? Da die Folgen von Bildung wie die meisten Forschungsfragen in der Soziologie aus verschiedenen theoretischen Perspektiven analysiert werden, ist eine Aufzählung aller Ansätze und ihrer Erklärungsabsichten hier nicht in überschaubarer Form möglich. Die Erklärungen für die individuellen Folgen von Bildung müssen nicht auf der Individualebene (der „Mikroebene") angesiedelt sein, sie können sich auch auf die Entwicklung oder den Status der Gesellschaft beziehen und zum Beispiel auf die Veränderungen des Wirtschaftssystems gerichtet sein. So ist leicht nachvollziehbar, dass sich im Zuge des Übergangs von der Agrar-, zur Industrie-, zur Dienstleistungsgesellschaft die Bedeutung von Bildung für den Einzelnen verändert haben.

Die meisten Ansätze zur Erklärung der Auswirkungen und Erträge von Bildung sind jedoch auf der Individualebene angesiedelt. Für die unterschiedlichen Folgen von Bildung (Einkommen, soziale und politische Beteiligung, Vertrauen, Gesundheit, Wohlbefinden) gibt es unterschiedliche Erklärungsansätze. Da der Zusammenhang zwischen Bildung, Beschäftigungschancen und Einkommen der engste und wichtigste Zusammenhang ist, sind hier auch die zentralen Erklärungsansätze zu finden. Die bekanntesten Theorien sind die Humankapitaltheorie und die sogenannte „Signaling–Theorie", die beide in den Wirtschaftswissenschaften entwickelt und von der Soziologie aufgegriffen wurden.

Die *Humankapitaltheorie* (Becker 1964) nimmt dabei an, dass es einen Zusammenhang zwischen Bildung, Produktivität (am Arbeitsplatz) und Einkommen bzw. Beschäftigungschancen gibt. Die Theorie versteht Bildung als eine individuelle Investition in die eigene Produktivität („Arbeitsfähigkeit"), die zum einen Kosten verursacht (sei es für Gebühren oder für die Kosten des Lebensunterhaltes während der Ausbildung), zum anderen aber auch Erträge (in Form von Einkommen) abwerfen kann. Daher stammt die Bezeichnung des „Humankapitals" als Synonym für Bildung. Höhere Bildung geht der Theorie nach mit mehr Arbeitsproduktivität durch vermehrtes Wissen und bessere Fähigkeiten einher. Mehr Arbeitsproduktivität führt zu höherem Einkommen. Individuen investieren der Theorie zufolge immer dann in Bildung, wenn bzw. solange wie der aus der Investition resultierende Ertrag (in Form von Lebenseinkommen) die direkten und indirekten Kosten von Bildung übersteigt. Die Theorie nimmt entsprechend (wie jede Theorie) bestimmte Annahmen vor: dass Bildung tatsächlich eine höhere Produktivität mit sich bringt, dass diese Produktivität auch entlohnt wird – und dass Menschen ungefähr abschätzen können, inwieweit sich mehr Bildung in Form von höherer Produktivität und Einkommen auszahlen wird.

Die *Signaling–Theorie* (Spence 1974) geht dagegen davon aus, dass der Arbeitsmarkterfolg nicht in erster Linie eine Folge der tatsächlichen Arbeitsproduktivität von Personen ist, sondern dass deren Bildungszertifikate (wie z.B. Abschlusszeugnisse) eine Signalwirkung haben. Bei der Suche nach Arbeitskräften stehen ArbeitgeberInnen vor dem Problem, dass ihnen die Arbeitsproduktivität der BewerberInnen nicht bekannt ist, daher orientieren sie sich an den unterschiedlichen Bildungstiteln, die ihnen ein bestimmtes Maß an Fähigkeiten und Wissen „verbriefen" und signalisieren. Es ist leicht ersichtlich, dass es dabei auf die Frage ankommt, ob Bildungszertifikate vergleichbar sind (ein Abitur also immer für bestimmte Kompetenzen steht) und ob es unterschiedliche Bildungsabschlüsse gibt, die mit unterschiedlichen Fähigkeitsniveaus einhergehen – oder ob alle BewerberInnen den gleichen Abschluss haben. Daher wird die „Signalfähigkeit" von Bildungstiteln durch das Bildungssystem, seine Struktur und die Bedingungen der Verteilung der SchülerInnen auf die verschiedenen Schulformen und -abschlüsse bestimmt (Giesecke et al. 2010). So stehen etwa im deutschen gegliederten Schulsystem mit dem Haupt-, Real- oder Gymnasialabschluss unterschiedliche durchschnittliche Kompetenzniveaus in Zusammenhang, so dass sich ArbeitgeberInnen daran orientieren können. Durch die starke Strukturierung des Berufsausbildungssystems („duales System") ist der Abschluss einer betrieblichen Ausbildung in Deutschland ein starkes Signal für das Vorhandensein bestimmter beruflicher Kompetenzen. Zugleich gibt es zwischen den Bundesländern teilweise deutliche Unterschiede in den Anforderungen für bestimmte Schulabschlüsse, so dass zum Beispiel bei der Zulassung zu bestimmten Studiengängen die Abiturnoten nicht als ausreichendes Signal für die Studierfähigkeit von SchulabgängerInnen angesehen werden.

Nicht immer liegen Erklärungsansätze für den Zusammenhang von Bildung und Lebenschancen/-führung in Form von solchen etablierten Theorien vor, oft wird auch einfach versucht, die hinter dem Zusammenhang zwischen Bildung und Lebensführung stehenden Mechanismen zu beschreiben. Dabei lassen sich mindestens fünf verschiedene Mechanismen oder „Effekte" unterscheiden (Hillmert 2009).

(1) Zeitliche Effekte

Eine sehr einfache Erklärung für die Folgen von Bildung ergibt sich aus dem unterschiedlichen Zeitbedarf für verschiedene Bildungskarrieren. Diese Erklärung trifft offensichtlich für den Befund zu, dass sich zum Beispiel die Zahl der Kinder und der Zeitpunkt der Familiengründung zwischen Gruppen von Frauen mit unterschiedlichem Bildungsniveau unterscheiden (Statistisches Bundesamt 2013, S. 30). Unter anderem weil die Teilnahme an (Aus-)Bildung in der Regel Erwerbstätigkeit ausschließt oder nur mit geringem Entgelt verbunden ist, wird die Ausbildungszeit von vielen als ungünstiger Zeitpunkt für die Familiengründung wahrgenommen. Hinzu kommen natürlich die Anforderungen an die erfolgreiche Ausbildung, die Teilnahme an Prüfungen, die anfallende Lernzeit, die mit kleinen Kindern schwerer zu organisieren ist – und nicht zuletzt eine unvermeidliche Unterbrechung der Ausbildung für die Geburt und die erste Zeit danach. Aus diesen Gründen wird die Familiengründung eben oft nicht während der Ausbildungszeit geplant, so dass insbesondere Frauen mit längeren Ausbildungszeiten später Kinder bekommen – auch weil die Verteilung der Familienarbeitszeit („Care-Arbeit") weiterhin ungleich ist und Frauen größere Anteile bei der Kinderbetreuung übernehmen. Da die Fruchtbarkeit jedoch vom Lebensalter der Frau abhängt, bekommen diese Frauen im Durchschnitt auch weniger Kinder.

(2) Soziale Effekte

Bestimmte Folgen von höherer oder geringerer Bildung können sich aus sozialen Kontakten ergeben – und aus der Tatsache, dass man während der Ausbildung in der Regel Beziehungen zu Mitauszubildenden, -studierenden u.ä. hat, die das gleiche Bildungsniveau bzw. den gleichen Abschluss anstreben. Da man für Bildung relativ viel Lebenszeit aufbringt, stellen (Aus-)Bildungseinrichtungen eine Gelegenheitsstruktur für soziale Kontakte dar. Da die (Aus-)Bildung zudem häufig vor der Familiengründung stattfindet (siehe oben), also wenn die PartnerInnensuche unter Umständen noch nicht abgeschlossen ist, lernt man zukünftige PartnerInnen häufig während der Ausbildung oder im Studium kennen, mit der Folge, dass

2. Die individuelle und gesellschaftliche Bedeutung von Bildung

diese das gleiche Bildungsniveau aufweisen (Bildungshomogamie, Klein/Rüffer 1999). Für die Bildungshomogamie gibt es noch weitere Erklärungen, siehe auch (4). Ein weiterer sozialer Effekt kann sich aus dem Umstand ergeben, dass sich in unterschiedlichen Bildungsgängen (Berufsfachschule, betriebliche Ausbildung, Studium etc.) oft auch Gruppen mit jeweils ähnlichem finanziellen und sozialen Hintergrund zusammenfinden (soziologisch gesprochen: mit ähnlicher Kapitalausstattung hinsichtlich des ökonomischen und sozialen Kapitals und mit ähnlichem Habitus). Daraus ergeben sich zum Beispiel unterschiedliche Zugänge zu sozialen Netzwerken. Die sozialen Netzwerke können strategisch wichtige Informationen vermitteln, die beim Zugang zu bestimmten beruflichen Positionen entscheidend werden oder bei der Sicherung von Privilegien helfen können (solche einflussreichen Netzwerke sind z.b. Studentenverbindungen oder Clubs).

(3) Ressourceneffekte

In Kapitel 1 wurde „Bildung" als Grundbegriff vorgestellt. Wichtigstes Definitionsmerkmal von Bildung ist demnach die Verfügbarkeit von Handlungswissen. Dieses Handlungswissen, die Fähigkeiten und Qualifikationen, die mit Bildung einhergehen, ist eine Ressource, die von Personen zur Erreichung von Zielen eingesetzt werden kann. Die in der Humankapitaltheorie angenommene höhere Arbeitsproduktivität, die mit höherer Bildung einhergeht, verweist auf diesen Effekt. Das Handlungswissen spielt aber auch in anderen Lebensbereichen eine Rolle, zum Beispiel wenn es um das Gesundheitsverhalten geht. Mit höherer Bildung geht in der Regel ein umfassenderes Wissen über die negativen Folgen von Tabakkonsum und mangelnder Bewegung einher, so dass der Einsatz der Ressource Bildung dazu führt, dass Menschen mit höherer Bildung seltener rauchen. Bildung als Handlungswissen spielt zum Beispiel auch eine Rolle für die Erklärung eines stärkeren zivilgesellschaftlichen Engagements. Auch für Vereins- oder Parteitätigkeiten sind bestimmte Kompetenzen nötig, um sich zu informieren, etwas zu organisieren, den Posten des Schatzmeisters zu übernehmen, usw.

(4) Effekte der Präferenzveränderung und der kognitiven Prägung

Ein anderer Aspekt von Bildung verweist nicht auf das abrufbare Handlungswissen, sondern auf die Persönlichkeitsentwicklung und die Veränderungen von Weltsichten, die mit höherer Bildung einhergehen können. Aus diesen resultieren dann zum Beispiel auch unterschiedliche Lebensziele und Verhaltensweisen, die sich schließlich in veränderten Lebensgestaltungen zeigen können.

Eine bestimmte kognitive Prägung – also eine Veränderung des Bewusstseins und der Wahrnehmung –, die mit unterschiedlichen Bildungsniveaus einhergeht, kann allerdings auch „von außen" als indirekte Folge von Bildung entstehen. Mit niedriger Bildung sind (z.B. aufgrund der schlechteren Chancen auf dem Arbeitsmarkt) häufig Ausgrenzungserfahrungen verbunden, das Gefühl, weniger nützlich zu sein, zu den „Abgehängten" zu gehören, nicht viel erreicht zu haben oder erreichen zu können. Eine solche Stigmatisierungserfahrung und Selbstwahrnehmung kann sich ebenfalls als kognitive Prägung manifestieren und Folgewirkungen wie zum Beispiel ein geringeres Interesse an Politik oder zivilgesellschaftlicher Organisation haben und auch zu geringerem Vertrauen in Mitmenschen und gesellschaftliche Institutionen führen. Umgekehrt geht mit höherer Bildung Anerkennung und Prestige einher, was zu einer Steigerung des Selbstvertrauens und der Kontrollüberzeugungen führen, und entsprechend das eigene Handeln prägen kann.

(5) Selektionseffekte

Schließlich kann der Zusammenhang zwischen Bildung und Lebensführung auch einfach ein Scheinzusammenhang sein. Ein Scheinzusammenhang würde in diesem Fall vorliegen, wenn es sich nicht um einen ursächlichen Effekt von Bildung (auf Lebensführung) handelt, sondern Personen mit gleichem Bildungsniveau andere Merkmale gemeinsam haben, die die eigentliche Erklärung für die beobachtete Lebensführung sind. Der beobachtete Zusammenhang zwischen Bildung und Lebensführung wäre dann durch sogenannte Selektionseffekte erklärbar. Anhand eines Beispiels aus der Schulforschung lässt sich das gut verdeutlichen: Vor allem nach Veröffentlichung der ersten, für Deutschland so enttäuschenden, PISA-Ergebnisse im Jahr 2000 (siehe auch Kapitel 9) hatten viele Eltern, aber auch zum Teil PolitikerInnen und (angehende) Lehrkräfte das Vertrauen in das öffentliche Bildungssystem verloren und vermehrt die Einrichtung von Privatschulen gefordert, bzw. diese für ihre Kinder oder als ihren Arbeitsplatz gewählt. Daraus ergaben sich für die Bildungsforschung mehrere Forschungsfragen: Sind Privatschulen „besser" in dem Sinne, dass sie den SchülerInnen bessere Lerngelegenheiten zur Verfügung stellen, und wenn ja – warum? Die Frage bezieht sich also auf eine Wirkung der (Ursache) Schulform – unabhängig von den Motivationen und Fähigkeiten oder anderen Voraussetzungen der SchülerInnen. Bei der Untersuchung dieser Frage geht es entsprechend darum, sicherzustellen, dass man nicht „Äpfel mit Birnen" vergleicht, sondern zum Beispiel jeweils durchschnittlich motivierte und ausgestattete SchülerInnen auf einer Privatschule und einer öffentlichen Schule miteinander vergleicht. Oft unterscheidet sich aber die durchschnittliche Motivation und Ausstattung zwischen öffentlichen und privaten Schulen: weil private Schulen von Familien mit mehr Kapital ausgewählt werden. Ein einfacher Vergleich zwischen öffentlicher und privater Schule wäre also verzerrt, weil die SchülerInnen unterschiedliche Voraussetzungen mitbringen. Man könnte das beheben, in dem man SchülerInnen per Los auf die Schulen verteilt und sie dort für eine gewisse Zeit unterrichtet. Nur: ein solches Realexperiment würden die wenigsten Eltern für ihre Kinder akzeptieren. Deshalb werden oft zwar SchülerInnen auf öffentlichen Schulen mit SchülerInnen auf Privatschulen verglichen, aber es wird dabei versucht, eine Vergleichbarkeit darüber herzustellen, dass man möglichst viele Informationen über die (Voraussetzungen der) SchülerInnen sammelt, und diese dann in dem Vergleich berücksichtigt (statistisch: „kontrolliert", siehe auch Kapitel 5). Privatschulen und öffentliche Schulen selektieren also jeweils unterschiedliche Schülerschaften, bzw. die Schülerschaften selektieren sich selbst in die verschiedenen Schulformen. Daraus ergeben sich dann Unterschiede in den Leistungen – die jedoch nicht auf die Schulform zurückgehen müssen. Das ist mit Selektionseffekten gemeint.

Selektionseffekte können auch einen Teil des Zusammenhangs zwischen Bildung und Gesundheit erklären: höhere Bildung ermöglicht ein höheres Einkommen und bessere (weniger körperlich belastende) Arbeitsbedingungen, beides hängt mit besserer Gesundheit zusammen, d.h. Personen mit besserer Bildung selektieren sich in höhere Einkommen und bessere Arbeitsbedingungen, die Bildung spielt zunächst keine direkte Rolle. (Tatsächlich spielt Bildung natürlich auch eine Rolle, da eine höhere Bildung auch zu einem besseren Gesundheitsbewusstsein und mehr Wissen zur Erhaltung der eigenen Gesundheit beiträgt). In Bezug auf das Gesundheitsverhalten können auch Selektionseffekte eine Rolle spielen: sowohl höhere Bildung als auch ein gesunder Lebensstil gehen oft mit Verzicht und Anstrengungsbereitschaft einher. Personen, die sich besser selbst disziplinieren und Belohnungen aufschieben können, erreichen somit oft höhere Bildungsniveaus und verhalten sich zugleich gesünder – auch, weil sich ihre Weltsicht verändert (siehe 4) und weil sie mehr Ressourcen haben, einen gesunden Lebensstil zu pflegen.

2.2 Gesellschaftliche Folgen

Bildung ist von zentraler Bedeutung für Gesellschaften. In Kapitel 3 wird noch aus theoretischer Perspektive auf die unterschiedlichen Aufgaben und Problemlösungen eingegangen, die Bildung und Bildungssysteme für gegenwärtige Gesellschaften übernehmen. An dieser Stelle sollen zunächst einige empirische Befunde präsentiert werden, um einen Überblick über die Fülle der unterschiedlichen Auswirkungen, die ein höheres oder niedrigeres Bildungsniveau für Gesellschaften mit sich bringen kann, zu geben. Zudem wird auf die aktuelle Selbstbeschreibung von Gesellschaften als „Wissensgesellschaften" eingegangen.

2.2.1 Was bedeutet mehr oder weniger Bildung für Gesellschaften?

Die im vorangegangenen Abschnitt dargestellten Folgen von Bildung bezogen sich auf die Lebensführung und -chancen von Personen in Deutschland. Da diese Folgen jedoch nicht in Form von persönlichen Geschichten über individuelle Vor- oder Nachteile infolge höherer oder geringerer Bildung, sondern in Form von Statistiken mit Durchschnitts- oder Anteilswerten dargestellt wurden, lassen sich auch leicht Folgen für die gesamte Gesellschaft ableiten. In diesem Zusammenhang ist es hilfreich, „die Gesellschaft" als Synonym für „den Staat" und das politische System, das ja zu guten Teilen dafür verantwortlich ist, die Rahmenbedingungen für den Fortbestand und die nachhaltige Entwicklung einer Gesellschaft zu setzen, zu betrachten. Aus den im vorherigen Abschnitt dargestellten individuellen Folgen von Bildung ist leicht ersichtlich, dass sich aus der Summe der individuellen Folgen natürlich Folgen für den Staat und die gesamte Gesellschaft ergeben. Wenn zum Beispiel mit höherer Bildung ein besseres Gesundheitsverhalten der Bevölkerung, mehr zivilgesellschaftliches Engagement und weniger Kriminalität einhergehen, erspart das einem Staat beträchtliche Folgekosten. Und natürlich profitieren ein Staat und seine Subsysteme wie das Sozialversicherungssystem von besseren individuellen Arbeitsmarktchancen, höherer Erwerbsbeteiligung und höheren Löhnen, da weniger Transferkosten für den Ausgleich von Arbeitslosigkeit und höhere Steuereinnahmen anfallen.

2.2 Gesellschaftliche Folgen

Zunächst stellt Bildung aus staatlicher Sicht aber einen Kostenfaktor dar. Der freie Zugang zu Bildung ist als Recht in den allgemeinen Menschenrechten festgeschrieben, die meisten Staaten haben dieses Recht in eine Pflicht umgewandelt, da Bildung eine zentrale Rolle für den Erhalt von Gesellschaften spielt (siehe auch Kapitel 3 zu Bildungssystemen).

Die Finanzierung eines staatlichen, kostenfreien Bildungssystems stellt entsprechend einen entscheidenden Posten in öffentlichen Haushalten dar. In Deutschland liegt die Hauptlast dabei auf den Haushalten der Bundesländer, die in Deutschland die Verantwortung der öffentlichen Bildungsversorgung haben. Im niedersächsischen Haushaltsplan 2023 beispielsweise stellten die Ausgaben für Bildungswesen, Wissenschaft, Forschung und kulturelle Angelegenheiten mit gut einem Viertel den größten Posten dar[6]. Zusammengefasst lagen die Ausgaben des Bundes, der Länder und der Gemeinden im Jahr 2020 bei knapp 178 Milliarden Euro[7]. Das entspricht etwa 8.500 Euro pro SchülerIn[8]. Abbildung 2.9 stellt diese Summe in Bezug zum Bruttoinlandsprodukt und zu anderen OECD-Staaten. Es wird ersichtlich, dass Deutschland sich unterhalb des OECD-Durchschnitts bewegt.

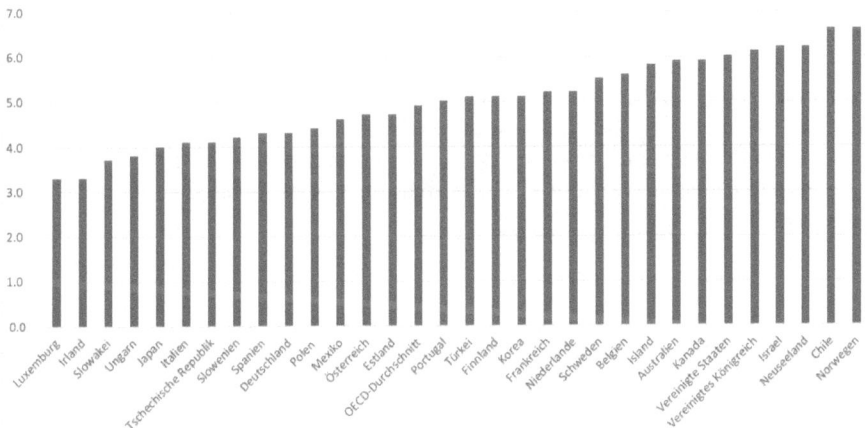

Abbildung 2.9: Ausgaben für Bildungseinrichtungen in Prozent des Bruttoinlandsprodukts in den OECD-Staaten 2018, Quelle: OECD 2021, Tabelle C2.1, eigene Darstellung

Diesen Kosten für die Bildungsversorgung stehen jedoch die Kosten gegenüber, die anfallen, wenn Investitionen in Bildung ausbleiben. Sofern Bildungsausgaben

---

6 https://www.mf.niedersachsen.de/startseite/themen/haushalt/haushalt_in_zahlen/verteilung_der_ausgaben_2023/haushaltsplan-2023-darstellung-der-ausgaben-206986.html, Zugriff 20.06.2022.
7 https://www.destatis.de/DE/Themen/Gesellschaft-Umwelt/Bildung-Forschung-Kultur/Bildungsfinanzen-Ausbildungsfoerderung/budget-bildung.html;jsessionid=02BCC701BF2DACC3E988CAADC5E8FA96.live721, Zugriff 20.06.2022
8 https://www.destatis.de/DE/Presse/Pressemitteilungen/2022/02/PD22_047_217.html;jsessionid=DD45D4E85090D098DE41BA64B38C6D85.live722, Zugriff 20.06.2022

effektiv und effizient eingesetzt werden, sollten höhere Bildungsausgaben grundsätzlich mit einem höheren Bildungsniveau in Zusammenhang stehen (dass das jedoch nicht notwendigerweise der Fall ist, wird unter anderem in Kapitel 3 und 4 noch diskutiert). Ein höheres Bildungsniveau und mehr Produktivität können dann entsprechend Innovationen und technologischen Fortschritt befördern und so das Wirtschaftswachstum verstärken. Für den Staat hat Bildung also vor allem insbesondere eine volkswirtschaftliche Bedeutung, so dass entsprechend auch die Ökonomie als Wissenschaftsdisziplin in die Untersuchung der Folgen von Bildung involviert ist. Bleiben die Investitionen aus, wird diese Dynamik entsprechend eher geringer ausfallen.

Hanushek und Wößmann (2015) haben zum Beispiel den Zusammenhang zwischen dem Abschneiden in internationalen Schulleistungstests und dem Wirtschaftswachstum von Staaten seit den 1960er-Jahren untersucht. Abbildung 2.10 visualisiert diesen Zusammenhang. Ein Großteil der Unterschiede im Wirtschaftswachstum von Staaten lässt sich durch das unterschiedliche Abschneiden in den Schulleistungstests erklären (nicht zuletzt deshalb hat z.B. gerade in Deutschland die Veröffentlichung der ersten PISA-Studie zu so viel Aufregung und politischen Reformbemühungen geführt, siehe hierzu auch Kapitel 9). Unter Kenntnis des Zusammenhangs zwischen Wirtschaftswachstum und Kompetenzniveau kann man auch Szenarien berechnen, wie sich das Wirtschaftswachstum und die entsprechenden Staatseinnahmen mit verschiedenen Kompetenzniveaus verändern. Derartige Berechnungen haben zum Beispiel ergeben, dass sich in Deutschland langfristig (d.h. über den Lebenszeitraum eines heute geborenen Kindes) über 13 Billionen zusätzliches Bruttoinlandsprodukt erzielen ließen, wenn das Kompetenzniveau auf das Niveau von etwa Finnland in den ersten PISA-Tests angehoben würde (Wößmann 2015).

2.2 Gesellschaftliche Folgen

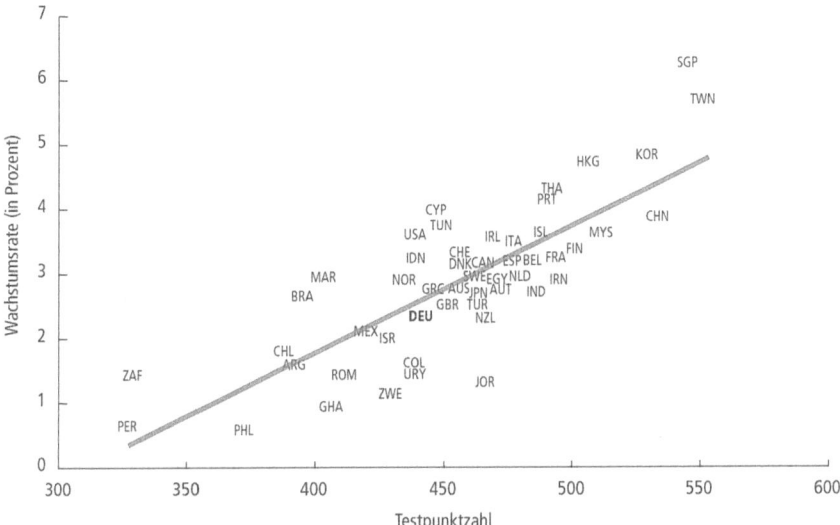

Abbildung 2.10: Bildungsleistungen und langfristiges Wirtschaftswachstum: Zusammenhang zwischen Bildungskompetenzen (Durchschnitt aller internationalen Vergleichstests zwischen 1964 und 2003, gemessen äquivalent zu PISA-Testpunkten) und realem jährlichen Pro-Kopf-Wirtschaftswachstum (1960 bis 2000) im internationalen Ländervergleich nach Herausrechnen weiterer Einflussfaktoren. Quelle: Wößmann/Piopiunik 2009, S. 19, Copyright: Bertelsmann Stiftung

Analog zu den potentiell erzielbaren Erträgen von Bildungsinvestitionen können auch die Kosten ausbleibender Ausgaben, bzw. nicht ausreichender Bildungsfinanzierung berechnet werden. Ein Indikator für unzureichende Bildungsversorgung ist der Anteil von Personen, die als *bildungsarm* gelten. Der Begriff der Armut zielt ja zunächst auf eine für die Sicherung eines angemessenen Lebensunterhalts nicht ausreichende Verfügbarkeit von Einkommen oder Vermögen ab. Der Begriff der Bildungsarmut macht deutlich, dass eine nicht ausreichende Verfügbarkeit über Bildung sehr eng mit dem Risiko allgemeiner Armut in Zusammenhang steht. Er macht weiterhin deutlich, dass Bildungsarmut ein sozialpolitisches Problem darstellt, somit zeigt sich an dem Begriff die Nähe von Bildungspolitik und Sozialpolitik.

Individuelle Bildungsarmut wird anhand der vorhandenen Bildungszertifikate oder der Kompetenzen einer Person gemessen. Zugleich wird, der klassischen Armutsforschung folgend, zwischen absoluter (eine konkrete Grenze unterschreitende) und relationaler (auf die Verteilung in der Gesamtgesellschaft bezogene) Bildungsarmut unterschieden. Ein Indikator für absolute Armut von Bildungszertifikaten ist in Deutschland das Fehlen eines Hauptschulabschlusses. Armut in Bezug auf Kompetenzen lässt sich mithilfe großer Schulleistungstests wie der PISA-Studie auch international vergleichend untersuchen. Allmendinger und Leibfried definieren absolute Kompetenzarmut als Nicht-Erreichen der untersten Stufe der PISA-Kompetenzskala, was gleichgesetzt werden kann mit einem „funktionalen Analphabetismus" (Allmendinger/Leibfried 2003). Andere Definitionen schließen auch die sogenannte Risikogruppe von SchülerInnen ein, die lediglich die erste Kompetenzstufe erreicht haben (Solga 2009; Baumert/Maaz 2010; Teltemann/Windzio 2014). Diese SchülerInnen verfügen am Ende ihrer Pflichtschulzeit nur über elementare Lesefähigkeiten, sie können lediglich offensichtliche Zusammenhänge zwischen dem Gelesenen und allgemein bekanntem Alltagswissen herstellen, der Inhalt kann jedoch nicht weiter „verarbeitet" werden.[9] Diesen Definitionen entsprechend waren in PISA 2018 beispielsweise 0,1 Prozent der deutschen 15-Jährigen funktionale AnalphabetInnen und 20,6 Prozent bildungsarm (OECD 2019, siehe auch Tabelle 5.1). Kosten entstehen für den Staat bei Bildungsarmut zum Beispiel durch eine erforderliche Weiterbildung, aber auch durch entgangene Steuereinnahmen, durch geringere Löhne oder Transferzahlungen bei Arbeitslosigkeit und schließlich durch geringeres Wirtschaftswachstum. Piopiunik und Wößmann schätzen die Kosten unzureichender Bildung (im Sinne des Nichterreichens der zweiten Kompetenzstufe in PISA) für Deutschland bis zum Jahr 2090 auf insgesamt 2,8 Billionen Euro (Piopiunik/Wößmann 2010).

Kosten, oder im günstigeren Fall Erträge, entstehen auf gesellschaftlicher Ebene natürlich auch durch die weiteren Auswirkungen von Bildung, etwa auf das Gesundheitsverhalten oder Kriminalität. Die Kosten des Rauchens werden beispielsweise auf jährlich bis zu 80 Milliarden Euro geschätzt (also mehr als die Hälfte der jährlichen Bildungsausgaben, Deutsches Krebsforschungszentrum 2015). Eine Studie der Bertelsmann-Stiftung hat die Kostenersparnis durch eine Verringerung der Kriminalität (Mord, Totschlag, Raub, Erpressung, Diebstahl) bei einer Halbierung des Anteils der Jugendlichen ohne Hauptschulabschluss auf 1,5 Milliarden Euro geschätzt (Entorf/Sieger 2010).

Dass sich Bildung aus staatlicher Sicht lohnt, ist relativ überzeugend; der Nachweis obliegt vor allem der Bildungsökonomie, also WirtschaftswissenschaftlerInnen. Aus soziologischer Sicht sind nicht so sehr die konkreten Beträge von Interesse, als vielmehr die politischen Reaktionen auf wissenschaftliche Befunde, die die (wirtschaftliche) Bedeutung von Bildung verdeutlichen und die Folgen, die sich auf sozialstruktureller Ebene zum Beispiel durch Bildungsreformen zeigen. Ein Beispiel ist die starke Bedeutung, die internationale Schulleistungsvergleiche wie die OECD PISA-Studie im politischen und öffentlichen Bewusstsein gewonnen haben. Ein schlechtes Abschneiden in diesen Studien wird als Bedrohung für die wirtschaftliche Konkurrenzfähigkeit gesehen. Nach dem in vielerlei Hinsicht aufrüttelnden Abschneiden Deutschlands in der ersten PISA-Studie 2000 wurde eine Reihe von Reformen im Bildungssystem umgesetzt, von denen viele auf die Verbesserung der Leistungen schwacher und benachteiligter SchülerInnen ausgerichtet waren (siehe auch Kapitel 9). Wenn sich im Zuge solcher Reformen die Aufstiegschancen durch Bildung für benachteiligte SchülerInnen verbessern würden, wäre dies ein für die Soziologie wichtiger Befund. Eine weitere aus soziologischer Sicht

---

9 Damit zeigt ein/e SchülerIn Kompetenzen, die im Vergleich zum OECD-Durchschnitt mindestens um den Lernstand von 2,5 Schuljahren zurückliegen. Das heißt, dass bildungsarme 15-jährige SchülerInnen in Deutschland höchstens auf dem Leistungsstand der 7. Klassenstufe sind.

relevante Frage ist, ob sich durch die durch Politik und Wirtschaft vorangetriebene Steigerung der Studierendenzahlen eine Inflation und eine sinkende Signalkraft (siehe Kapitel 2.1) der Abschlüsse zeigt, und sich durch die steigende Konkurrenz unter den AkademikerInnen veränderte Erfolgsbedingungen auf den Arbeitsmärkten herauskristallisieren.

Schließlich ist eine weitere soziologische Aufgabe in Bezug auf die Bedeutung von Bildung für Gesellschaften die Analyse dessen, was die Diagnose „Wissensgesellschaft" als Selbstbeschreibung vieler moderner Gesellschaften beinhaltet.

2.2.2 Wissensgesellschaften

Die gesellschaftliche Selbstbeschreibung als Wissensgesellschaft scheint allgemein als zutreffend hingenommen zu werden. Warum braucht es aber eine solche begriffliche Zuspitzung als Selbstbeschreibung, wozu ist sie gut? „Gesellschaftsbeschreibungen stellen [.] eine Mischung aus theoretischen Annahmen, vereinzelten Beobachtungen und empirischen Daten dar, gewürzt mit einer Prise Spekulation. Teilweise stützen sie sich auf Statistiken, verdichten aber auch eine Atmosphäre" (Kajetzke/Engelhardt 2013). Häufig werden solche Etikettierungen, von denen es für Gesellschaften unterschiedliche gibt (wie z.B. Risikogesellschaft, Postwachstumsgesellschaft, Migrationsgesellschaft, Organisationsgesellschaft) in Diskursen (also zum Beispiel in wissenschaftlichen oder medialen Texten) verwendet, um auf bestimmte gesellschaftliche Dynamiken und Bedingungen und ihre Bedeutung für die gesellschaftliche Entwicklung hinzuweisen. Was sollen nun Wissensgesellschaften sein – welche Anforderungen an den Einzelnen und an die Gesellschaft (den Staat) ergeben sich in einer Wissensgesellschaft, welche Möglichkeiten und welche Risiken?

Zunächst verweist der Begriff auf die wachsende Bedeutung von Wissen – technologischem Wissen und Handlungskompetenz – in fast allen Lebensbereichen der modernen Gesellschaft, vor allem auch in der Wirtschaft. In Wissensgesellschaften wird „Problemlösung durch Wissen zum Prinzip" (Maasen 2013, S. 193). Die traditionellen Produktionsfaktoren wie Land, Kapital und Arbeit werden durch die Produktionsfaktoren Wissen und Expertise zunehmend ersetzt.

Die Wahrnehmung dieses Bedeutungswandels ist nicht neu, bereits Max Weber hat mit seinem Konzept der Rationalisierung auf die „zunehmende Bereitschaft der modernen Gesellschaft, eingelebte Wahrnehmungs- und Handlungsmuster infrage zu stellen und sich durch aktive Produktion von Wissen zu verändern" verwiesen (Maasen 2013, S. 193). Ein weiteres Merkmal der Wissensgesellschaft ist, dass vermehrt Produkte hergestellt und gehandelt werden, deren Wert (und Preis) sich aus den Ausgaben für Forschung und Entwicklung ergibt – weniger aus den Ausgaben für Material und Herstellungskosten (Willke 1998, S. 163). Damit sind zum Beispiel Software und Computer oder Kommunikations- und Unterhaltungselektronik gemeint.

Die Begriffe Wissensgesellschaft, Informationsgesellschaft und Verwissenschaftlichung werden bereits seit den 1960er-Jahren verwendet. Als einer der ersten prägte etwa Peter F. Drucker den Begriff Wissensgesellschaft und verwies auf die wirtschaftlichen, sozialen und politischen Merkmale einer solchen Gesellschaft. Wissensgesellschaften seien gekennzeichnet durch „an economic order in which knowledge, not labor or raw material or capital, is the key resource; a social order in which inequality based on knowledge is a major challenge; and a polity in which government cannot be looked to for solving social and economic problems" (Drucker 1994). Diese Definition spricht schon einige Herausforderungen der Wissensgesellschaft an, auf die weiter unten noch eingegangen wird.

Zunächst jedoch weiter zur Definition von Wissensgesellschaften: Mit der Selbstbeschreibung von Gesellschaften als Wissensgesellschaften wird ein bestimmter Entwicklungsstand, bzw. eine bestimmte Stufe der Abfolge von Gesellschaftsformen ausgedrückt. Nach der Industriegesellschaft kommt die Wissensgesellschaft. Eine Betrachtung des Wandels von Wirtschaftssektoren ist hilfreich, um diese Thesen zu überprüfen. Abbildung 2.11 zeigt den wachsenden Anteil des tertiären Sektors zwischen 1950 und 2021, gemessen über den Anteil der ArbeitnehmerInnen. Die Selbstbeschreibung der Wissensgesellschaft beinhaltet nun nicht, dass die Industrie als Wirtschaftszweig keine Rolle mehr spielt.

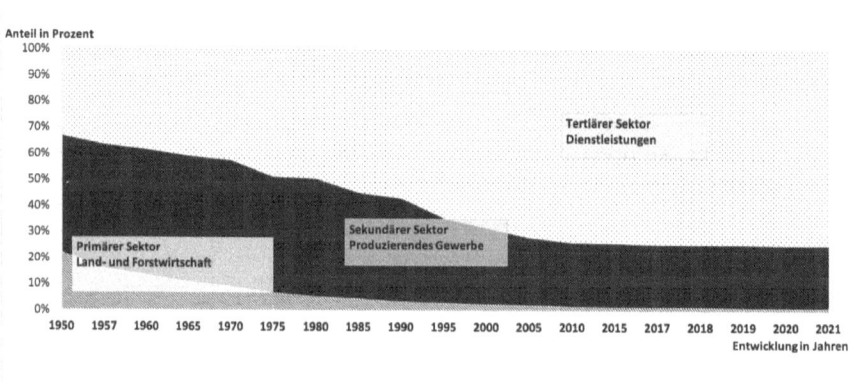

Abbildung 2.11: ArbeitnehmerInnen im Inland nach Wirtschaftssektoren, Quelle: Statistisches Bundesamt, Zugriff am 22.06.2022: https://www.destatis.de/DE/Themen/Wirtschaft/Konjunkturindikatoren/Lange-Reihen/Arbeitsmarkt/lrerw13a.html (Eigene Darstellung)

Vielmehr geht es darum, deutlich zu machen, dass sich die Bedingungen der industriellen Produktion geändert haben. Durch die Auslagerung vieler manueller Tätigkeiten in Niedriglohnländer verbleiben beispielsweise in Deutschland vermehrt Arbeitsplätze, die eine höhere Qualifikation erfordern und Dienstleistungen für die Industrie beinhalten, etwa im finanziellen oder juristischen Bereich oder der Logistik. Wenn manuelle Tätigkeiten nicht mehr nötig sind (weil sie entweder automatisiert oder ins Ausland ausgelagert wurden), dann werden also überwiegend kreative, flexible, eigenverantwortliche und spontane Arbeitsaktivitäten nachgefragt, die auch einen höheren Bildungsgrad erfordern. Dabei spielen nicht nur Handlungswissen der ArbeitnehmerInnen, sondern zum Beispiel auch Kommunikationsfähigkeit eine Rolle.

Gleichwohl kann vom Wandel der Wirtschaftssektoren nicht direkt auf den tatsächlichen Übergang zu einer Wissensgesellschaft geschlossen werden, da viele zentrale Dienstleistungen, insbesondere personennahe wie Pflege und Betreuung, häufig keine wissensintensiven Dienstleistungen sind. Hier zeigt sich dann auch eine Herausforderung in Wissensgesellschaften: nämlich die Anerkennung auch solcher, dringend erforderlicher Tätigkeiten, etwa in Form angemessener Entlohnung. Weitere Indikatoren von Wissensgesellschaften sind zum Beispiel die AkademikerInnenquote oder die Aufwendungen für Forschung und Entwicklung.

In Wissensgesellschaften hängt die Leistungs- und Überlebensfähigkeit von Organisationen (z.B. Schulen) und Institutionen (z.B. dem Bildungssystem) von ihrer Lernfähigkeit und Innovationskompetenz ab (Willke 1998). Daraus folgt auch die Anforderung an Mitglieder von Organisationen (z.B. ArbeitnehmerInnen in Unternehmen), lernfähig zu sein und zu bleiben („lebenslanges Lernen" als Bildungsziel). Wissensarbeit erfordert, „dass das relevante Wissen kontinuierlich erworben, revidiert, permanent als verbesserungsfähig angesehen und als ‚Ressource' betrachtet wird. Außerdem weiß es sich untrennbar mit Nichtwissen (nie sind alle Variablen bekannt) und Risiken verbunden" (Maasen 2013, S. 196). In Wissensgesellschaften verändert sich die Struktur des Arbeitens, denn „Wissensarbeit" wird zur vorherrschenden Form – das bedeutet umfassende Veränderungen für die Gestaltung von Arbeitsverhältnissen, Arbeitszeiten und -orten und nicht zuletzt auch der Freizeit.

In Wissensgesellschaften steigt auch die gesellschaftliche Bedeutung von Bildungs- und Ausbildungssystemen und in diesem Zuge die öffentliche Aufmerksamkeit für diese Bereiche. Die Wissensgesellschaft ist entsprechend auch eine Bildungsgesellschaft (Mayer 2000). Durch die neue und wachsende Bedeutung von Bildung als Produktionsfaktor steht aber auch die Verwertbarkeit, also die Ökonomisierung von Bildung, stärker im Vordergrund. In der bildungspolitischen Debatte zeigt sich dies etwa in der zunehmenden Verwendung des Begriffs der Kompetenzen (vgl. Kapitel 1). Da Bildung selbsttätig erworben werden kann und muss (mithilfe von und in Bildungseinrichtungen) steigt zum einen die Verantwortung für die Individuen, für ihr eigenes Wohlergehen zu sorgen (sie müssen sich ja dafür nur um ihre Bildung kümmern), zum anderen steigen die Anforderungen an Bildungseinrichtungen (siehe auch Kapitel 4).

In der soziologischen Diskussion wird der Begriff der Wissensgesellschaft vielschichtig dargestellt und es wird auf verschiedene Merkmale und Dynamiken von Wissensgesellschaften verwiesen. Das Konzept der Wissensgesellschaft ist dabei nicht unumstritten, denn wie bei vielen Gesellschaftsbeschreibungen bleibt die Frage, ob die Beschreibung vollständig zutreffend – oder die zutreffendste unter anderen – ist. Häufig werden solche zuspitzenden Gesellschaftsbeschreibungen verwendet, um die Aufmerksamkeit auf eine bestimmte Bedingung für wirtschaftliche oder gesellschaftliche Entwicklung zu lenken und öffentliche oder politische

Aufmerksamkeit zu erzeugen (Poltermann 2013). Ein politisches Handlungsziel in Wissensgesellschaften ist zum Beispiel eine Erhöhung des AkademikerInnenanteils in der Bevölkerung. Der Begriff Wissensgesellschaft findet sich deshalb häufig in politischen Diskussionen und Dokumenten, in denen Bildungsziele und Indikatoren wie die Studierquote oder die Anzahl der Studienplätze- und -absolventInnen zur Debatte stehen.

In den soziologischen Beschreibungen der Eigenschaften von Wissensgesellschaften wurde auch darauf verwiesen, dass in Wissensgesellschaften nicht mehr nur die Wissenschaft als gesellschaftliches Teilsystem verantwortlich ist für die „Produktion" von Wissen, sondern auch andere gesellschaftliche Teilsysteme und auch Industrien zunehmend das relevante Wissen herstellen und sichern (müssen) (Willke 1998). Außerdem wird in den Beschreibungen von Wissensgesellschaften darauf hingewiesen, dass diese auch anfällig für Irritationen und Konflikte sind und sich gar als „zerbrechliche" Gesellschaften (Stehr 2000) verstehen lassen. Weil nämlich die Zunahme des Wissens auch eine Abwertung von (unhinterfragten) Traditionen und Werten zur Folge hat, steigt die (Handlungs-)Unsicherheit und damit die Instabilität von Gesellschaften. Die Verwissenschaftlichung in Wissensgesellschaften bedeutet auch, dass alle Erkenntnisse jederzeit zur Disposition stehen und hinterfragt (bestätigt oder überholt) werden können. In der Corona-Pandemie hat sich gezeigt, wie schwer es etwa für politische Entscheidungen, aber auch für die Gesellschaft als Ganzes war, damit umzugehen, dass sich Erkenntnisse über die Eigenschaften des Virus quasi täglich veränderten und damit die Anpassung von Maßnahmen erforderlich machten. Häufig gab es deshalb die Situation, dass Maßnahmen nicht mehr unbedingt wissenschaftlich begründet waren – und dass es für die Menschen schwierig war, nachzuvollziehen, wie man sich am besten schützen könne oder müsse. Bekanntermaßen hat diese Situation zu zahlreichen Konflikten und Protesten geführt (siehe auch Kapitel 10). Es ist zudem eine scheinbar paradoxe Begleiterscheinung von Wissensgesellschaften, dass mit dem Wissen auch das Nichtwissen (welches vor dem Wissen nicht wahrgenommen wurde) steigt. Auch dieses wachsende bzw. vermehrt wahrgenommene Nichtwissen trägt zur Verunsicherung bei. Auch das wurde in der Corona-Pandemie deutlich: immer wieder wurde festgestellt, wie wenig über das neue Virus noch bekannt war, wie wenig vorhersagbar etwa schwere Krankheitsverläufe waren. Wachsende Verunsicherung wiederum steigert das Bedürfnis nach Regelung, die dann möglichst auf Basis des aktuellen wissenschaftlichen Wissens implementiert werden sollen. Das sich verändernde Wissen stellt Regelungen dann wiederum in Frage, erfordert neue Regelungen, was wiederum das Vertrauen in die Regelungen und die Befolgung schwächt.

Soziologisch besonders relevant bei der Frage nach den Merkmalen von Wissensgesellschaften ist wie immer die Bedeutung von Wissen für Macht und soziale Ungleichheit. Verändern sich in der Wissensgesellschaft durch den vereinfachten Zugang zu Wissen (z.B. über das Internet) die Dynamiken sozialer Mobilität, also von gesellschaftlichen Auf- oder Abstiegen? Wird durch den vereinfachten Zugang zur Ressource Wissen die Eigenverantwortung stärker wahrgenommen, so dass Gruppen, die aus bestimmten Gründen über weniger Wissen verfügen, in der gesellschaftlichen Wahrnehmung „selbst schuld" sind? Wird geringe Bildung daher zu einem Stigma und verstärken sich Ausgrenzungserfahrungen und mangelnde Teilhabe für Menschen mit geringerer Bildung? Nicht zuletzt werden Fragen von ungleichem Bildungserwerb daher in Wissensgesellschaften relevanter (siehe Kapitel 6).

Es zeigt sich, dass die Wissensgesellschaft offensichtlich eine relativ plausible Diagnose für den Zustand gegenwärtiger Gesellschaften ist. Alle Funktionsbereiche der Gesellschaft sind heute wissensabhängig, in dem Sinne, dass Entscheidungen z.B. „evidenzbasiert", also anhand von möglichst gesichertem Wissen über die Folgen einer Entscheidung, getroffen werden. Wissen ist von entscheidender Bedeutung für Aufbau, Struktur und Zielsetzung von Unternehmen und Organisationen, und bestimmt Arbeitsweisen und den Wert eines Produktes.

Andererseits zeigen die jüngeren Diskussion um das „postfaktische Zeitalter" und „fake news", zum Beispiel bei Wahlkämpfen und -ausgängen oder auch in der Corona-Pandemie, dass Wissen nicht (immer) die Basis für Problemlösungen und Entscheidungen darstellt, sondern übergeordnete Werte (wie z.B. individuelle Freiheitsrechte), oder auch Emotionen, Stimmungen, „gefühlte" Wahrheiten oder gar Verschwörungserzählungen als Entscheidungskriterien bedeutend werden können. Auseinandersetzungen wie die Debatten um Impfpflichten oder Homöopathie als Krankenkassenleistung zeigen, dass wissenschaftliches Wissen und die Orientierung daran nicht immer eindeutig sind und nicht immer stattfinden. Es zeigen sich die Grenzen von evidenzbasierter (verwissenschaftlichter) Politik, wenn die Forschung viele, kleinschrittige Beweise erbringt, die sich zudem widersprechen können. Wie sollen auf einer solchen Basis richtungsweisende, komplexe Entscheidungen getroffen werden? Wenn Wissensgesellschaften zu Expertokratien werden, in denen sehr spezialisierte ExpertInnen Entscheidungen treffen, können größere Zusammenhänge und andere Formen von produktivem Wissen (z.B. Erfahrungswissen) entwertet werden. Und es stellt sich zunehmend die Frage, welches Wissen „wahr" ist. Wenn der Präsident der USA einen menschlich induzierten Klimawandel abstreitet, zeigen sich solche Konflikte, und die Corona-Pandemie hat sie uns sehr deutlich vor Augen geführt. Die Wissensgesellschaft kann also sehr widersprüchliche Wesenszüge annehmen.

Fragen und Aufgaben zur Wiederholung

- Auf welche Aspekte der Lebensführung kann sich ein höheres oder niedriges Bildungsniveau einer Person auswirken?
- Warum beeinflusst Bildung die Lebenschancen und Lebensführung von Personen? Mit welchen Mechanismen lassen sich die Bildungseffekte erklären?
- Warum haben Staaten Interesse an einem hohen Bildungsniveau ihrer Bevölkerung?
- Wodurch zeichnet sich die Wissensgesellschaft aus? Welche Herausforderungen ergeben sich in und für Wissensgesellschaften?

2. Die individuelle und gesellschaftliche Bedeutung von Bildung

Literaturempfehlungen

Engelhardt A./Kajetzke L. (Hrsg.) (2010): Handbuch Wissensgesellschaft: Theorien, Themen und Probleme. Sozialtheorie. Bielefeld: Transcript-Verl.

Hillmert, S. (2009): Bildung und Lebensverlauf – Bildung im Lebensverlauf. In: Becker, R. (Hrsg.): Lehrbuch der Bildungssoziologie. Wiesbaden: VS Verlag für Sozialwissenschaften, S. 215–235.

Maasen, S. (2013): Wissensgesellschaft. In: Scherr, A. (Hrsg.): Soziologische Basics. Wiesbaden: VS Verlag für Sozialwissenschaften, S. 279–286.

Mayer, K. U. (2000). Die Bildungsgesellschaft: Aufstieg durch Bildung. In: Pongs, A. (Hrsg.), In welcher Gesellschaft leben wir eigentlich? Gesellschaftskonzepte im Vergleich. München: Dilemma Verlag, S. 193–218.

3. Was sind Bildungssysteme?

> **Zusammenfassung**
>
> In diesem Kapitel wird gezeigt, wie sich als Reaktion auf die in Kapitel 2 gezeigte gesellschaftliche Bedeutung von Bildung moderne Bildungssysteme entwickelt haben. Bildungssysteme sind Teilsysteme von Gesellschaften, die bestimmte gesellschaftliche Funktionen übernehmen. Diese Funktionen werden in diesem Kapitel dargestellt. Neben Beispielen von soziologischen Theorien über die Ausgestaltung und Funktionsweise von Bildungssystemen werden zentrale Aspekte und Leistungen von Bildungssystemen beschrieben. Schließlich wird dargestellt, wer auf welche Weise in Bildungssystemen handelt und miteinander interagiert.

Im ersten Kapitel wurde mit der Diskussion der Grundbegriffe gezeigt, dass Sozialisation, Erziehung und Bildung zentrale Erfordernisse für die Aufrechterhaltung und das Funktionieren von Gesellschaften darstellen. Weil diese Prozesse so zentral sind, ist es erforderlich, sie gesellschaftlich zu organisieren. Bildungssysteme sind das Ergebnis einer solchen gesellschaftlichen Regelung; SoziologInnen sprechen allerdings eher von *Institutionalisierung* als von Regelung. Bildungssysteme stellen also – praktisch formuliert – „Problemlösungen" für die Bedürfnisse von Gesellschaften dar (Herrlitz et al. 1984, S. 56). Bis zu 15.000 Stunden verbringen Kinder und Jugendliche in Schulen (Fend 2008, S. 56), entsprechend nachhaltig ist die Wirkung des Bildungssystems auf die Entwicklung von SchülerInnen, so dass es durchaus angemessen ist, das Bildungssystem als „Sozialisationsinstanz" zu bezeichnen.

Angesichts ihrer zentralen gesellschaftlichen Bedeutung ist es aus soziologischer Perspektive naheliegend, sich mit der Frage zu beschäftigten, was Bildungssysteme ausmacht und was ihre zentralen Merkmale, Aufgaben und Leistungen sind. Gerade wenn die Ergebnisse internationaler Schulvergleiche, wie zum Beispiel der PISA-Studien, wiederholt nahelegen, dass Bildungssysteme in verschiedenen Ländern ihre Aufgaben auf verschiedene Weise und mit unterschiedlichem Ergebnis erfüllen, stellt sich die Frage, wie die jeweiligen Ausgestaltungen und Erfolge zustande kommen. In Kapitel 2 haben wir gesehen, wie umfassend und schwerwiegend die Auswirkungen von Bildung für einzelne Personen und die Gesamtgesellschaft sind, entsprechend werden auch Unterschiede im Erfolg von Bildungssystemen nicht nur von BildungspolitikerInnen sehr ernst genommen.

Die Beschreibung und Erklärung der Entstehung und Entwicklung von Bildungssystemen ist nicht exklusiv der Soziologie vorbehalten, im Gegenteil, es finden sich auch viele Beiträge dazu aus der Erziehungswissenschaft, insbesondere der Schultheorie (Fend 2008). Der soziologische Blick auf Bildungssysteme ist jedoch wiederum ein spezieller. Eine soziologische Perspektive bei der Betrachtung von Bildungssystemen bezieht sich zum Beispiel auf den Zusammenhang zwischen bestimmten Merkmalen von Bildungssystemen und der Ausprägung von Bildungsungleichheit (siehe Kapitel 6 bis 8). Die Soziologie betrachtet das Bildungssystem als ein Teilsystem unter mehreren Funktionsbereichen von Gesellschaften (wie Wirtschaft, Recht, Politik) und gelangt deshalb zu relativ abstrakten und allgemeinen,

3. Was sind Bildungssysteme?

aber auch gut auf andere Bereiche und Gegenstände übertragbaren Beschreibungen. Anders gesagt: die Soziologie überträgt Erkenntnisse aus Analysen anderer gesellschaftlicher Funktionsbereiche auf das Bildungssystem. In diesem Kapitel soll es zunächst darum gehen, wie Bildungssysteme allgemein beschrieben werden können. Dabei geht es nicht um eine detaillierte Darstellung der Entstehung und der Struktur des deutschen Schulsystems (bzw. der 16 unterschiedlichen deutschen Schulsysteme[10]). Dies kann an anderen Stellen besser nachgelesen werden (siehe z.B. van Ackeren et al. 2015; Fend 2006; Herrlitz et al. 1984). Hier soll es zunächst um eine Systematik zur Beschreibung von Bildungssystemen und ihrer typischen „Bestandteile" gehen, damit zum Beispiel Vergleiche von verschiedenen Bildungssystemen möglich werden. Um die konkreten Auswirkungen von Bildungssystemmerkmalen auf bestimmte Bildungsergebnisse wird es unter anderem in den Kapiteln 6 bis 8 gehen.

3.1 Funktionen und Aufgaben von Bildungssystemen

Es gibt keine allgemein gültige Definition von Bildungssystemen. Landläufig werden unter Bildungssystemen die aus bildungspolitischen Vorgaben resultierenden Rahmenbedingungen von Lehr- und Lernprozessen verstanden. Dazu gehören zum Beispiel das Einschulungsalter, die vorgegebenen Unterrichtsstunden, die verschiedenen Schulformen und -abschlüsse, die zur Auswahl stehen und die Kriterien, die zu ihrer Wahl oder Erreichung notwendig sind, die Regelungen der Ausbildung und Einstellung der Lehrkräfte, die Pflichten und Rechte der Einzelschule, kurz: eine ganze Menge. Meistens wird mit dem Bildungssystem der Bereich der schulischen Bildung angesprochen, aber auch der vorschulische Bereich und der Hochschul- und Weiterbildungssektor können als Teile des Bildungssystems verstanden werden. Je nachdem, wie umfassend man das Bildungssystem auffasst, wird deutlich, dass es nicht „aus einem Guss" sein muss, zum Beispiel, weil die politischen Zuständigkeiten für die verschiedenen Segmente des Bildungssystems bei verschiedenen Ministerien liegen können und somit keine einheitliche Planung und Steuerung aller Bereiche besteht. Der wichtigste und zentralste Teil von Bildungssystemen ist tatsächlich das allgemeine Schulwesen, da hier über die Schulpflicht eine Einbeziehung nahezu aller Gesellschaftsmitglieder erfolgt, während der vorschulische Bereich und der Hochschul- und Weiterbildungsbereich immer nur Teile der Bevölkerung in den jeweiligen Altersgruppen adressiert.

Wir wissen bereits, dass es die Aufgabe von Bildungssystemen ist, zumindest einen Teil der gesellschaftlich notwendigen Prozesse der Sozialisation, Erziehung und Bildung zu übernehmen. Was heißt das aber konkret?

Wenn man die *Funktionen* von Bildungssystemen, also die Beiträge, die für die Aufrechterhaltung von Gesellschaft notwendig sind, betrachtet, stellt man fest, dass sie zum Teil widersprüchlich sind und sich mit der Zeit, dem gesellschaftli-

---

10 Nach dem Grundgesetz gibt es aufgrund der föderalen Struktur der Bundesrepublik keine bundesländerübergreifende Regelung für das Bildungssystem und auch keine gesamtdeutsche Verwaltung des Bildungswesens. Das „allgemeinbildende und berufsbildende Schul- und Ausbildungswesen sowie die Hochschulgesetzgebung unterliegen der Kulturhoheit der 16 Bundesländer. Sie sind primär für Schulgesetzgebung und Verwaltung des Bildungswesens (Schulaufsicht und -verwaltung) zuständig" (Becker 2019, S. 121).

chen Wandel und wechselnden gesellschaftlichen Grundbedürfnissen verändern. Bereits seit etwa dem 16. Jahrhundert existieren Visionen für und Forderungen nach einem „verweltlichten", öffentlichen und allgemeinem Bildungssystem. Bis zu dieser Zeit war Bildung nur kleinen Eliten und den Kirchen vorbehalten. Ab dem 18. Jahrhundert wurde dann in verschiedenen Ländern schrittweise eine Schulpflicht eingeführt (so beispielsweise 1763 in Preußen). Damit wurde (die Organisation von) Bildung eine staatliche Aufgabe und es wurden Bildungsverwaltungen, Bildungspläne und die professionelle Ausbildung von Lehrkräften eingerichtet.

Aus der historischen Analyse der unterschiedlichen Entstehungsgeschichten von Bildungssystemen lassen sich Erkenntnisse über die gesellschaftliche Aufgabe von Bildungssystemen ableiten: Der Staat Preußen nutzte sein Bildungssystem (eines der ersten Pflichtschulsysteme) zum Beispiel, um in seinem nicht historisch gewachsenen Herrschaftsgebiet ein gemeinsames Staats- und Nationalbewusstsein zu fördern (van Ackeren et al. 2015, S. 15). Dem Schulsystem kam also die Aufgabe zu, die neue Gesellschaftsordnung zu begründen und zu erklären (*Legitimationsfunktion*).

Heute geht es weniger darum, eine neu entstandene Gemeinschaft zu vereinen, als mit der Legitimationsfunktion die bestehende *Gesellschaftsordnung* zu vermitteln. Dazu gehören die Grundlagen des politischen Systems (Demokratieerziehung) aber auch Begründungen für bestehende Ungleichheiten in der Gesellschaft. Die Prinzipien der Gesellschaftsordnung gelten auch in der Schule, wenn zum Beispiel vorgeblich nach meritokratischen Kriterien, d.h. leistungsgerecht, Zertifikate vergeben werden, mit denen gesellschaftliche Positionen (z.B. ein Arbeitsplatz mit einem bestimmten Einkommen, Prestige und Einfluss) erreicht werden können. In den Kapiteln 6 bis 8 wird gezeigt, dass das meritokratische Prinzip nur in Teilen funktioniert und dass Bildungserfolg auch nach „leistungsfremden" Kriterien (wie z.B. sozialem Status oder Migrationshintergrund) verteilt sein kann. Zu der Legitimationsfunktion gehört auch, dass das Bildungssystem die ideellen Prinzipien, die der Ungleichheitsstruktur der Gesellschaft zugrunde liegen (z.B. das Leistungsprinzip), vermittelt[11].

Eine weitere, seit jeher bestehende Funktion von Bildungssystemen ist die Ausbildung qualifizierten Personals für die staatliche Verwaltung, die Wirtschaft und (insbesondere zu früheren Zeiten) das Militär (*Qualifizierungsfunktion*). Gesellschaftlicher Zusammenhalt (*Integration*) und Qualifizierung sind also die vornehmlichen Aufgaben der ersten Bildungssysteme, weil sie eine wichtige Bedeutung für die Entwicklung der damaligen Gesellschaften hatten. Beide Funktionen spielen weiterhin eine wichtige Rolle auch in modernen Gesellschaften. An der Qualifizierungsfunktion wird auch deutlich, dass das Bildungssystem im Austausch mit anderen gesellschaftlichen Systemen steht. Das Wirtschaftssystem kann

---

11 Corsten (2011, S. 107ff.) beschreibt drei unterschiedliche Mechanismen zur Erklärung sozialer Ungleichheit in modernen Gesellschaften: funktionale Selektionsmechanismen, Machtverhältnisse und soziale Schließung.

zum Beispiel bestimmte Anforderungen der Qualifizierung an das Bildungssystem formulieren.

Mit dem Fortschreiten der Industrialisierung und der gesellschaftlichen Arbeitsteilung wird eine weitere Funktion von Bildungssystemen wichtiger, nämlich die Berufsausbildung und die effiziente „Sortierung" und Auswahl geeigneter Personen für die verschiedenen gesellschaftlichen Positionen und Funktionen. Die *Selektions- und Allokationsfunktion* von Bildungssystemen tritt damit in den Vordergrund. Die Selektion beschreibt die Auswahl der SchülerInnen entsprechend ihrer Fähigkeiten und Talente für bestimmte Bildungswege, die Allokation beinhaltet die Zuweisung von Chancen zur Erlangung bestimmter gesellschaftlicher Positionen durch Bildungsabschlüsse.

Schließlich erfüllen Bildungssysteme immer auch eine *Reproduktionsfunktion*. Diese steht in Zusammenhang mit der Aufrechterhaltung der Gesellschaft und vor allem ihrer Wissensbestände und Sinnsysteme im Prozess des Aufeinanderfolgens mehrerer Generationen (siehe Kapitel 1.2). Dabei geht es also darum, zum Beispiel die Beherrschung von Sprache und Schrift zu vermitteln und grundlegende Wertorientierungen und „moralische Verantwortlichkeiten" zu repräsentieren (Fend 2008, S. 49).

Van de Werfhorst und Mijs (2010, S. 409) fassen die Funktionen von modernen Bildungssystemen wie folgt zusammen: (1) Sicherung und Förderung von Chancengleichheit, (2) effiziente Auswahl und Zuordnung von SchülerInnen entsprechend ihrer Fähigkeiten und Interessen (auf gesellschaftliche Positionen und Berufe), (3) Vermittlung von arbeitsmarktrelevanten Fähigkeiten und (4) Vermittlung von Fähigkeiten und Bewusstsein für eine aktive Staatsbürgerschaft.

Diese Ziele sollen gleichwertig erfüllt werden, gleichwohl stellt sich dies bei begrenzten Ressourcen (sowohl zeitlichen als auch finanziellen) oft als schwierig dar (siehe zu den widersprüchlichen Anforderungen an Bildungssysteme auch Kapitel 4). Zudem sind die Möglichkeiten der Zielerreichung für die Bildungssysteme nicht nur aufgrund knapper Ressourcen begrenzt. Wenn sich zum Beispiel die auf dem Arbeitsmarkt nachgefragten Qualifikationen verändern, kann das Bildungssystem selten flexibel reagieren, eine Anpassung der Lehrpläne und der Lehrkräftequalifikationen dauert in der Regel sehr lange. Wenn sich etwa durch Zuwanderung die Zusammensetzung der SchülerInnenschaft verändert, können die Funktionen der Chancengleichheit und die Erziehung zur Staatsbürgerschaft zu neuen Herausforderungen werden. Die Bildungssysteme unterscheiden sich in ihrer konkreten Ausgestaltung auch deshalb, weil es stetige gesellschaftliche Auseinandersetzungen um die Bedeutung der jeweiligen Aufgaben gibt und zum Zeitpunkt der Einrichtung wichtiger Strukturen des Bildungssystems womöglich eine bestimmte Funktion im Vordergrund stand.

3.2 Chancengerechtigkeit als Herausforderung für Bildungssysteme

Eine gegenwärtige Herausforderung für viele Bildungssysteme ist die Sicherung der Chancengerechtigkeit bei einer zunehmend heterogenen SchülerInnenschaft.

Damit ist gemeint, dass die SchülerInnen zum Teil unterschiedliche Lernvoraussetzungen (wie unterschiedliche Sprachkenntnisse) mit in die Schule bringen. Wie diese Chancengerechtigkeit erreicht werden kann und soll ist keine einfache Frage – die Schwierigkeiten beginnen bei der Frage, was mit Chancengerechtigkeit eigentlich gemeint ist. In zahlreichen Arbeiten wurde versucht, sich diesen Fragen unter Rückgriff auf philosophische Konzeptualisierungen von Gerechtigkeit zu nähern (siehe z.B. Giesinger 2015; Berkemeyer et al. 2017). Dass bestehende Unterschiede zwischen Menschen bezüglich ihrer Lebenschancen und ihrer Einflussmöglichkeiten in einer Gesellschaft als gerecht anerkannt werden (zum Beispiel, weil die Unterschiede als selbst „verdient" wahrgenommen werden), ist eine wichtige Voraussetzung für soziale Ordnung. Wenn die Unterschiede als ungerecht angesehen werden, sind Spannungen und Konflikte unvermeidlich und damit die Funktionsfähigkeit der Gesellschaft potenziell gestört. Um Gerechtigkeit herzustellen, ist Gleichheit ein sehr einfaches Prinzip: jeder bekommt das Gleiche. Dies ist aber in arbeitsteiligen Gesellschaften, in denen unterschiedliche Aufgaben mit unterschiedlichen Anforderungen zu besetzen sind, nicht realistisch. Außerdem wollen Menschen vielleicht auch unterschiedliche Dinge. Deshalb soll Gleichheit zumindest in dem Sinne bestehen, dass jeder die Chance hat, die seinen Talenten und Motivationen entsprechende gesellschaftliche Position und Aufgabe zu übernehmen. Da Bildung der zentrale Mechanismus ist, der die Besetzung von gesellschaftlichen Positionen ordnet (Allokationsfunktion), soll also für alle die Möglichkeit bestehen, das Bildungsniveau ihrer Wahl und Möglichkeiten zu erreichen. Dass diese Offenheit in modernen Bildungssystemen in der Regel nicht vollständig verwirklicht ist, wird in den Kapiteln 6 bis 8 zu Bildungsungleichheiten dargestellt.

Faktisch wird von der Schule und dem Bildungssystem mindestens erwartet, bestehende Unterschiede in Fähigkeiten und Lernvoraussetzungen, die mit der familiären Herkunft von SchülerInnen einhergehen, nicht zu verstärken. Darüber hinaus wird auch ein „sozialpolitisch korrigierender Einfluss auf die Ausschöpfung von Bildungspotenzialen" (Radtke 2004, S. 641) erwartet, und eben nicht bloß eine Weiterleitung der gegebenen unterschiedlichen Voraussetzungen in ungleiche Bildungsergebnisse. Der Schule und dem Bildungssystem sind jedoch Grenzen in der Kompensation der unterschiedlichen Erfolgsvoraussetzungen und der Integration gesetzt, daher soll hier kurz dargestellt werden, welche Ziele realistischerweise politisch angestrebt werden können – und wie (mehr oder weniger) Bildungsgleichheit in diesem Sinne zu konzeptualisieren sein könnte. Dafür ist es hilfreich, vier Aspekte von Bildung zu unterscheiden, für die man anschließend fragen kann, ob Gerechtigkeit – zum Beispiel durch Gleichheit – sinnvollerweise anzustreben ist (Giesinger 2015). Diese vier Aspekte umfassen (1.) den *Zugang*, (2.) die *Chancen*, (3.) die *Leistungen* und (4.) die *Funktionen* von Bildung. In Bezug auf (1.), den *Zugang* zu Bildung ist ersichtlich, dass durch das allgemeine Recht auf Bildung und die Existenz eines kostenfreien öffentlichen Schulsystems

3. Was sind Bildungssysteme?

Gleichheit grundsätzlich besteht[12]. Dieser Umstand wird manchmal auch als „formale Chancengleichheit" bezeichnet. Diese Gleichheit reicht jedoch nicht aus, um Gerechtigkeit im Bildungssystem herzustellen, wenn Kinder aus unterschiedlichen sozialen Schichten unterschiedliche (2.) *Erfolgschancen* im Bildungssystem haben (siehe dazu Kapitel 6). Eine vollständige Entkopplung von individueller Herkunft und Bildungserfolg, die im Englischen auch mit dem Begriff „Equity" beschrieben wird, ist zwar moralisch wünschenswert, aber faktisch kaum realistisch, da die familiären Lebenssituationen sehr früh, im Grunde bereits vor der Geburt, wirksam werden können und eine Kompensation von ungleichen Bedingungen durch das Bildungssystem umfangreiche Interventionen bereits im frühesten Kindesalter erfordern würde. Dies wäre wiederum ein starker Eingriff in die persönlichen Freiheiten der Familie. Grundsätzlich erfordern Interventionen zur Förderung von Bildungsgerechtigkeit das Ausbalancieren von zwei Prinzipen (d.h. gesellschaftlichen Werten): Gleichheit und Freiheit. „In Reinform praktiziert, bedeutet Gleichheit Vereinheitlichung und Gleichmacherei; Freiheit pur bedeutet Überleben der Stärksten" (Kraus 2008, S. 9). Die Frage ist also, bis zu einem welchen Grad eine Entkopplung von familiären Voraussetzungen und Bildungserfolg möglich ist durch realistische, nicht zu sehr individuelle Freiheiten einschränkende Ausgestaltungen von Institutionen des Bildungssystems. Ein internationaler Vergleich kann zeigen, inwieweit es Bildungssystemen gelingen kann, den Zusammenhang zwischen Herkunft und Bildungserfolg gering zu halten. Internationale Schulleistungstests wie die PISA-Studie der OECD haben verdeutlicht, dass es substantielle Unterschiede zwischen Ländern in Bezug auf unterschiedliche Aspekte und Indikatoren von Chancengerechtigkeit gibt, wodurch Grenzen und Möglichkeiten der politischen Gestaltung sichtbar werden. Eine tatsächliche, absolute Gleichheit und Gerechtigkeit von Chancen auf Bildungserfolg unabhängig von Herkunft und anderen Merkmalen (siehe Kapitel 6 bis 8) ist jedoch kaum zu erreichen.

---

12 Auch hier ist jedoch das Gleichheitsprinzip nicht verwirklicht, wenn zum Beispiel nicht allen Kindern der Zugang zu allgemeinbildenden Schulen ermöglicht wird, wie die Auseinandersetzungen um Inklusion zeigen.

3.2 Chancengerechtigkeit als Herausforderung für Bildungssysteme

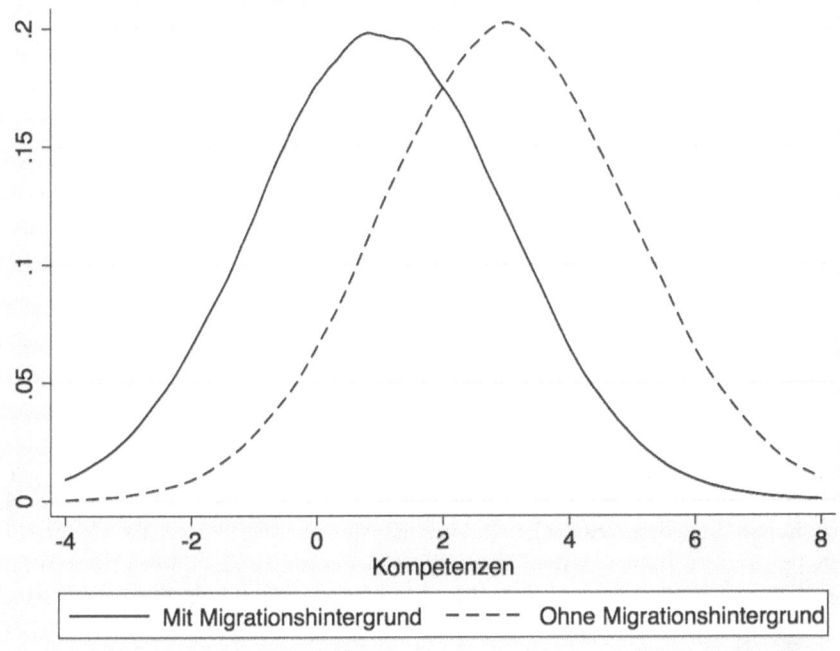

Abbildung 3.1: Fiktives Beispiel für die Kompetenzverteilung von SchülerInnen mit und ohne Migrationshintergrund

Somit stellt sich die Frage, ob mit Blick auf die (3.) *Ergebnisse* von Bildung Gleichheit oder Gerechtigkeit herzustellen ist. Mit Ergebnissen sind hier die Ausprägungen von Bildungen in Form von Abschlüssen oder Kompetenzniveaus gemeint. In arbeitsteiligen Gesellschaften und angesichts unterschiedlich verteilter Talente und Anstrengungsbereitschaften ist die Herstellung gleicher Bildungsergebnisse (z.B. in Form eines einheitlichen Schulabschlusses für alle) nicht erstrebenswert. Gleiche Bildungsergebnisse wären nicht funktional im Sinne der Erfordernisse des Gesellschaftserhalts. Ergebnisgleichheit könnte aber im Sinne einer sogenannten proportionalen Chancengleichheit gedacht – und eingefordert – werden. Diese würde beinhalten, dass sich die *Verteilungen* von Bildungsergebnissen (z.B. von Kompetenzen) nicht zwischen verschiedenen sozialen Gruppen unterscheiden. Um beim Beispiel der Kompetenzverteilung zu bleiben, sollten sich bei der proportionalen Chancengleichheit statistische Kennwerte der Kompetenzverteilung (wie Mittelwert und Median) nicht zwischen beispielsweise SchülerInnen mit und ohne Migrationshintergrund oder zwischen Angehörigen verschiedener sozialer Schichten unterscheiden. Das fiktive Beispiel in Abbildung 3.1 illustriert den Fall, in dem die durchschnittlichen Kompetenzen der MigrantInnen geringer sind, bei proportionaler Chancengleichheit sollten die Kurven deckungsgleich sein.

Die proportionale Chancengleichheit ist also gleichbedeutend mit dem englischen Verständnis von *Equity* im Sinne einer Entkopplung von individuellen Herkunftsmerkmalen und Bildungserfolg – und damit, wie schon oben gezeigt, als absolutes Ziel für Bildungssysteme nur graduell zu erreichen.

Bleibt schließlich die Frage, ob Gerechtigkeit durch Gleichheit mit Blick auf (4.) die *Funktionen* und Konsequenzen von Bildung zu erreichen ist. Wie im vorigen Abschnitt gezeigt wurde, ist es eine zentrale Funktion von Bildungssystemen, die Individuen auf eine eigenständige Teilhabe an der Gesellschaft und ihren Funktionsbereichen vorzubereiten, insbesondere auf die Teilhabe am Arbeitsmarkt (dem Wirtschaftssystem) und am politischen System („StaatsbürgerInnenerziehung"). Es geht also allgemein um eine Befähigung zur aktiven Gestaltung der Lebensführung (wie auch die Definition des Begriffs Bildung in Abschnitt 1.3 deutlich macht). An diesem Aspekt wird noch einmal deutlich, dass nicht die Bildungs*ergebnisse* gleich sein sollen, sondern Bildung soll für alle die Funktion der Ermöglichung von Teilhabe erfüllen. Gerechtigkeit könnte hier also als Teilhabegerechtigkeit verstanden werden und wäre erreicht, wenn eine Gleichheit in dem Sinne hergestellt wäre, dass alle das Bildungsniveau erreichen, das nötig ist, um an der Gesellschaft und ihren zentralen Funktionssystemen (wie dem Arbeitsmarkt und dem politischen System) teilzuhaben (Blossfeld et al. 2007, S. 145). Dies könnte zum Beispiel mindestens eine berufsqualifizierende Ausbildung sein (Solga 2013, S. 170). Oberhalb dieser Schwelle gäbe und bräuchte es Ungleichheit (zur Besetzung der gesellschaftlichen Positionen, die mit unterschiedlichen Anforderungen einhergehen). Um eine solche Form der Bildungsgerechtigkeit zu erreichen, muss man also wissen, welches Bildungsniveau für die Befähigung zur gesellschaftlichen Teilhabe notwendig ist. Zudem müsste regelmäßig geprüft werden, ob alle, die sich dem Ende der Schulpflicht nähern, tatsächlich dieses Niveau erreicht haben – um bei drohender Nicht-Erreichung mit entsprechender Förderung gegenzusteuern. Eine solche Konzeption von Bildungsgerechtigkeit erfordert entsprechend auch eine regelmäßige Definition und Messung von („teilhabeorientierter") Bildung. Bildungsstandards, wie sie in den letzten Jahren in vielen Bildungssystemen etabliert und ausgebaut wurden, können entsprechend auch ein Instrument zur Förderung von Bildungsgerechtigkeit in diesem Sinne darstellen (siehe auch Kapitel 9). Zusammengefasst lässt sich festhalten, dass Gleichheit in Bezug auf den Zugang zu Bildung möglich, aber nicht ausreichend im Sinne der Gerechtigkeit ist, weshalb Gleichheit bei den Chancen auf Bildung anzustreben ist, die jedoch realistisch nur graduell erreicht werden kann – weil die Bedeutung familiärer Hintergründe für Bildungserfolg stark ist und nur durch große Freiheitseinbußen minimiert werden könnte. Gleichheit in Bezug auf die Ergebnisse von Bildung ist nicht funktional und nicht anzustreben, während Gleichheit in Bezug auf die Funktion von Bildung ein Gerechtigkeitsprinzip, nämlich das Prinzip der Teilhabegerechtigkeit, erfüllen könnte und realistischer umzusetzen ist als vollständige Chancengleichheit (die dennoch als Prinzip nicht aufgegeben werden sollte).

3.3 Gesellschaftstheoretische Perspektiven auf Bildungssysteme

Wie wir gesehen haben, sollen Bildungssysteme mehrere zentrale und teils widersprüchliche Funktionen für Gesellschaften erfüllen. Damit ist aber noch nicht festgelegt, auf welche konkrete Weise sie das tun und welchen Funktionen bei der Ausgestaltung von Bildungssystemen vielleicht eine Vorrangstellung zugedacht wird. Um zu verstehen, wie sich Bildungssysteme entwickeln und entwickelt haben, muss man ihre gesellschaftliche Bedeutung, also die aus der Gesellschaft an sie herangetragenen Erwartungen, verstehen (Fend 2008, S. 33). Um die gesellschaftliche Bedeutung und Erwartungen zu verstehen, braucht es zunächst Kenntnisse über die Gesellschaft – in Form einer Theorie, die verdeutlicht, was die Gesellschaft in erster Linie ausmacht, was ihre Bedürfnisse und Funktionslogiken sind. Solche Theorien zu entwickeln, ist eine der Kernaufgaben der Soziologie. Wie zu Beginn dieses Buches dargestellt, ist die Soziologie aber eine heterogene Disziplin mit unterschiedlichen Sichtweisen auf ihren Forschungsgegenstand. Entsprechend gibt es verschiedene Gesellschaftstheorien und damit auch unterschiedliche Verständnisse von Bildungssystemen, ihrer Funktionen und ihrer Wirkungen. Die oben dargestellten Funktionen von Bildungssystemen sind aus unterschiedlichen theoretischen Perspektiven auf Bildungssysteme abgeleitet worden und stellen eine Art „Querschnitt" der verschiedenen Ansichten dar. Im Folgenden soll noch einmal knapp auf drei einflussreiche theoretische Ansätze und ihre spezifischen Sichtweisen auf Bildungssysteme eingegangen werden: den strukturfunktionalistischen, den systemtheoretischen und den konflikttheoretischen (für andere Überblicke siehe auch Bauer et al. 2012; Solga/Becker 2012). Eine weitere Theorieperspektive stellt der Neo-Institutionalismus dar, der jedoch eher auf den Wandel von Bildungssystemen und -organisationen ausgerichtet ist, weshalb er in den Kapiteln 4 und 9 zur Sprache kommen wird. Bei den hier dargestellten Theorieansätzen handelt es sich jeweils um Gesellschaftstheorien, also um allgemeine Beschreibungen und Vorhersagen des Funktionierens und der Entwicklung von Gesellschaften. Da Bildung und Bildungssysteme durch die von ihnen geleistete Internalisierung von Wissensbeständen und Normen eine wichtige Bedeutung für den Fortbestand und das „Funktionieren" von Gesellschaften haben, werden in den allgemeinen Gesellschaftstheorien jedoch auch die Bildungssysteme im Besonderen betrachtet und beschrieben.

3.3.1 Strukturfunktionalismus

Das strukturfunktionalistische Paradigma der Soziologie wurde maßgeblich von Talcott Parsons (1902–1979) entwickelt (Parsons 1951, 1937). Der Strukturfunktionalismus versteht Gesellschaften als Organismen, die aus Subsystemen (vergleichbar mit Organen) bestehen, die jeweils spezifische Aufgaben übernehmen, um den Fortbestand der Gesellschaft zu ermöglichen. Der Strukturfunktionalismus geht von mehreren Funktionen aus, die das Bildungssystem für moderne Gesellschaften erfüllt: „Es vermittelt die Qualifikationen, die für die individuelle und kollektive Existenzbewältigung unerlässlich sind. Gleichzeitig fördert es die Integration in die Gesellschaft, indem es die Werte und Normen vermittelt, die der demokratischen und rechtsstaatlichen Ordnung zugrunde liegen. Schließlich gibt es Wege der Integration in das Beschäftigungssystem und damit in die soziale Struktur der Gesellschaft vor, die von den für alle geltenden Kriterien der Leistung geleitet sind" (Fend 2008, S. 34). Die strukturfunktionalistische Perspektive auf Gesellschaft geht im Prinzip von einem harmonischen Ganzen aus, in dem die einzelnen Strukturen und Subsysteme von Gesellschaft *funktional*, das heißt nützlich und gut „für alle" sind. In dieser Perspektive ist auch Ungleichheit funktional und nützlich, denn in einer Gesellschaft gibt es unterschiedlich wichtige und anspruchsvolle Aufgaben zu erledigen und Positionen zu besetzen, diese müssen deshalb mit unterschiedlichen Anreizen (z.B. höherem Einkommen) ausgestattet sein, die motivierend für potentiell geeignete PositionsinhaberInnen wirken. Der Strukturfunktionalismus geht davon aus, dass das Bildungssystem so gestaltet ist, dass es die jeweils fähigsten und geeignetsten Personen auf die verschiedenen Positionen selektiert (Selektions- und Allokationsfunktion). Im Strukturfunktionalismus werden ein funktionierendes Leistungsprinzip (Meritokratie) und Chancengerechtigkeit also als gegeben vorausgesetzt. Soziale Ungleichheit hat hier eine Gesellschaft-stabilisierende Wirkung und wird als für das Funktionieren der arbeitsteiligen Gesellschaft notwendig erachtet.

3.3.2 Konflikttheorie

Andere gesellschaftstheoretische Ansätze sehen das Bildungssystem nicht so grundsätzlich sinnvoll und nützlich für alle Gesellschaftsmitglieder. In der konflikttheoretischen Perspektive ist die Gesellschaft durch zwischen sozialen Klassen bestehende Konflikte um Zugang zu Macht und Ressourcen geprägt. In dieser Sichtweise ist das Bildungssystem unter anderem „vereinnahmt" durch das kapitalistische Wirtschaftssystem, für welches es notwendige Qualifikationen bereitstellt, ohne dass das Wirtschaftssystem die Kosten dafür übernimmt. Zudem geht insbesondere die von Pierre Bourdieu (1930–2002) geprägte konflikttheoretische Sichtweise davon aus, dass das Bildungssystem derart gestaltet ist, dass die SchülerInnen die bestehenden Ungleichheitsverhältnisse in einer Gesellschaft verinnerlichen und damit akzeptieren und anerkennen[13]. Diese Internalisierung zusammen mit der schulischen „Belohnung" der für die Ober- und Mittelschichten typischen Verhaltensweisen und Habitus (durch entsprechende Noten, Übergangsempfehlungen und Abschlüsse), führen zu einer Reproduktion der gesellschaftlichen Ungleichheitsverhältnisse (Bourdieu/Passeron 1971). Das Bildungssystem ist in dieser Perspektive also ein Herrschaftsinstrument, es legitimiert, reproduziert und verschleiert bestehende gesellschaftliche Ungleichheiten und Machtgefälle (siehe auch Kapitel 6).

Diese beiden konträren Perspektiven sind nicht entweder wahr oder falsch. Beiden Perspektiven kommen wichtige Erklärungsleistungen zum Verständnis von Bildungssystemen zu. Zweifellos leisten Bildungssysteme wichtige „funktionale" Beiträge für das Wirtschaftssystem, auch für das politische System (Demokratieerziehung) und für das kulturelle System (Wertintegration), wie der Strukturfunktionalismus hervorgehoben hat. Allerdings hat sich gezeigt, dass das Leistungsprinzip

---

[13] Eine weitere konflikttheoretische Analyse von Bildungssystemen findet sich bei Collins (1971, 1979).

eben nicht uneingeschränkt gilt, sondern vielmehr dazu genutzt wird, Prozesse sozialer Abgrenzungen von Gruppen und Kämpfe um die Sicherung von gesellschaftlichen Privilegien zu verschleiern – wie die Theorie der kulturellen Reproduktion verdeutlicht. Die Auseinandersetzungen um den Erhalt oder die Abschaffung eines gegliederten Schulsystems in Deutschland, insbesondere wenn es um das Gymnasium als Schulform geht, veranschaulichen dies (siehe auch Kapitel 9).

3.3.3 Systemtheorie

Eine weitere soziologische Theorieperspektive lenkt den Blick auf die Prozesse in Bildungssystemen und die Frage, auf welche Weise Bildungssysteme den ihnen zugedachten Aufgaben nachkommen können. Die sehr einflussreiche Systemtheorie von Niklas Luhmann (1927–1998) trennt bei der Betrachtung von Bildungssystemen die Schule als soziales System von den SchülerInnen als psychische Systeme. Diese zwei Systeme folgen ihren eigenen Logiken und sind jeweils auf ihre Selbsterhaltung und Selbstentwicklung (*Autopoiesis*) ausgerichtet. Aufgrund dieser Tatsache entziehen sie sich zu einem gewissen Grad auch der Steuerbarkeit und der „Technologie", also der pragmatischen und widerstandslosen Indienststellung für eine übergeordnete gesellschaftliche Funktion. Die SchülerInnen etwa finden in der Schule eine Umwelt vor, die ihnen Lerngelegenheiten bietet oder vorenthält. Als lernendes Subjekt nutzt der oder die SchülerIn dann ein solches Angebot auf die ihm oder ihr jeweils eigene, „selbstreferentielle", d.h. selbstbezogene, Weise und produziert damit die eigene Lernentwicklung selbst. Es ist nicht möglich, das Lernergebnis und den Weg, auf dem es erzielt wurde, vollkommen zu kontrollieren, oder anders ausgedrückt: „Es gibt danach keine direkten Kausalitäten zwischen System und Umwelten. Die jeweiligen Systeme können sich nur selbst entwickeln" (Fend 2008, S. 129). Trotzdem soll im Bildungssystem (d.h. in der Schule bzw. im Unterricht) ja eine Verbindung zwischen den Systemen (Lehrkräften und SchülerInnen) hergestellt werden, um die notwendigen Lernprozesse zu ermöglichen.

Die Frage ist, wie diese Verbindung – in der Sprache der Systemtheorie: die *Anschlussfähigkeit* – zustande kommt, wenn die beiden Systeme erstmal getrennt voneinander, auf sich selbst bezogen (selbstreferentiell) funktionieren. Im Grunde kann im Bildungssystem nicht viel mehr passieren, als dass jedes System für die jeweils anderen Systeme eine Umwelt darstellt. „Was das andere System daraus macht, ist nicht in der vollen Verfügung des einen Systems" (Fend 2008, S. 130). Trotzdem passieren schulische Lernprozesse ja auch nicht völlig zufällig, sie lassen sich eben doch zu einem gewissen Grad steuern. Je nachdem, wie gut zum Beispiel ein psychisches System in Gestalt eines bestimmten Schülers im Bewusstsein einer Lehrerin repräsentiert ist, d.h. wie genau eine Lehrerin den Lernstand dieses Schülers kennt, desto passgenauer und damit anschlussfähiger kann sie das Lernangebot gestalten. Der Schüler fühlt sich verstanden, weil seine Selbstwahrnehmung (*Selbstreferenz*) mit der Wahrnehmung durch die Lehrerin (*Fremdreferenz*) übereinstimmt.

Das Bildungssystem umfasst aber auch noch mehr als nur konkrete Interaktionen zwischen SchülerInnen und LehrerInnen, es umfasst zum Beispiel auch die Regelungen, die in Gesetzesvorgaben, Lehrplänen und Schulprogrammen festgeschrieben sind, und welche wiederum eine Umwelt für die Lehrkräfte darstellen, auf die diese wiederum selbstreferentiell und mit dem Ziel der Selbsterhaltung reagieren. So wie SchülerInnen nicht auf einen ganz bestimmten Lernweg gezwungen werden können, können Lehrkräfte nicht gezwungen werden, Vorgaben immer wie intendiert umzusetzen – zum Beispiel, weil es das mühsam aufgebaute Verständnis zwischen ihnen und ihren SchülerInnen behindern könnte. Das Bildungssystem stellt also eine Verschachtelung aus verschiedenen System-Umwelt-Beziehungen auf verschiedenen Ebenen dar (siehe auch Abschnitt 3.4).

Die systemtheoretische Sichtweise verdeutlicht damit, dass in Bildungssystemen geregelte (d.h. institutionalisierte) Bildungsprozesse sich immer in einem Mehrebenensystem vollziehen und entsprechend durch Faktoren und Merkmale auf diesen verschiedenen Ebenen beeinflusst werden können. Einige dieser Faktoren sind näher (*proximaler*) am Individuum, das den Bildungsprozess vollzieht, andere wiederum sind für das Individuum scheinbar gar nicht unmittelbar bedeutsam (*distale* Faktoren).

3.4 Merkmale und Effekte von Bildungssystemen

Auch nach diesem kurzen Überblick über die ausgewählten theoretischen Perspektiven auf Bildungssysteme haben wir noch keine Definition und konkrete Beschreibung der Ausgestaltung derselben an der Hand. Hartmut Esser (2016) und Helmut Fend (2008) nennen in ihren zusammenfassenden Beiträgen zu Bildungssystemen einige wichtige definitorische Bestandteile. Fend (2008) sieht das Bildungswesen als „institutionellen Akteur" der Menschenbildung, er schreibt: „Das Bildungswesen ‚produziert' seelische Strukturen von Kindern und Jugendlichen, es ‚erzeugt' Wertorientierungen und Fähigkeiten" (ebd., S. 30). Und weiter: „Bildungssysteme arbeiten an psychischen Strukturen und am Verhalten der jungen Generation. Sie leisten ‚Bewusstseinsarbeit', ‚Charakterarbeit' und ‚Kompetenzarbeit', die jeweils für das individuelle und kollektive Überleben in je spezifischen Gesellschaftsformen funktional ist" (ebd., S. 14). Die „Technologie" von Bildungssystemen, also das Ziel von Bildungssystemen und die Art und Weise, wie es erreicht wird, besteht in der Vermittlung (Internalisierung) von gesellschaftlichen Werten und Wissen.

Esser (2016) beschreibt das Bildungssystem als einen Funktionsbereich von Gesellschaften, der mit anderen Funktionsbereichen wie Wirtschaft, Politik und Wissenschaft in Austausch steht. Das Bildungssystem „besteht wie alle Funktionsbereiche in seinem Kern aus einem institutionell geregelten Interaktionssystem von typischen Akteuren. Die institutionellen Regeln für den Funktionsbereich der Bildung machen das jeweilige Bildungssystem aus" (Esser 2016, S. 337).

Es stellt sich also nun die Frage, wie diese institutionellen Regeln von Bildungssystemen typischerweise aussehen. Als Institutionen werden in der Soziologie Erwartungen über die Einhaltung bestimmter (verbindlicher) Regelungen (Esser 2002a, S. 2) verstanden (siehe auch Kapitel 4). Institutionen sind die Spielregeln einer Gesellschaft, sie begrenzen die Möglichkeiten des menschlichen Handelns in der Gesellschaft. Sie können formal festgeschrieben sein, zum Beispiel in Gesetzen oder in eher überlieferter Form als Traditionen und Normen das Handeln von Menschen leiten. In Bildungssystemen sind eine Reihe von Institutionen miteinander verbunden: die Schulpflicht, Lehrpläne, Schul- und Prüfungsordnungen, Pflichten für Lehrkräfte usw. Die zentralen institutionellen Aspekte oder Merkmale von Bildungssystemen lassen sich am besten ausmachen, wenn man Bildungssysteme vergleicht und Unterschiede in der Ausgestaltung beobachten kann. Esser (2016) fasst Ergebnisse früherer soziologischer Arbeiten zu den Merkmalen von Bildungssystemen zusammen und unterscheidet drei zentrale Aspekte von Bildungssystemen: *Input*, *Differenzierung* und *Organisation*. In Abbildung 3.2 ist dargestellt, welche konkreten Eigenschaften von Bildungssystemen unter diesen drei Aspekten zusammengefasst werden. Der Input beschreibt den „Umfang" (zeitlich, personell) und die Ressourcen im Bildungssystem. Die Differenzierung umfasst den Aspekt, der in vielen Forschungsarbeiten auch als „Stratifizierung" gefasst wird, also den Grad der Gliederung des (sekundären) Bildungsbereichs in verschiedene Bildungswege, Schulformen oder Curricula, sowie die Modalitäten der Zuweisung auf diese und des Wechsels zwischen ihnen – aber auch die individuellen Voraussetzungen und Folgen, die mit einem bestimmten Bildungsgang verbunden sind. Der Aspekt der Organisation bezieht sich auf die Frage, wie die tatsächlichen Vorgänge im Bildungssystem gestaltet werden können: zentral und hierarchisch gesteuert oder autonom, straff oder locker kontrolliert, kooperativ oder in Konkurrenz. Unter den Bereich der Organisation fällt also der Aspekt der *Standardisierung*, der zusammen mit der Stratifizierung in zahlreichen soziologischen Forschungsarbeiten als ein zentrales Merkmal von Bildungssystemen untersucht wurde (van de Werfhorst and Mijs 2010).

3. Was sind Bildungssysteme?

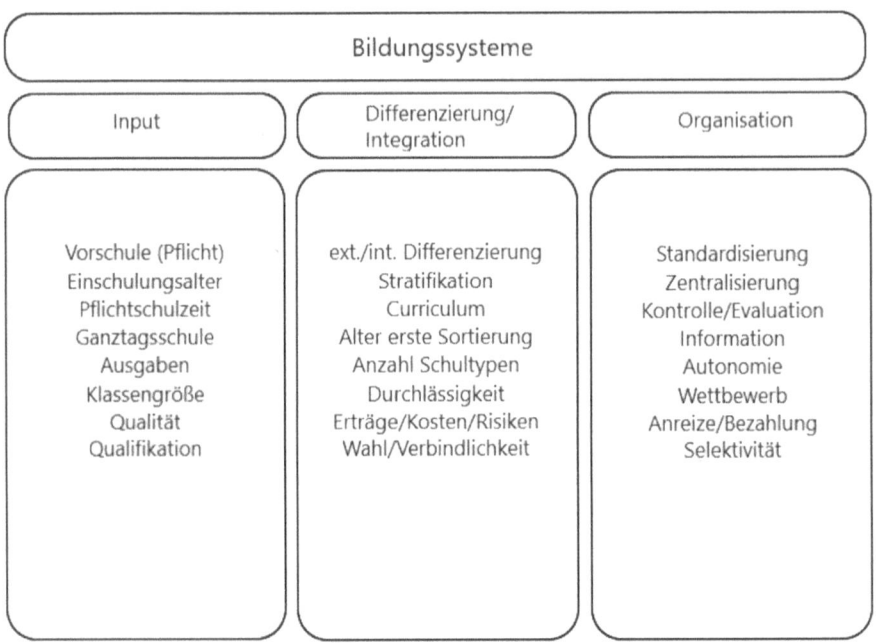

Abbildung 3.2: Zentrale Aspekte von Bildungssystemen, aus: Esser 2016, S. 335, eigene Darstellung

Seitdem erste internationale Vergleiche gezeigt haben, dass Bildungssysteme die ihnen zugedachten Ziele unterschiedlich gut erreichen (z.B. in Form von unterschiedlichen Kompetenzniveaus), wird der Frage nachgegangen, inwieweit Unterschiede in der institutionellen Ausgestaltung, etwa mit Blick auf die Aspekte des Inputs, der Differenzierung und der Organisation, mit Unterschieden in den Bildungsergebnissen in Zusammenhang stehen. Da Bildungssysteme ja verschiedene gesellschaftliche Funktionen übernehmen, produzieren sie auch verschiedene Ergebnisse von Bildung, anhand derer die Zielerreichung von Bildungssystemen beurteilt werden kann. Esser (2016) unterscheidet entsprechend drei unterschiedliche „Effekte", d.h. Ergebnisse oder Leistungen, von Bildungssystemen: das *Niveau* (z.B. den Durchschnitt der Kompetenzen, wie er in PISA berichtet wird, oder den Anteil der StudienanfängerInnen, oder auch das Niveau des politischen Wissens und Engagements von SchülerInnnen), die *Streuung* (in Bezug auf die Verteilung der Leistungen und Bildungsbeteiligungen innerhalb eines Landes und zum Beispiel den Abstand zwischen leistungsstarken und -schwachen Schülern), und die soziale (bzw. migrations- oder geschlechtsspezifische) *Durchlässigkeit* (der Grad, indem Bildungserfolg an soziale, migrantische oder geschlechtliche Herkunft gekoppelt ist). Der Blick auf das erste Leistungskriterium, das Niveau, gibt Auskunft über die *Effizienz* von Bildungssystemen. Die Ausprägung der Streuung zeigt, inwieweit das Kriterium der *Gleichheit* (Equality) erfüllt ist und die Durchlässigkeit sagt etwas aus über die verwirklichte *Gerechtigkeit* (Equity) in einer Gesellschaft.

Die erreichte Effizienz ist besonders aus bildungsökonomischer Perspektive interessant, dabei steht die Frage des Zusammenhangs zwischen Ressourceneinsatz (z.B. Bildungsausgaben) und erreichtem Niveau im Vordergrund. Der Schwerpunkt des soziologischen Interesses liegt hingegen auf dem Indikator der Durchlässigkeit und vor allem der Bedeutung, die die Differenzierung von Bildungssystemen für die Durchlässigkeit hat. Tatsächlich sind Bildungssysteme in industrialisierten Staaten notwendigerweise ab einem bestimmten Zeitpunkt differenziert, um spezifische Qualifikationen für die Vielzahl der gesellschaftlich benötigten Funktionen (Berufe) zu vermitteln. Hinzu kommt, dass es aus didaktischer Sicht sehr plausibel erscheint, Lerngruppen zu homogenisieren (vor allem hinsichtlich des Fähigkeitsniveaus), um Lernangebote effektiver und effizienter zu gestalten. Eine Reihe von Forschungsarbeiten hat sich mit den Folgen der (unterschiedlichen Formen von) Homogenisierung von Lerngruppen beschäftigt. Der überwiegende Teil der Studien kommt zu dem Schluss, dass eine Gruppierung nach Leistung die soziale Bildungsungleichheit erhöht (van de Werfhorst and Mijs 2010, siehe auch Kapitel 6) und die erwartete Anpassung des Unterrichts an das Niveau der Lerngruppe nicht erfolgt (Hattie 2002).

Die Analyse der Auswirkungen von Bildungssystemmerkmalen auf die Leistungen von Bildungssystemen ist jedoch nicht ganz einfach. Möchte man zum Beispiel die Effekte von verbindlichen Bildungsstandards auf das Niveau von Bildung untersuchen, stellt sich zunächst die Herausforderung, dass entweder verschiedene Bildungssysteme (mit unterschiedlichen Bildungsstandards) und deren jeweiliges Bildungsniveau verglichen werden müssten, oder die Veränderung von Bildungsstandards innerhalb eines Bildungssystems über die Zeit betrachtet werden muss. Letzteres Vorgehen erfordert also mehrere Leistungsmessungen innerhalb eines Landes – und eine Reform der Bildungsstandards zwischen diesen Messungen. Bei ersterem Vorgehen, dem Vergleich von Ländern mit unterschiedlichen Bildungsstandards und deren Leistungen *zu einem Zeitpunkt* (Querschnittperspektive), besteht das Problem, dass selbst, wenn ein systematischer Zusammenhang von Bildungsniveaus und Bildungsstandards festgestellt wird, nicht mit Sicherheit angenommen werden kann, dass es wirklich ursächlich die Bildungsstandards sind, die das Niveau beeinflussen. Häufig gibt es noch andere, nicht einbezogene Merkmale der Länder, die sowohl mit den Bildungsstandards als auch mit dem Bildungsniveau in Zusammenhang stehen und so den festgestellten Zusammenhang verzerren. Die Analyse des Einflusses von Bildungssystemmerkmalen auf Bildungsergebnisse ist deshalb weiterhin ein aktuelles Forschungsfeld innerhalb der soziologischen Bildungsforschung.

3.5 Personen und ihr Handeln in Bildungssystemen

Bislang wurden Funktionen, Leistungen und zentrale Merkmale (institutionelle Regelungen) von Bildungssystemen benannt. Noch nicht genauer beleuchtet ist allerdings weiterhin, wie die Leistungen – und auch die institutionellen Regelungen

– von Bildungssystemen eigentlich zustande kommen. Dafür braucht es eine Theorie, also eine Erklärung, des Bildungserwerbs, die die verschiedenen Ebenen von Bildungssystemen einbezieht – und eine Theorie der Entstehung von Institutionen. Zu letzterem leisten die in Abschnitt 3.3 beispielhaft dargestellten Theorien (Strukturfunktionalismus, Konflikttheorie und Systemtheorie) schon Beiträge, in der Konflikttheorie wird ja zum Beispiel angenommen, dass Bildungssysteme und ihre Institutionen so gestaltet werden, dass die herrschenden oder privilegierten Klassen ihre Position auf legitime Weise vererben können.

Es gehört zum Kerngeschäft der Soziologie, die Entstehung von Institutionen zu erklären, entsprechend finden wir auch hier unterschiedliche, teils gegensätzliche Positionen. Unterscheiden kann man die Ansätze zum Beispiel darin, welchen Einfluss sie dem Individuum beimessen. In den eher auf der Makroebene angesiedelten Theorien spielen die Individuen und ihre Handlungen eine geringere Rolle, die Gesellschaften entwickeln sich quasi „magisch" selbst. In der strukturfunktionalistischen Perspektive zum Beispiel entsteht das Bildungssystem, einfach weil es eine Funktion für die Gesellschaft erfüllt. Das System definiert Rollen für die einzelnen Mitglieder, die diese Rollen ausüben und die mit ihnen verbundenen Erwartungen verinnerlichen (internalisieren) und erfüllen. In den eher auf der Mikroebene angesiedelten Theorien entstehen die institutionellen Strukturen zum Beispiel „einfach" aus der Summe aller individuellen Handlungen (wie z.B. bei Abstimmungsergebnissen). Andere Ansätze wiederum nehmen eher an, dass Strukturen wie Regelungen in Bildungssystemen gar nicht objektiv, für alle Personen eindeutig und geteilt wahrgenommen, existieren, sondern nur in den persönlichen (subjektiven) inneren Konstruktionen (Weltsichten) der einzelnen Handelnden. Klar ist: Strukturen wie Regeln, Lehrpläne, Einschulungsalter etc. „fallen nicht vom Himmel". Sie werden ausgehandelt in politischen Prozessen und entstehen nach ihrerseits ausgehandelten Regeln (z.B. der Gesetzgebung). Die Umsetzung und Wirkung von Institutionen kann variieren, weil die in der Institution manifestierten Werte im Idealfall geteilt werden müssen, damit sie wirklich handlungsleitend werden. Zudem müssen die Handelnden womöglich zwischen verschiedenen Handlungsimperativen abwägen, so dass manche Regeln mehr oder weniger stark befolgt werden. Wie und warum Institutionen entstehen und wirken ist wiederum Gegenstand unterschiedlicher soziologischer Theorien und Analysen.

Möchte man nun diese unterschiedlichen soziologischen Überzeugungen auf das Funktionieren von Bildungssystemen anwenden, liefern die verschiedenen Positionen für sich genommen noch keine vollständige Perspektive. Weder ist Handeln in Bildungssystemen ausschließlich von institutionellen Regelungen vorgegebenes Rollenhandeln, noch ist es überzeugend, sich die Strukturen von Bildungssystemen als reine subjektive Konstruktionen vorzustellen (Fend 2008, S. 148).

In den neueren soziologischen Weiterentwicklungen der in Abschnitt 3.3 sehr knapp dargestellten theoretischen Positionen wurden die verschiedenen Annahmen über das Handeln von Menschen zusammengeführt. Dabei wird in aktuellen Theorien weder davon ausgegangen, dass Menschen eindeutige, allgemeine und gleiche Ziele (Präferenzen) und vollständige Informationen über die Konsequenzen ihres Handelns haben, noch dass Menschen nur in „Rollenaufträgen" und durch institutionelle Normen geleitet handeln, noch, dass Handeln gar nicht vorhersagbar ist, weil es immer wieder neu in Interaktionen subjektiv ausgehandelt wird.

Eine wichtige Grundlage einer Ausrichtung soziologischer Handlungstheorien ist das RREEMM-Modell des Menschen (Lindenberg 1985), das auf verschiedenen Annahmen aufbaut: Menschen handeln nicht instinktiv geleitet, sondern kognitiv und überlegend, sie haben Erwartungen über die Folgen ihres Tuns (sie sind *Expecting*). Zugleich haben Sie Ressourcen (z.B. Kompetenzen), die sie einsetzen können, jedoch nur unter den gegebenen situativen Bedingungen (diese können als Opportunitäten, d.h. Gelegenheiten, und Restriktionen, d.h. Beschränkungen, gefasst werden). Nicht jede Ressource (z.B. deutsche Sprachkenntnisse) ist allerdings in jedem Kontext (z.B. Land) hilfreich. Das RREEMM-Modell nimmt auch an, dass Menschen verschiedene Handlungsalternativen hinsichtlich ihrer Handlungsfolgen vergleichen und bewerten (sie sind *Evaluating*) und anschließend diejenige Handlung wählen, die als „beste", also den größten Nutzen erbringende, eingeschätzt wird. Der Nutzen soll also maximiert werden (*Maximizing*). Dies fasst das Modell zusammen: *Resourceful, Restricted, Expecting, Evaluating, Maximizing Man*.

Diese Sichtweise kann nun auch auf solche Personen angewendet werden, die in Bildungssystemen handeln und Bildungsergebnisse produzieren oder institutionelle Regelungen befolgen oder hervorbringen. Hartmut Esser unterscheidet zunächst drei Typen von Akteuren und Aktivitäten in Bildungssystemen: Kinder, die lernen, Lehrkräfte, die unterrichten und Eltern, die verantwortlich für ihre Kinder sind und etwa bei Schulwahlentscheidungen und der Unterstützung ihrer Kinder eine Rolle spielen (Esser 2016, S. 337f.). Im Bildungssystem, unter dem Esser ja die institutionellen Regeln in den Bereichen Input, Differenzierung und Organisation versteht, finden die drei Personengruppen unterschiedliche situative Bedingungen in Form von Handlungsgelegenheiten (Opportunitäten), Einschränkungen (Restriktionen) oder Anreizen vor. Für Lehrkräfte kann es zum Beispiel ein Anreiz sein, die eigenen Handlungen anzupassen, wenn der (wie auch immer definierte) Bildungserfolg ihrer SchülerInnen regelmäßig überprüft wird und das Ergebnis der Unterrichtsgestaltung der jeweiligen Lehrkraft zugerechnet wird. Für die Eltern ergeben sich je nachdem, wie viel Einkommen ihnen zur Verfügung steht oder wie viel Erfahrung sie mit bestimmten Bildungswegen haben, unterschiedliche Handlungsspielräume bei der Schulwahl ihrer Kinder (Opportunitäten). Die Kinder wiederum finden im Unterricht unterschiedliche Gelegenheiten und Angebote zum Lernen. Die institutionellen Regelungen des Inputs, der Differenzierung und der Organisation geben also Handlungsmöglichkeiten und Einschränkungen vor, zum Beispiel, weil sie den Eltern die Gelegenheiten geben, zwischen verschiedenen Schulformen zu wählen oder weil die Prüfungsmodalitäten für LehrerInnen mit mehr oder weniger Konsequenzen verbunden sind.

Zwar lassen sich über die institutionellen Regelungen bestimmte Handlungen (z.B. von Lehrkräften) verhindern oder provozieren, trotzdem kann man die Prozesse in Bildungssystemen nicht allein durch diese institutionellen Regelungen verstehen. Anders gesagt: man kann sich nicht vollständig auf die institutionellen Regeln verlassen, denn sie werden unter Umständen nicht oder nur abgewandelt befolgt. Der Grund liegt darin, dass nicht alle im Bildungssystem beteiligten Handelnden das gleiche Ziel verfolgen. Oben wurde mit Blick auf das RREEMM-Modell konstatiert, dass Menschen aus den ihnen zur Verfügung stehenden Handlungsalternativen diejenige auswählen, die für sie mit dem höchsten Nutzen verbunden ist[14]. Was konkret jedoch als Nutzen verstanden wird, kann variieren. Es kann einer Schülerin zum Beispiel sehr nützlich vorkommen, den Nachmittagsunterricht zu schwänzen und damit Anerkennung für ihr rebellisches Verhalten durch ihre MitschülerInnen zu gewinnen. Wie können wir also verstehen, was für die jeweilig Handelnden gerade nützlich und erstrebenswert scheint? Welche verschiedenen Nutzen können sich für die unterschiedlichen Handelnden in Bildungssystemen ergeben?

Die Theorie der sozialen Produktionsfunktionen (Esser 1999, S. 91ff.; Lindenberg 1984, 1986) bietet eine Möglichkeit, die Präferenzen von Personen zu verstehen. Der Grundgedanke der Theorie sozialer Produktionsfunktionen ist, dass individueller Nutzen alles ist, was der Erhaltung des eigenen Organismus dient. Die Theorie sozialer Produktionsfunktionen geht grundsätzlich davon aus, dass Menschen ihre eigenen Existenz- und Funktionsbedingungen produzieren und zwar durch die Verfolgung zweier universaler Ziele: physisches Wohlbefinden und soziale Anerkennung. Die beiden Grundbedürfnisse stehen als letzte Motivation hinter allem Handeln von Personen. Um sie zu erreichen, müssen Ressourcen erworben werden – zum Beispiel Geld, um Essen oder Statussymbole zu kaufen. Die Ressourcen (z.B. Bildung, Status, Einkommen, Freundschaftsbeziehungen) stellen also ihrerseits Ziele des Handelns dar, sie werden als Zwischengüter oder instrumentelle Ziele bezeichnet. Um die beiden universalen Ziele zu verfolgen, müssen sich Menschen Güter, Ressourcen oder Eigenschaften aneignen, die erstens dem eigenen Organismus guttun und die zweitens von anderen anerkannt und geschätzt werden. Welche Güter und Ressourcen das sein können, ist gesellschaftlich definiert und kann sich unterscheiden und verändern (Esser 1999, S. 100). So haben wir im vorherigen Kapitel gesehen, dass sich die Bedeutung von Bildung (also der Nutzen von Bildung) über die Zeit verändert hat und Bildung an Wert gewonnen hat in der Wissensgesellschaft. Der Wert der Zwischengüter in Bezug auf ihren Beitrag für die universalen Ziele Wohlbefinden und Anerkennung wird durch die jeweilige Gesellschaft und ihre Institutionen, d.h. ihre „Spielregeln" wie Werte und Normen, festgelegt (Esser 1999, S. 103). Das heißt, dass zum Beispiel der LehrerInnenberuf in verschiedenen Ländern mit unterschiedlich hohem Einkommen einhergeht und unterschiedlich anerkannt ist, oder dass ein Schulabbruch mit mehr oder weniger Konsequenzen verbunden ist, so dass der Beruf des/der LehrerIn oder der Schulabschluss für die Personen unterschiedlichen Wert für ihr Wohlbefinden mit sich bringt.

Um zu verstehen, wie die drei Gruppen Kinder, Lehrkräfte und Eltern handeln und wie sich möglicherweise auch ihr Handeln beeinflussen lässt (z.B. mit dem Ziel, das Bildungsergebnis zu verbessern), muss man berücksichtigen, dass die

---

14 Dies ist die Annahme der soziologischen Erweiterungen der ökonomischen „rational choice"-Theorien, zum Beispiel der Werterwartungstheorie (siehe Kapitel 6).

Handelnden sich immer in komplexen und unterschiedlichen Situationen befinden. Eltern haben zum Beispiel ein unterschiedlich hohes Einkommen und unterschiedliches Wissen über das Bildungssystem aufgrund ihrer eigenen Erfahrungen, so dass sie ihre Kinder unterschiedlich gut unterstützen können und unterschiedliche Erwartungen an die Bildung ihrer Kinder haben (siehe auch Kapitel 6). Deshalb entscheiden sich Eltern mit mehr oder weniger Einkommen und Bildungserfahrung oft unterschiedlich bei der Schulwahl. Für SchülerInnen erscheint manchmal die Anerkennung von MitschülerInnen als ein sehr viel dringlicheres Problem als der Nutzen eines in weiter Ferne liegenden Schulabschlusses. Helmut Fend (2008, S. 74) macht deutlich, wie sich das soziale Miteinander innerhalb von Schulen unterscheiden und so zu unterschiedlichen (Lern-)Aktivitäten führen kann:

> „Die Peers können (1) Schutz vor den Zumutungen der Schule bieten, sie sind (2) wichtige Lernfelder für den Kompetenzerwerb und sie sind (3) wichtige Orte der Befriedigung von Grundbedürfnissen der Zugehörigkeit und Geltung. Schulklassen als Kontexte der Sozialisation können aber auch das Gegenteil sein: (1) sozialer Ort der Abwehr von offiziellen schulischen Lernangeboten, (2) ‚Brutstätten' der Einübung in Devianz und Primitivkulturen sowie (3) Orte des Mobbings, der Demütigungen und der Ausstoßungserfahrungen".

Auch Lehrkräfte können sich nicht immer uneingeschränkt ihrem Unterricht widmen, sie können zum Beispiel die Befürchtung haben, dass ihr Wohlbefinden aufgrund sich verändernder Aufgaben leiden könnte, weil sie mehr Arbeitszeit aufwenden müssen. Die eigene Frei- bzw. Arbeitszeit wird dabei zum höher bewerteten Ziel als die Ausführung der (neuen) Arbeitsanforderungen.

Auch für SchulleiterInnen, die häufig für die Einhaltung bestimmter (neuer) institutioneller Regelungen Sorge tragen müssen, gilt, dass sie ihre soziale Anerkennung und ihr Wohlbefinden meistens nicht dadurch sichern, dass sie alle von oberen (politischen) Ebenen eingeführten Regeln bedingungslos durchsetzen. Schließlich ist es so, dass die institutionellen Regelungen von Bildungssystemen selbst das Ergebnis von Verhandlungen und – nicht immer konfliktfreien – Auseinandersetzungen sind. Um bildungspolitische Veränderungen wird häufig viel gestritten, so dass diejenigen, die schließlich durchgesetzt werden, sehr wahrscheinlich nicht von allen Handelnden gutgeheißen werden. Lehrkräfte und SchulleiterInnen handeln dann zwar meistens weiter entsprechend ihrer formalen Rollenanforderungen (als BeamtInnen), neben dem Rollenhandeln bleibt aber immer Raum für weitere Handlungen, die die letztlich angestrebten Lernergebnisse ebenso entscheidend beeinflussen können. In vielen Forschungsarbeiten hat sich gezeigt, dass zum Beispiel die Schulkultur einen wichtigen Einfluss auf verschiedene lernbezogene Aktivitäten hat. Zur Schulkultur gehören die Beziehungsformen zwischen SchülerInnen, LehrerInnen und Schulleitung, die die „Gestaltung von Nähe und Distanz" prägen (Fend 2008, S. 68). Diese Beziehungen hängen stark von persönlichem Engagement ab, das meist nicht in Rollenanforderungen „erzwungen" werden kann (siehe dazu auch die Ausführungen zu informellen Strukturen von Organisationen im folgenden Kapitel).

Helmut Fend hat die komplexen Situationen, die sich für die unterschiedlichen Personen auf unterschiedlichen Ebenen und an unterschiedlichen Orten im Bildungssystem ergeben können mit dem Konzept der *Rekontextualisierung* beschrieben. Mit dem Begriff soll verdeutlicht werden, dass das Handeln von Personen im Bildungssystem zwar ein durch Institutionen definiertes Rollenhandeln ist, das aber „subjektive Beteiligung, [.] Wahrnehmungen, [.] Verantwortungsbereitschaft und [.] Fähigkeiten" (Fend 2008, S. 175) erfordert, weshalb es zu Abweichungen von dem erwarteten, durch die Institutionen vorgegebenen, Handeln kommt. Die institutionellen Regelungen werden für die Handelnden zu situativen „Umwelten" (Handlungsgelegenheiten oder Restriktionen), die auf den jeweiligen Ebenen[15] „anschlussfähig" werden müssen, d.h. verstanden und akzeptiert werden und umsetzbar erscheinen müssen. Rekontextualisierung meint, dass die Institutionen durchaus wirksam sind, dass sie aber jeweils adaptiert und übersetzt werden entsprechend der lokalen und situativen Bedingungen.

Mit diesen theoretischen Überlegungen kann nicht nur das grundlegende Handeln (das Bereitstellen und Annehmen von Lerngelegenheiten) innerhalb von Bildungssystemen erklärt werden. Es ist auch möglich, nachzuvollziehen, warum neue institutionelle Regelungen (z.B. in Form von neuen Lehrplänen) nicht immer zu den beabsichtigten Folgen führen. Man kann mit diesen prinzipiellen Annahmen auch verstehen, unter welchen Bedingungen neue institutionelle Regelungen – im Bildungssystem und anderswo – zustande kommen: vorangetrieben durch Lobbygruppen, ausgearbeitet von wissenschaftlichen MitarbeiterInnen und ReferentInnen in Ministerien, verhandelt in Parlamenten, beschlossen von Regierungen. Das heißt, um Regeln zu schaffen braucht es eine Idee, die auf verschiedenen Ebenen (in verschiedenen Umwelten) die jeweils betroffenen Personen und RollenträgerInnen (Systeme) überzeugen muss. Auch dort haben die Personen jedoch wiederum begrenzte Ressourcen und Handlungsgelegenheiten, sind auf Anerkennung angewiesen und verfolgen unter Umständen eigene Ziele. Die Regelung, die dann am Ende beschlossen, eingeführt und umgesetzt (oder auch nicht) wird, ist also auch nicht immer die, die zu Beginn des Prozesses beabsichtigt oder gewünscht war.

Fragen und Aufgaben zur Wiederholung

- Bildungssysteme sind zentrale Funktionsbereiche von modernen Gesellschaften. Was genau sind ihre Funktionen?
- Welches sind die zentralen Merkmale von Bildungssystemen?
- Anhand welcher Kriterien lassen sich die Leistungen von Bildungssystemen beurteilen?
- Welche Personen handeln in Bildungssystemen? Was sind ihre jeweiligen (typischen) Ziele und Interessen?

---

15 Als Ebenen können unterschieden werden: die Bildungspolitik, die Bildungsverwaltung, die Einzelschule, der Unterricht, die Lehrkraft und die SchülerInnen.

Literaturempfehlungen

Esser, H. (2016): Bildungssysteme und ethnische Bildungsungleichheiten. In: Diehl, C./Hunkler, C./Kristen, C. (Hrsg.): Ethnische Ungleichheiten im Bildungsverlauf: Mechanismen, Befunde, Debatten. Wiesbaden: Springer Fachmedien, S. 331–396.

Fend, H. (2008): Neue Theorie der Schule. Wiesbaden: VS Verlag für Sozialwissenschaften.

Helbig, M./Nikolai, R. (2015): Die Unvergleichbaren. Der Wandel der Schulsysteme in den deutschen Bundesländern seit 1949. Bad Heilbrunn: Klinkhardt.

van Ackeren, I./Klemm, K./Kühn, S. M. (2015): Entstehung, Struktur und Steuerung des deutschen Schulsystems. Wiesbaden: Springer Fachmedien.

Weymann, A. (2016): Bildungsstaat: Aufstieg – Herausforderungen – Perspektiven. Wiesbaden: Springer-Verlag.

4. Was sind Schulen?

> **Zusammenfassung**
>
> Die in Kapitel 3 beschriebenen Handlungen von Personen in Bildungssystemen und die „Leistungen" von Bildungssystemen finden konkret in Schulen statt. In diesem Kapitel wird daher aus soziologischer Perspektive beschrieben, was Schulen sind, nämlich Organisationen. Dabei geht es zunächst um allgemeine Merkmale von Organisationen und anschließend um die Besonderheiten der Organisation Schule. Anschließend an die Ausführungen des vorherigen Kapitels wird in diesem Kapitel noch deutlicher, warum die „Produktion" von Leistungen in Bildungssystemen häufig nicht „wie geplant" verläuft, sondern störungsanfällig ist.

In Kapitel 3 wurde gezeigt, wie Bildungssysteme beschrieben werden können und anhand welcher Kriterien man ihre Leistungen und Wirkungen bewerten kann. Außerdem wurden theoretische Überlegungen präsentiert, mithilfe derer das Handeln in Bildungssystemen verstanden werden kann. Systematisches Wissen über die allgemeine Beschaffenheit von Bildungssystemen als Ganzes ist auch wichtig, um ihre Veränderbarkeit und die Folgen von Reformen einschätzen zu können. Da Bildungssysteme zentrale Funktionen für Gesellschaften übernehmen und sich die „Überlebensbedingungen" von Gesellschaften ständig verändern, verändern sich auch die Anforderungen an Bildungssysteme, weshalb institutionelle Regeln mehr oder weniger ständig angepasst werden oder zur Disposition stehen. Um noch besser verstehen zu können, wie Leistung in Bildungssystemen erbracht wird und institutionelle Regelungen umgesetzt oder nicht umgesetzt werden, sollte man noch einen genaueren Blick auf Schulen als Elemente bzw. Ebene von Bildungssystemen werden. Schulen sind die Orte, an denen die Leistungserbringung von Bildungssystemen tatsächlich stattfindet und an denen die Vorgaben des Bildungssystems auf die einzelnen Handelnden treffen und verarbeitet werden. Entsprechend stehen Schulen im Fokus von allen Diskussionen um die Erwartungen, die an die öffentliche Bildung gestellt werden: Die Schulen und Lehrkräfte schließlich sind es, die verantwortlich gemacht werden für (unter anderem) den Lern- und Teilhabeerfolg der SchülerInnen.

Um solche Diskussionen um Anforderungen an die Schule und Lehrkräfte bewerten zu können und einzuschätzen, wie sich Prozesse in Schulen steuern und verändern lassen, braucht es ein grundlegendes Verständnis von Schulen und ihren allgemeinen Wesensmerkmalen. Die Soziologie bietet mit ihren allgemeinen theoretischen und empirischen Erkenntnissen zu Organisationen und ihren Funktionsweisen auch hier wichtige Orientierung, denn Schulen sind *Organisationen*. Deshalb sollen in diesem Kapitel die Merkmale von Schulen als Organisationen beleuchtet werden. Schulen in ihren Eigenschaften als Organisation zu betrachten, hilft, typische (schulische) Phänomene zu verstehen und Möglichkeiten und Grenzen des Handelns in der Schule einzuschätzen. In der Organisation Schule konkretisiert sich für das pädagogische Handeln die Gesellschaft in Form von Rahmenbedingungen für den Schulalltag. Solche Rahmenbedingungen ergeben sich zum Beispiel aus der Bevölkerungszusammensetzung, den gesellschaftlichen Erwartungen an Bildung (die unter anderem in Schulgesetzen institutionalisiert sind) und den gesellschaftlichen Ressourcen in Form von Bildungsausgaben und sonstigen Zuwendungen. Der ständige gesellschaftliche Wandel (z.B. durch Zuwanderung) wird an die Schulen herangetragen und muss in die eigentliche Bearbeitung des Ziels (Bildung und Erziehung) aufgenommen werden – wie etwa das Beispiel Inklusion zeigt. Es kann gewöhnungsbedürftig sein, eine Organisationsperspektive auf Schulen einzunehmen, vor allem, wenn man sich der Schule bislang unter dem Aspekt der „Einzelschule" oder der lokalen Schule genähert hat, und einem die Verallgemeinerung von Merkmalen von und Prozessen in Schulen nicht angemessen oder zielführend erscheint. Außerdem kann es gewöhnungsbedürftig sein, den Kernprozess an der Schule – Lernen durch Interaktion – in seiner Organisiertheit zu analysieren, wenn Interaktion doch immer sehr individuell oder auf persönlichen Beziehungen beruhend erscheint. Eine große Rolle spielt die Analyse von Organisationen zum Beispiel in der Schulentwicklungsforschung. Die Organisationsforschung ist interdisziplinär, aber die soziologische Perspektive nimmt eine Leitstellung ein, weil sie Organisationen nicht im Hinblick auf die Erfüllung einer bestimmten Funktion (wie Bildung aus der Perspektive der Erziehungswissenschaft oder Profit aus der Perspektive der Ökonomie) untersucht, sondern in ihrem Verhältnis zur Gesellschaft allgemein und fragt, wie Organisationen sich herausbilden, strukturieren und weiterentwickeln (Tacke 2004).

4.1 Was sind Organisationen?

Wir haben in Kapitel 2 schon ein Etikett kennengelernt, mit dem moderne Gesellschaften beschrieben werden können, nämlich als Wissensgesellschaften. Ein weiteres Etikett, das zuweilen gebraucht wird, ist die „Organisationsgesellschaft". Diese Bezeichnung will darauf hinweisen, dass moderne Gesellschaften durch die Einrichtung von zahlreichen unterschiedlichen Organisationen, in denen zentrale, für die Aufrechterhaltung von Gesellschaften notwendige Aufgaben erledigt werden, „funktionieren". Moderne Gesellschaften brauchen also Organisationen, die – als „ausführende Organe" der großen gesellschaftlichen Teilbereiche wie Rechtssystem, Politik und Wirtschaft – fungieren. Anders gesagt: unsere Lebenswelten sind entscheidend durch Organisationen geprägt. Wirtschaftsunternehmen und Firmen sind beispielsweise Organisationen, aber auch staatliche Einrichtungen wie Ministerien, Verwaltungen oder die Polizei – und eben Schulen, Universitäten und sonstige Dienstleistungseinrichtungen, wie Krankenhäuser oder Altenheime. Dazu kommen Gewerkschaften, Vereine, Parteien und Verbände. Damit wird deutlich, wie sehr unsere Gesellschaften und unser Leben durch Organisationen geprägt sind. Die soziologische Organisationsperspektive versucht, Gemeinsamkeiten dieser so unterschiedlichen Einrichtungen zu identifizieren und hervorzuheben, um typische Prozesse innerhalb von Organisationen verstehen und vorhersagen – und damit auch verändern – zu können (z.B., um mehr Profit zu erwirtschaften, mehr Mitglieder zu gewinnen, oder bessere SchülerInnen auszubilden) – um damit letztlich gesellschaftliche Herausforderungen besser bewältigen zu können.

Organisationen sind also spezifische soziale Gebilde und damit Elemente von Gesellschaften, die besondere Phänomene und daraus resultierende Fragestellungen (z.B. für die Soziologie) hervorbringen. Sie sind „Einheiten" in denen zweckmäßig gehandelt wird, in denen also irgendein Ziel, eine Aufgabe, verfolgt wird. Organisationen brauchen einen solchen Zweck, um ihre Existenz – und die für ihren Erhalt eingesetzten Ressourcen – zu rechtfertigen (Apelt 2016, S. 18). Abstrakter formuliert sind Organisationen „ein System von miteinander verketteten Entscheidungen [.]. Die Organisation ist ein Handlungskontext, in dem unterstellt wird, dass etwas zu entscheiden ist" (Corsten 2011, S. 168).

In der Regel sind Organisationen zur Erfüllung ihres Zwecks arbeitsteilig strukturiert, es gibt also bestimmte Positionen in ihnen (GeschäftsführerInnen, PförtnerInnen, PraktikantInnen), oft ist diese Struktur auch hierarchisch. Organisationen zeichnen sich weiterhin vor allem dadurch aus, dass sie Mitglieder haben und dass die Mitgliedschaft auf eine bestimmte Weise definiert ist (z.B. mit einem Vertrag, einer Satzung oder durch eine gesetzmäßige Pflicht). Auf diese Weise können Organisationen auch abgegrenzt werden, zum Beispiel von ihren Nicht-Mitgliedern. Diese gehören dann zur Umwelt der Organisation. Im Rahmen ihrer Mitgliedschaft werden Erwartungen an die Mitglieder gestellt. Diese stehen in Verbindung mit der Erfüllung des Organisationsziels und müssen von den Mitgliedern erfüllt werden oder können zumindest nicht offen abgelehnt werden, ohne dass Sanktionen (z.B. Verweis oder Entlassung) befürchtet werden müssen. Verbindliche formale Erwartungen können schriftlich festgelegt werden, zum Beispiel in Arbeits- oder Mitgliedschaftsverträgen (Tacke 2015). Organisationen sind auch die Orte in modernen Gesellschaften, in denen Hierarchien (z.B. zwischen GeschäftsführerIn und AssistentIn) noch zum Normalfall gehören und anerkannt und akzeptiert werden).

Organisationen werden auch als „soziale Systeme" bezeichnet. Das bedeutet, dass sie eine Art Schema oder Gebilde darstellen, in denen die in ihnen handelnden Personen – die Mitglieder – wissen, was sie zu tun haben und was sie von den anderen Mitgliedern erwarten können. Die Mitglieder handeln also in „Rollen". Soziale Rollen sind die Erwartungen (Pflichten), die an den Inhaber oder die Inhaberin einer bestimmten sozialen Position (z.B. GeschäftsführerIn oder SchulleiterIn) gerichtet werden (Esser 2002a, S. 141). Das Konzept der sozialen Rolle ist grundlegend für die Soziologie: Die Soziologie interessiert sich für Gesellschaften und deren Funktionieren, deshalb interessiert sie sich notwendigerweise für die die Gesellschaft „herstellenden" Individuen – aber nicht für deren höchst individuelle Interessen und Handlungsmotive, sondern eben für die Gesellschaft machenden („sozialen") Handlungen, und das ist häufig Rollenhandeln. Gesellschaften funktionieren unter anderem durch in ihnen geltende, Ordnung schaffende, „Spielregeln" – in der Sprache der Soziologie „Institutionen" – und Rollen sind eine Form dieser Spielregeln. Rollen sind daher nichts anderes als „Normen" (Esser 2002a, S. 144). Manche dieser Normen gelten über die einzelne Organisation hinaus für alle vergleichbaren Positionen in Organisationen eines bestimmten Typs, also zum Beispiel Erwartungen, die grundsätzlich an Lehrkräfte gestellt werden (dass sie pünktlich sein sollen, kompetent, einfühlsam, über einer gewisse Autorität verfügen sollen usw.).

In der Regel werden Personen freiwillig Mitglieder von Organisationen (wir werden unten sehen, dass das nicht für alle Mitglieder aller Organisationen gilt). Gerade durch diese Freiwilligkeit und die Definition von Rollen für Mitglieder bzw. Positionen können in Organisationen auch solche Handlungen organisiert werden, die unabhängig von den persönlichen Interessen und Motiven ihrer Mitglieder sein können. Das macht die Organisation leistungsfähig. Wem seine Rolle „nicht passt", der kann die Organisationen ja verlassen (und sich z.B. einen neuen Job suchen).

Aus der Gesamtheit der Positionen und zugehörigen Rollen ergibt sich das Programm der Organisation, das zum Beispiel mit Organigrammen oder Arbeitsplatzbeschreibungen dargestellt werden kann. Dieses Programm wird auch als formale Struktur bzw. Formalstruktur der Organisation bezeichnet („formal" kann hier als „offiziell" verstanden werden).

Nun ist es nicht so, dass mit der Kenntnis der formal – zum Beispiel per Vertrag und Aufgabenbeschreibung – festgeschriebenen Positionen und des Ziels einer Organisation das Geschehen innerhalb einer Organisation schon ausreichend beschreibbar und vorhersagbar wäre. Auch hier kann man sich nicht immer darauf verlassen, dass es genau läuft wie vorgesehen. Denn über die offiziellen Regeln und Aufgaben hinaus gibt es in der Regel in jeder Organisation auch noch gewisse informelle Strukturen (z.B. persönliche Beziehungen) und spezifische inoffizielle Rollen, die sich herausbilden, und die wiederum den Erfolg der Zielerreichung in einer Organisation beeinflussen können (z.B. den jungen, unkonventionellen Kollegen, der gut mit einigen „ProblemschülerInnen" kann, oder die alleinstehende Kollegin, die häufig als Begleitung für Klassenfahrten zur Verfügung steht). Die informelle Struktur einer Organisation ergibt sich nicht aus dem offiziellen Organisationsziel, sondern aus dem Umstand, dass die Organisationsmitglieder neben RollenträgerInnen auch Menschen sind. Die unterschiedlichen Handelnden in einer Organisation können also unterschiedliche (private) Interessen und auch unterschiedliche Macht haben (z.B. aufgrund ihres Prestiges oder spezifischen Wissens), und diese Umstände prägen das tatsächliche Geschehen in der Organisation. Gerade diese informellen Strukturen machen das Verständnis von Organisationen zwar komplexer, aber auch besonders interessant. Die informellen Strukturen entstehen auch, weil nicht immer für jede in einer Organisation auftretende Entscheidungssituation eine Routine oder Regel festgeschrieben werden kann. In solchen Ausnahmesituationen muss dann aber trotzdem gehandelt werden, dabei helfen dann auch die inoffiziellen Rollen (z.B., weil es eine besonders diplomatische Kollegin gibt, die einen Konflikt gut schlichten kann, oder weil es erfahrene Kollegen gibt, die aus ähnlichen vorherigen Situationen Einschätzungen abgeben können).

Die informelle Struktur gehört also als Merkmal von Organisationen dazu, weil ohne sie das Geschehen in einer Organisation in der Regel nicht ausreichend zu verstehen und beschreiben ist. Die informelle Struktur, zum Beispiel das Vertrauen oder die Abneigung von MitarbeiterInnen untereinander, oder die Identifikation mit den Organisationszielen im Sinne einer *Corporate Identity*, können das „Funktionieren" und Überleben von Organisationen entscheidend beeinflussen.

Die informelle Struktur verdeutlicht auch ein grundsätzliches Problem von Organisationen (und damit der Gesellschaften in deren „Dienst" sie stehen): die Sicherung der Zielerreichung und Aufgabenerfüllung – oft entgegen den privaten Interessen der Mitglieder, die vielleicht lieber Eis essen gehen würden, wegen ihrer kleinen Kinder immer müde sind, oder einfach von ihrer Aufgabe gelangweilt sind. Andererseits macht die Unabhängigkeit der Organisationen von persönlichen, privaten Interessen durch die festgeschriebenen Rollen sie auch besonders leistungsfähig und damit so zentral für moderne Gesellschaften (Esser 2002a, S. 239).

Oben wurde bereits auf die Umwelt von Organisationen verwiesen, die zum Beispiel aus den Nicht-Mitgliedern besteht. Zur Umwelt von Organisationen gehören grundsätzlich „die Gegebenheiten, mit denen sich die Organisation als ein sich reproduzierendes soziales Gebilde auseinandersetzen muss, aus denen es die Mittel bezieht, die es zu seiner Reproduktion braucht und die die Bedingungen für ihre Reproduktion" vorgeben (Esser 2002a, S. 241). Zur Umwelt gehören also zum Beispiel tariflich festgesetzte Lohnhöhen, die geltenden Gesetze, auf denen Arbeitsverträge beruhen, aber auch Normen wie die Repräsentation aller Geschlechter im Vorstand oder eine ressourcenschonende Produktion. Die oben beschriebenen informellen Strukturen – zum Beispiel Freundschafts- oder Feindschaftsbeziehungen zwischen MitarbeiterInnen – können zur „inneren Umwelt" einer Organisation gezählt werden (Esser 2002a, S. 243).

Ein weiteres Merkmal von Organisationen ist schließlich und in diesem Zusammenhang ihre „Rationalität". Rationalität bedeutet, dass die Ziele der Organisation unter optimalem Mittel- und Ressourceneinsatz erreicht werden sollen. Was jedoch tatsächlich als „rational" gilt, ist gesellschaftlich ausgehandelt, d.h. rational muss nicht immer das sein, was rein ökonomisch effizient wäre. Die sogenannte institutionalistische Perspektive innerhalb der Organisationsforschung hat deutlich gemacht, dass es jeweils gesellschaftliche Vorstellungen von Rationalität gibt und die Organisationen sich in ihrer Ausgestaltung diesen Rationalitätsvorstellungen anpassen (Koch 2009, S. 114). Die sichtbare Anpassung von Organisationen an Erwartungen der Umwelt wird für die Organisation zur Ressource, da sie dadurch als effizient und leistungsfähig angesehen wird und damit ihr Überleben (etwa durch weiteren Zufluss von Ressourcen) sichert (Houben 2019, S. 154). Diese Perspektive unterscheidet sich von anderen (organisations-)soziologischen Perspektiven wie dem Funktionalismus, der davon ausgeht, dass Organisationen deshalb existieren, weil sie tatsächlich funktional für die Aufrechterhaltung von Gesellschaft sind – nicht nur weil sie in der Gesellschaft als legitim gelten, also anerkannt sind. Zuweilen können anerkannte Organisationen und Organisationsziele mehr einen Glaubens- als einen Wissenscharakter haben. In der Theorie wird dies mit dem Begriff „Mythos" bzw. „Rationalitätsmythos" beschrieben. Damit werden Annahmen über „Rationalität" beschrieben, die mehr oder weniger unhinterfragt oder nicht überprüft sind, jedoch trotzdem „gelten" und anerkannt sind und deshalb von den Organisationen übernommen werden.

Legitim ist etwas, wenn es den Erwartungen entspricht. Solche Erwartungen, die sich als allgemeingültig herauskristallisieren werden bekanntermaßen in der

Soziologie als Institutionen bezeichnet – deshalb wird diese Perspektive auf Organisationen als institutionalistisch bezeichnet. Die in Institutionen verfestigten Erwartungen können unterschiedliche Formen annehmen. Sie können regulativ und bindend wirken (wie z.B. Schulgesetze) oder normativ sein (wie Erwartungen, die von LehrerInnen- oder Elternverbänden formuliert werden) oder etwas weniger greifbar als „kognitiv-kulturelle" Vorstellungen – zum Beispiel darüber, dass Erziehung ohne Gewalt auskommen soll – existieren (Scott 1995).

Die institutionalistische Sichtweise auf Organisationen nimmt also an, dass Organisationen in ihrer Ausgestaltung und Entwicklung durch die Gesellschaft und die darin vorherrschenden Werte und Erwartungen beeinflusst werden, deshalb ähneln sich Organisationen innerhalb eines Feldes (z.B. einer Branche) auch oft, weil sie sich denselben Erwartungen anpassen. Dieses Phänomen wird als „Isomorphismus" bezeichnet. Mit der Anpassung an die gesellschaftlichen Erwartungen erhöhen die Organisationen ihre Überlebenschancen, denn Organisationen brauchen für ihren Erhalt Ressourcen aus der Gesellschaft (z.B. Arbeitskraft oder auch finanzielle Zuwendungen aus öffentlichen Haushalten). Schwierig wird es für die Organisationen, wenn die an sie aus der Umwelt herangetragenen Erwartungen widersprüchlich sind – oder einfach „zu viel". Trotzdem müssen die Organisationen dann reagieren, um ihre Legitimation weiterhin abzusichern und sie tun dies – so die institutionalistische Theorie – zuweilen indem sie sich nach außen auf die Anforderung einstellen, zum Beispiel durch eine „symbolische" Handlung wie die Ernennung einer Gleichstellungsbeauftragten oder das Veröffentlichen eines Schulprogramms auf der Webseite. Nach innen verändern sie jedoch ihr Programm (die „Aktivitätsstruktur"), also das zweckgerichtete Handeln in der Organisation, nicht. Diese „Fassade" wird auch als *zeremonielle Kopplung* oder Entkopplung (De-Coupling) bezeichnet (Meyer/Rowan 1977). Von anderen AutorInnen wurde dieses Phänomen auch als Unterschied zwischen „talk" und „action" (Brunsson/Olsen 1993) beschrieben. Kritisiert wurde an dieser Perspektive unter anderem, dass nicht genauer beschrieben wird, wie denn der Prozess der „Verschleierung" des inneren Programms vonstattengeht. In der Realität ist es wahrscheinlich, dass eine Veränderung der Formalstruktur zumindest mit einer Irritation des inneren Programms einhergeht, eine völlige Entkopplung ist auf Dauer nicht möglich.

4.2 Die Schule als Organisation

Organisationen können in ganz verschiedenen Formen existieren, die Schule ist eine davon – mit besonderen Merkmalen, die sie von anderen Organisationen unterscheidet. In der Regel findet pädagogisches Handeln (außerhalb der Familie) in Organisationen statt. Die Schule „organisiert" Interaktionen zum Zweck der Bildung und Erziehung. Betrachtet man die Schule aus der Organisationsperspektive werden bestimmte Eigenheiten deutlich. Das Ziel der Schule als Organisation ist klar: Bildung und Erziehung, in Erfüllung der Lehrpläne und der weiteren „Funktionen" von Bildungssystemen. Die Erfüllung dieser Ziele erfordert – wie in allen Organisationen – bestimmte Positionen oder „Rollen", z.B. FachlehrerIn, SchulleiterIn, SekretärIn, SchülerIn.

Ein erstes besonderes Merkmal der Organisation Schule ist, dass die Mitgliedschaft in der Schule auf unterschiedlichem Wege zustande kommt: als Pflicht (für die SchülerInnen) und freiwillig, aber per Vertrag gestaltet (für die Lehrkräfte). Die Pflichtmitgliedschaft für die SchülerInnen beinhaltet auch, dass die Kinder und Jugendlichen vom Nutzen des kollektiven Organisationsziels „Bildung" erstmal nicht so viel haben und die Mitgliedschaft in der Schule ihren Interessen oft entgegenläuft. Der Ertrag der Schule selbst ist also nicht unbedingt im Interesse der Organisationsmitglieder, sondern ist ein Interesse der Umwelt: „Eigentümer" von Schulen ist der Staat (oder bei Privatschulen in Teilen die Elternschaft). Der Staat, aber vor allem auch die Eltern, haben also ein Interesse an der Erfüllung des Organisationsziels. Sie sind die „Prinzipale" (die Vorgesetzten), die sich zur Erfüllung ihres Interesses aber auf die Kooperation der ausführenden „AgentInnen" – die SchülerInnnen und Lehrkräfte – verlassen müssen.

Am Beispiel Schule und Bildungssystem kann man also unterschiedliche sogenannte „Prinzipal-Agent-Probleme" beobachten. Diese Konstellationen zeichnen sich durch unterschiedliche Interessen (Eltern wollen gebildete Kinder, SchülerInnen und Lehrkräfte wollen Freizeit) und unterschiedliche (asymmetrische) Informationen aus (die Eltern sind im Unterricht eben nicht dabei). Daraus entsteht die Gefahr des sogenannten *moral hazard*-Verhaltens. Moral hazard meint, dass die AgentInnen ihren Informationsvorsprung und die fehlende Überwachung ausnutzen (Esser 2002a, S. 262). Daher ist es ein Anliegen von Prinzipalen, die Organisation so zu gestalten, dass ein solches Verhalten vermieden wird – durch geeignete Kontrollsysteme oder Handlungsanreize, in Unternehmen zum Beispiel durch Provisionen oder Umsatzbeteiligungen. Auch in Bildungssystemen und Schulen wird (neuerdings vermehrt) versucht, moral hazard zu vermeiden, zum Beispiel durch Maßnahmen wie Bildungsstandards, Vergleichsarbeiten und Monitoringsysteme wie Schulinspektionen, die die Kontrolle erhöhen und Anreize zur Leistungserbringung (vor allem durch die Lehrkräfte) erweitern sollen. Aus den unterschiedlichen Bedingungen der Mitgliedschaft und den unterschiedlichen Interessen ergeben sich also spezifische Prinzipal-Agenten-Konstellationen als ein Merkmal der Organisation Schule. Eine weitere Eigenheit der Organisation Schule wird deutlich, wenn man versucht, die Organisation Schule innerhalb unterschiedlicher Formen von Organisationen einzuordnen. Dabei wird die Schule häufig als bürokratische Organisation kategorisiert. Bürokratische Organisationen zeichnen sich dadurch aus, dass sie nach legalen, also gesetzmäßigen, Kriterien strukturiert sind, sie sind arbeitsteilig und hierarchisch geordnet und folgen dem Prinzip der Aktenmäßigkeit. Aktenmäßigkeit bedeutet, dass der Stand eines Prozesses jederzeit aus den Akten zu diesem Vorgang hervorgehen muss, Angelegenheiten in Zusammenhang mit dem formalen Ziel der Organisation werden also schriftlich festgehalten, um sie kontrollieren zu können. Neben den Merkmalen einer bürokratischen Organisation zeichnen sich Schulen aber vor allem dadurch aus, dass sie professionelle Organisationen sind – da in ihnen *professionell* gehandelt wird[16].

Bilden und Erziehen stellen ein „professionelles Problem" dar, Lehrkräfte gehören also einer Profession an. Professionelles Handeln verträgt sich jedoch nur bedingt mit einer bürokratischen Organisation. Professionen zeichnen sich durch wissensbasiertes Arbeiten an den Problemen von individuellen Personen aus. Daher gehören ÄrztInnen, PsychotherapeutInnen und (mit Einschränkungen) LehrerInnen zu den klassischen Professionen. Die Probleme (z.B. die Krankheiten, Streitfälle oder Erziehungs- und Lernbedarfe) der „KlientInnen" werden in Interaktionen bearbeitet. Professionen entstanden, sobald diese Probleme und deren Lösung für das Funktionieren und Aufrechterhalten von Gesellschaft relevant wurden (wenn also ein notwendiges Bildungsniveau, Gerechtigkeit oder Gesundheit befördert werden soll) (Kurtz 2004, S. 46). Professionelle Tätigkeiten entziehen sich zu einem gewissen Maß der Möglichkeit der Kontrolle, sie kontrollieren sich selbst, zum Beispiel mithilfe von Fachverbänden, die die Standards des Arbeitens festlegen. Professionen sind darauf angewiesen, dass Professionelle und KlientInnen zusammenarbeiten und beide zum Ergebnis beitragen. Hier zeigt sich schon ein Problem für die Profession der Lehrkräfte: SchülerInnen sind ja – wie schon festgestellt – nicht freiwillig Mitglieder in der Organisation Schule. Ein Widerspruch ergibt sich auch daraus, dass die Lehrkräfte und SchülerInnen in der Organisation *Rollen* übernehmen, Rollenhandeln steht aber im Widerspruch zum professionellen Handeln, in dem „Fälle" bearbeitet werden, die spezifisch und individuell sind – und eben nicht Rollen. Daher ist in Schulen die informelle Organisationsstruktur besonders wichtig und besonders interessant. Sie vermittelt den Widerspruch zwischen dem individuellen „Fall" und der Rolle, die für die SchülerInnen aufgrund der Zwangsmitgliedschaft formal nicht ausreichend definiert ist (Langenohl 2008, S. 822). Das meint, dass die SchülerInnen ohne große Probleme aus ihrer Rolle „fallen" können, weil sie nicht so leicht der Schule verwiesen werden können – so dass sie sozusagen viele Freiheiten haben, ihre Rolle zu „interpretieren", mithilfe informeller Rollen. Der große Spielraum für die informellen Rollen der SchülerInnen unterstützt aber auch die persönliche Integration in die Organisation Schule, die durch die reine Pflicht gar nicht ausformuliert ist. Man ist eben nicht Mitglied in der Organisation Schule, weil man mit seinen Fähigkeiten ganz besonders gut zu ihr passt, sondern ganz banal, weil man muss (zumindest im Normalfall und im schulpflichtigen Alter). Durch die zusätzliche Übernahme von informellen Rollen – „Nerd", „Klassenclown" oder „Highschool Queen" – wird eine individuelle, persönliche Einbindung in die Schule durch inoffizielle Positionen ermöglicht. Ein anderer Effekt der informellen Rollen ist, dass das Nicht-Erreichen von Organisationszielen (z.B. zu geringe Leistungen bei Vergleichsarbeiten) „externalisiert" werden kann. Das bedeutet, dass die Schule das „Versagen" von sich weisen kann, indem sie es den SchülerInnen und ihren Merkmalen (z.B. „Nicht-MuttersprachlerIn") zuschreibt (Langenohl 2008, S. 821). Das kann für

---

16 Corsten (2011, S. 161f.) stellt diesen Gegensatz unter Rückgriff auf Lange (2005) ähnlich dar, indem er auf die Unterschiedlichkeiten von Schule als bürokratischer Organisation und Schule als *Dienstleistungsorganisation* verweist.

die Lehrkräfte entlastend sein, für die SchülerInnen birgt es aber das Risiko, dass sie unklare Anforderungen oder nicht erfolgreiche Lernaktivitäten nicht der Ineffizienz der mit widersprüchlichen Anforderungen konfrontierten Organisation Schule zuschreiben – sondern auf sich selbst beziehen und als persönliches Versagen wahrnehmen. Dieses Spannungsfeld zwischen professionellem und bürokratischem Handeln in der „Pflichtveranstaltung Schule" ist Gegenstand einer Reihe von Arbeiten aus der Bildungsforschung (Timmermann/Strikker 2004).

Durch den Widerspruch aus den Anforderungen an professionelles Arbeiten und die Rahmenbedingungen der bürokratischen Organisation ist die Perspektive der Entkopplung bzw. der losen Kopplung in der Schulforschung vergleichsweise wichtig geworden. Lose Kopplungen und Entkopplungen spielen für Schulen als Organisationen aber auch deshalb eine Rolle, weil Schulen in besonderem Maße mit widersprüchlichen und überfordernden Erwartungen der Umwelt konfrontiert sind. Drei verschiedene Arten von Umwelten sind für Schulen relevant: die politische Umwelt mit ihren Rahmenbedingungen in Form von Gesetzen und Verordnungen, die Profession der Lehrkräfte mit den durch sie definierten Standards und Forderungen, und die gesellschaftlichen Überzeugungen und Erwartungen (Mitchell 1996). Schulen sollen möglichst umfassende Kompetenzen vermitteln, dies aber möglichst unbeeinflusst von Herkunftsmerkmalen der SchülerInnen, Schulen sollen damit zur Integration der Gesellschaft beitragen, zu diesem Zweck sollen sie außerdem mündige StaatsbürgerInnen erziehen, sie sollen die Kinder verlässlich und hochwertig betreuen, damit die Eltern ihrer Berufstätigkeit nachgehen können, sie sollen die Talente und Fähigkeiten der SchülerInnen individuell fördern und auf lebenslanges Lernen und Berufstätigkeit vorbereiten usw. Wie im vorherigen Kapitel (Abschnitt 3.5) beschrieben wurde, sind die institutionellen Regelungen von Bildungssystemen Ergebnis von interessengeleiteten Aushandlungsprozessen. Je nachdem, welche Interessengruppe sich aktuell durchsetzen kann, geraten eine oder mehrere der Aufgaben und Funktionen von Schulen in den Vordergrund und sollen kurzfristig vorrangig verfolgt werden. Die Anforderungen an die Schule ändern sich also fortlaufend. Wenn die Elemente der Organisation dann nicht starr, sondern eher lose gekoppelt sind, also nicht vollständig in ihren Aktivitäten voneinander beeinflusst sind, dann ermöglicht dies Flexibilität und Anpassungsmöglichkeiten an die sich ändernden Anforderungen (Weick 1976, S. 7). Beispielsweise kann eine Schulleiterin sich bemühen, nach außen eine Anpassung an eine neue Anforderung zu demonstrieren, das Unterrichtshandeln ändert sich aber nicht.

Die lose Kopplung entspricht auch eher dem professionellen Handeln der Lehrkräfte, da mehr Raum für selbstbestimmtes Arbeiten vorhanden ist und das Gefühl der Einflussnahme für die einzelne Lehrkraft höher ist. Die geschlossene Klassentür während der Unterrichtszeit und der Unterricht mit nur einer Lehrperson sind ein Symbol für die Freiräume und mangelnden Kontrollmöglichkeiten, die typisch für Professionen sind.

Die hier beschriebenen Besonderheiten der Organisation Schule unterscheiden sich zwischen Schultypen (und Bildungsetappen), zum Beispiel ist der Zwang des Besuchs eines Gymnasiums, einer Privatschule oder eines Sportinternats geringer, so dass die formale Rollendefinition für die SchülerInnen hier stärker ausgeprägt ist.

Mit der soziologischen Organisationsperspektive wird noch einmal deutlich, dass die Bildungssoziologie nicht das pädagogische Handeln selbst in den Vordergrund ihrer Analyse stellt, sondern dessen Einbettung in den gesellschaftlichen Kontext – zum Beispiel in die Organisation Schule. Das soziologische Wissen über Organisationen kann anderen Bildungswissenschaften entsprechend wichtige Grundlagen für das Verständnis der Rahmenbedingungen pädagogischen Handelns bereitstellen.

> **Fragen und Aufgaben zur Wiederholung**
> - Was sind Merkmale von Organisationen?
> - Was ist das Besondere an der Organisation Schule?
> - Was zeichnet Professionen aus?
> - Was ist mit „Entkopplung" bzw. „loser Kopplung" gemeint?

Literaturempfehlungen

Apelt, M. (2016): Schule aus organisationssoziologischer Perspektive. In: Maier, M. (Hrsg.): Organisation und Bildung. Wiesbaden: Springer Fachmedien, S. 13–32.

Kurtz, T. (2004): Organisation und Profession im Erziehungssystem. In: Böttcher, W./Terhart, E. (Hrsg.): Organisationstheorie in pädagogischen Feldern. Wiesbaden: VS Verlag für Sozialwissenschaften, S. 43–53.

Langenohl, A. (2008): Die Schule als Organisation. In: Willems, H. (Hrsg.): Lehr(er)buch Soziologie. Wiesbaden: VS Verlag für Sozialwissenschaften, S. 817–833.

Tacke, V. (2004): Organisation im Kontext der Erziehung. In: Böttcher, W./Terhart, E. (Hrsg.): Organisationstheorie in pädagogischen Feldern. Wiesbaden: VS Verlag für Sozialwissenschaften, S. 19–42.

5. Die Messung von Bildung und Ungleichheit

> **Zusammenfassung**
>
> In Kapitel 3 wurden die „Ergebnisse" von Bildungssystemen als Niveau, Streuung und soziale bzw. ethnische Durchlässigkeit definiert. Die Ausprägungen dieser Leistungen müssen überprüft werden können, um festzustellen, ob das Bildungssystem (und seine Einheiten, die Schulen) den ihnen zugedachten Aufgaben nachkommen. Dafür braucht es messbare Definitionen von Bildung und Indikatoren für das Niveau, die Streuung und die Kopplung an Herkunftsmerkmale. In diesem Kapitel werden entsprechend dieser Unterteilung Maße für Bildung und Bildungsungleichheit sowie Datenquellen zur Recherche solcher Indikatoren vorgestellt.

5.1 Operationalisierung des Bildungsbegriffs

Im ersten Kapitel wurde Bildung als Herausbildung individueller Handlungsbefähigung durch den Erwerb von Wissen definiert. Vor allem der humanistische Bildungsbegriff versteht Bildung ganzheitlich, als eine innere Haltung und Kraft – also als etwas, das schwer zu erfassen ist. So gibt es keinen Bluttest, der Ausprägungen einer solchen Bildung messen könnte – aber auch keinen einfachen Fragebogen, der das Vorhandensein dieser Form von Bildung abfragen könnte. Es ist aber in vielen Fällen aus guten Gründen notwendig, Bildung so zu definieren, dass sie auch messbar ist. So haben wir im Kapitel 3 gesehen, dass das Bildungssystem zentrale Aufgaben für das Funktionieren von Gesellschaften übernimmt und deshalb auch substantielle Ressourcen bereitgestellt bekommt. Der Erfolg, mit welchem das Bildungssystem seinen Aufgaben nachkommt, sollte entsprechend überprüfbar sein – zum Beispiel hinsichtlich der drei definierten möglichen Ziele Niveau, Streuung und Durchlässigkeit. Es sollte also feststellbar sein, wie das Niveau und die Ungleichverteilung von Bildung in der Gesellschaft ausgeprägt sind (und dies möglichst „allgemeingültig"). Daher braucht es pragmatischere Definitionen von Bildung, die empirisch beobachtbar sind. Das Festlegen solcher Definitionen wird als „Operationalisierung" bezeichnet. Das interessierende Phänomen wird „runtergebrochen" und konkretisiert, um Indikatoren für seine Ausprägung zu bestimmen. In Bezug auf Bildung haben sich insbesondere zwei Aspekte als mehr oder weniger gut messbar erwiesen: die erzielten Leistungen bzw. vorhandenen Kompetenzen einer Person und die Beteiligung an verschiedenen Bildungsgängen bzw. erworbene Abschlüsse.

5.2 Niveau

Als erste „Leistung" von Bildungssystemen wurde in Kapitel 3 das durch das Bildungssystem produzierte Niveau genannt. Das Niveau kann für beide hier gewählten Indikatoren von Bildung – *Leistungen* bzw. *Kompetenzen* und *Beteiligung* bzw. *Abschlüsse* – dargestellt werden. Die allgemeine Bildungsbeteiligung und die Zertifizierung von Bildung durch Abschlusszeugnisse sind vergleichsweise einfach zu messen. Die Schulstatistik registriert alle auf einer Schule angemeldeten

SchülerInnen und die vergebenen Abschlüsse der Schulen. Diese können dann von den Schulbehörden und Kultusministerien ausgezählt werden und die Zahlen an die Statistischen Landesämter weitergegeben werden[17]. Somit könnte man als Maß für das gesellschaftliche Niveau von Bildung etwa den Anteil derjenigen Personen mit einer Hochschulzugangsberechtigung innerhalb eines Geburtsjahrgangs heranziehen. Abbildung 5.1 zeigt die Entwicklung der jährlichen Studienberechtigtenquote, die genau diesen Anteil angibt. Es wird deutlich, dass die Zahl der studienberechtigten Personen – und damit das Bildungsniveau – pro Jahrgang in den letzten 40 Jahren deutlich angestiegen ist, jedoch in den letzten Jahren wieder zu sinken scheint. Aus dieser Grafik können wir natürlich nicht ablesen, warum das Niveau in den letzten Jahrzehnten angestiegen ist. Der Übergang zur Wissensgesellschaft (siehe Kapitel 2), Bildungsreformen der letzten 20 Jahre (siehe Kapitel 9), aber auch Veränderungen durch Zuwanderung (siehe Kapitel 7) können ausschlaggebend für Veränderungen sein.

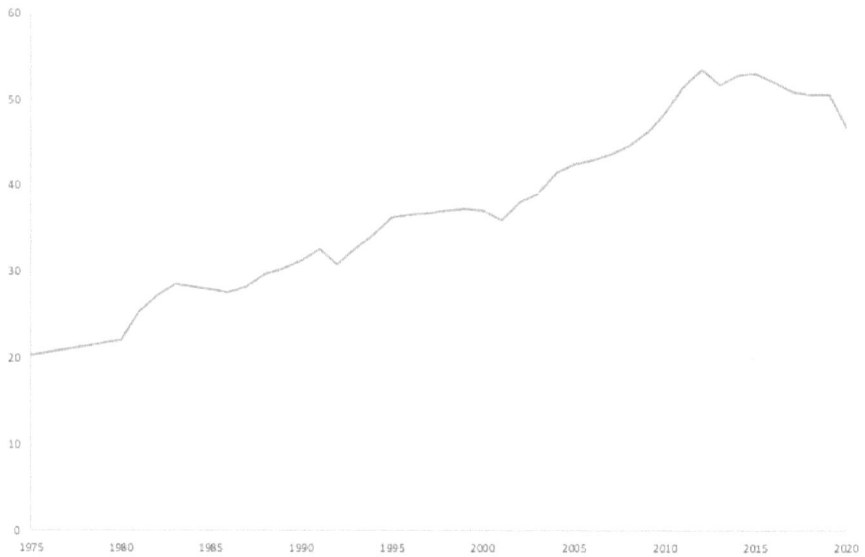

Abbildung 5.1: Entwicklung der Studienberechtigtenquote. Quelle: Deutsches Zentrum für Hochschul- und Wissenschaftsforschung, https://www.datenporta l.bmbf.de/portal/de/Tabelle-2.5.85.html#A3, Zugriff 22.06.2022 Datenlizenz Deutschland Namensnennung 2.0, eigene Darstellung

Kompetenzen und Fähigkeiten sind demgegenüber nicht so einfach festzustellen und auszuzählen. Zwar bieten Noten (z.B. von Abschlusszeugnissen) einen Anhaltspunkt, da diese aber in der Regel nicht durch völlig standardisierte Verfah-

---

17 Wenn Daten über mehrere Untersuchungseinheiten (z.B.) Personen addiert oder auf ähnliche Weise zusammengefasst werden, um Aussagen über eine höhere Ebene (z.B. ein Land) zu treffen, spricht man von der Aggregation von Daten. Aggregatdaten sind also zusammengefasste Daten (z.B. Durchschnitts- oder Anteilswerte.)

ren, wie zum Beispiel landesweite Tests, ermittelt werden und damit nicht vergleichbar zwischen verschiedenen Lehrkräften und Schulen sind, können sie uns nicht verlässlich Auskunft über das Leistungsniveau innerhalb einer Jahrgangsstufe geben. Es ist daher verlässlicher, Kompetenzen unabhängig von Noten durch Tests zu ermitteln. Das erfordert zunächst eine Definition der Fähigkeit (z.B. fehlerfreies Schreiben beim Diktat in einem bestimmten Alter) und eine Aufgabenformulierung zur Überprüfung dieser Fähigkeit. Das ist, insbesondere wenn es um spezifischere Kompetenzen geht, die über einfache Lese-, Schreib- und Rechentechniken hinausgehen, ein sehr komplexes Unterfangen, das eigene wissenschaftliche Forschungsfehler (wie die Testtheorien) hervorgebracht hat. Ein bekanntes Beispiel für einen relativ komplexen Kompetenztest ist die schon erwähnte PISA-Studie der OECD. Der Durchschnitt der Kompetenzen der an PISA teilnehmenden SchülerInnen in einem Land ist inzwischen als ein Maß für das erreichte Niveau eines Bildungssystems etabliert und ist zum Beispiel Teil der nationalen Bildungsberichterstattung in Deutschland (Kultusministerkonferenz 2006, siehe auch Kapitel 9). Abbildung 5.2 zeigt die positive Entwicklung der Lesekompetenzwerte in Deutschland über die sechs ersten PISA-Studien.

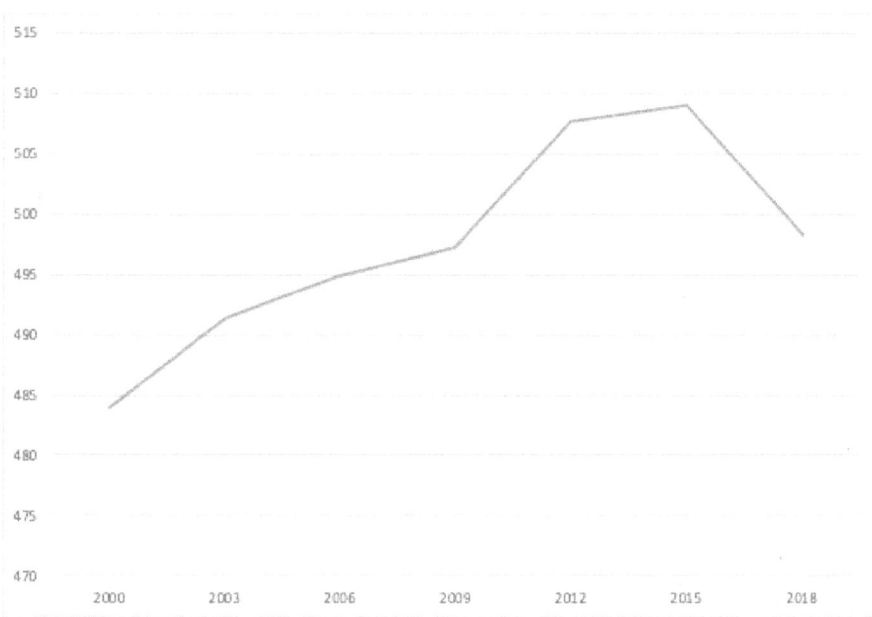

Abbildung 5.2: Entwicklung der durchschnittlichen Lesekompetenzen in Deutschland, PISA 2000-2015, Quelle: OECD 2018 Database, Table I.B1.10, eigene Darstellung

Das erreichte Niveau von Bildung in einer Gesellschaft lässt sich also mithilfe von Durchschnittswerten (bei metrischen[18], d.h. viele Ausprägungen aufweisenden, Maßen wie Kompetenzskalen) oder Anteilswerten (bei einem kategorialen Maß für Bildung, das nur wenige Ausprägungen hat, wie z.B. unterschiedlich wertige Schulabschlüsse) bestimmen.

Die Bildungssoziologie interessiert sich allerdings sehr häufig nicht nur für das durchschnittliche Bildungsniveau, sondern vor allem für die *Verteilung* von Bildung. Wie in Kapitel 2 beschrieben, ist Bildung ein gesellschaftlich erstrebenswertes Gut, denn mit einem höheren Bildungsniveau sind bessere Lebenschancen verbunden. Damit ist die Verteilung von Bildung grundlegend für das Ausmaß sozialer Ungleichheit in einer Gesellschaft.

5.3 Ungleichheit – Equality

Für die Darstellung des Ausmaßes von Bildungsungleichheit bieten sich unterschiedliche Zugänge an. In Kapitel 3 wurde die Gleichheit (engl. Equality) der Bildungsergebnisse im Sinne der Streuung als ein weiteres Ergebnis von Bildungssystemen dargestellt. Dabei geht es um die Verschiedenheit von *Bildungsergebnissen* in der Gesellschaft. Die Frage ist also, ob zum Beispiel von der Mehrheit einer Gesellschaft ein „Standardabschluss" (z.B. die mittlere Reife) erreicht wird, oder ob sich die Bevölkerung gleichmäßig oder ungleichmäßig auf mehrere unterschiedliche Bildungsabschlüsse verteilt. Ebenso kann es von Interesse sein, zu untersuchen, wie sich die Kompetenzen und Fähigkeiten in der Bevölkerung verteilen. Wenn zum Beispiel größere Teile der Bevölkerung keinen Schulabschluss erreichen oder ein bestimmtes Fähigkeitsniveau nicht erlangen, kann dies mit Folgen in anderen Lebensbereichen für diese Bevölkerungsgruppen einhergehen, wie in Kapitel 2 gezeigt wurde.

Da in der Regel nicht so viele unterschiedliche Bildungsabschlüsse vergeben werden, kann man hier also beispielsweise die auf die verschiedenen Abschlüsse entfallenden Bevölkerungsanteile betrachten. Abbildung 5.3 zeigt, dass es in Deutschland eher nicht einen Standardabschluss gibt, sondern sich die Bevölkerung auf 4 Abschlüsse und die Kategorie „kein Abschluss" verteilt, jedoch ungleich (die Anteile summieren sich auf mehr als 100 Prozent, da Personen in einem Jahr Abschlüsse nachgeholt haben können). Die Bildungsbeteiligung streut also, mit einem Schwerpunkt auf den Abschlüssen (Fach-)Hochschulreife und mittlerer Abschluss.

---

18 Die Bezeichnung „metrisch" bezieht sich auf das sogenannte Skalenniveau einer Messung. Informationen über Untersuchungseinheiten (z.B.) Personen können in unterschiedlicher Qualität oder Genauigkeit vorliegen, ähnlich wie bei unterschiedlichen Maßstabseinheiten. Eine Person kann zum Beispiel als untergewichtig oder übergewichtig eingeordnet werden, oder man ordnet die Person auf einer Skala von sehr leicht, eher leicht, mittel, eher schwer, schwer ein (ein eher subjektives Maß), oder man gibt das Gewicht in Kilogramm an. Kategoriale Skalenniveaus beschreiben Informationen in Form von Rangfolgen (von sehr leicht bis sehr schwer) oder trifft zu/trifft nicht zu (z.B. untergewichtig), metrische Skalenniveaus beschreiben Informationen, die in vielen Ausprägungen vorliegen, zwischen denen der Abstand jeweils genau gleich ist (wie bei Angaben in Kilogramm) (Diaz-Bone 2006, S. 18ff.).

5.3 Ungleichheit – Equality

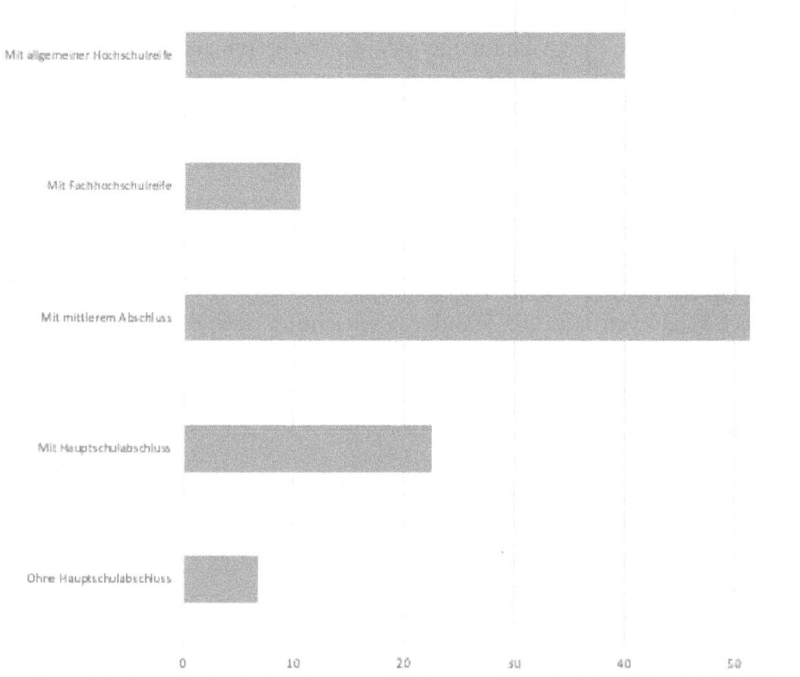

Abbildung 5.3: AbsolventInnen aus allgemeinbildenden und beruflichen Schulen 2018 nach Abschlussarten (in Prozent der gleichaltrigen Wohnbevölkerung), Quelle: Autorengruppe Bildungsberichterstattung 2020, Tab. D8-1web, eigene Darstellung

Eine kategoriale, also wenige Ausprägungen beinhaltende, Betrachtung von Kompetenzen wird auch durch die PISA-Kompetenzstufen möglich. Tabelle 5.1 zeigt, dass sich etwa zwei Drittel der SchülerInnen in Deutschland auf die mittleren Kompetenzstufen 2 bis 4 verteilen. Knapp 21 Prozent der 15-jährigen SchülerInnen erreichen nicht die zweite Kompetenzstufe und müssen daher als „bildungsarm" eingestuft werden (s. Kapitel 2). Diese SchülerInnen werden häufiger Schwierigkeiten haben, einen weiterführenden Schulabschluss zu erreichen und sind damit von eingeschränkten gesellschaftlichen Teilhabemöglichkeiten bedroht.

Tabelle 5.1: Anteil der SchülerInnen auf den verschiedenen Kompetenzstufen (Lesen) in PISA 2018, Deutschland, Quelle: OECD 2018 Database, Table I.B1.1

unter Stufe 1	Stufe 1	Stufe 2	Stufe 3	Stufe 4	Stufe 5	Stufe 6
0.1	20.6	21.1	25.4	21.5	9.5	1.8

5. Die Messung von Bildung und Ungleichheit

Betrachtet man die Kompetenzen jedoch als eine Skala mit sehr vielen Ausprägungen (in den internationalen Schulleistungstests z.B. einer Skala mit dem Mittelwert 500), dann kann man kaum für jede der mehreren hundert Ausprägungen die Anteilswerte betrachten, um zu beurteilen, wie stark die Kompetenzen streuen. Es gibt jedoch verschiedene Möglichkeiten, eine solche Verteilung und ihre (Un-)Gleichheit zu beschreiben. Dabei ist es wünschenswert, die Merkmale – also zum Beispiel die (Un-)Gleichheit – dieser Verteilung mit möglichst wenigen Kenngrößen (und Worten) beschreiben zu können, man möchte also ein einfaches Maß für die Ausprägung der Ungleichheit finden. Wenn man etwa wissen möchte, in welchem Abstand die Kompetenzwerte der einzelnen SchülerInnen um einen Durchschnittswert (typischerweise das „arithmetische Mittel") streuen, also von diesem abweichen, kann man die Standardabweichung oder das Quadrat dieser, die Varianz, betrachten. Die Varianz ergibt sich aus der Summe der quadrierten einzelnen Abweichungen vom Mittelwert, die wiederum durch die Zahl der Fälle (-1)[19], in diesem Fall die Zahl der SchülerInnen, geteilt wird.

Tabelle 5.2: Beispiel für die Berechnung des arithmetischen Mittelwerts, der Varianz und der Standardabweichung

Werte	Abweichung vom Mittelwert	Quadrierte Abweichung	
7	2	4	
8	3	9	
9	4	16	
4	-1	1	
5	0	0	
6	1	1	
1	-4	16	
2	-3	9	
3	-2	4	
Summe	45	60	Summe
Durchschnitt (45/9):	5	7.5	Varianz=60/9-1
		2.74	Standardabweichung= √7.5

---

[19] Es gibt zwei unterschiedliche Möglichkeiten der Berechnung der Varianz, üblicherweise wird die Summe der quadrierten Abweichungen durch die Zahl der Fälle (n) geteilt. Das Vorgehen, durch n-1 zu teilen, wird von den gängigen Statistikprogrammen verwendet.

Tabelle 5.2 gibt ein fiktives Beispiel für die Berechnung des Durchschnittswertes über 8 Fälle (z.B. SchülerInnen), sowie die Berechnung der Varianz und der Standardabweichung. Die Varianz wird entsprechend größer, wenn die einzelnen Werte weiter vom Mittelwert abweichen. Durch die Quadrierung fallen größere Abweichungen entsprechend stärker ins Gewicht. Die Standardabweichung ist die Quadratwurzel aus der Varianz. Diese beiden Maße sind jedoch nicht direkt interpretierbar, wenn man die Ungleichverteilung eines Merkmals (z.B. Kompetenzen) beurteilen möchte. Sie hängen von der Einheit des interessierenden Merkmals ab, also zum Beispiel davon, ob Einkommen in Cent oder Euro gemessen wird. Möchte man die Verteilung eines Merkmals (z.B. Kompetenzen) zwischen zwei Gruppen (z.B. Ländern) vergleichen, kann man anhand der Ausprägung der Varianz oder der Standardabweichung feststellen, in welcher Gruppe die Verteilung gleicher oder ungleicher ist. Um die Streuung, also die Ungleichverteilung auch ohne einen Gruppenvergleich besser zu beurteilen, kann man auch den sogenannten Variationskoeffizienten berechnen (Diaz-Bone 2006, S. 50). Dazu teilt man die Standardabweichung durch das arithmetische Mittel (den Durchschnittswert). Dadurch wird die Abweichung in Einheiten des Mittelwerts wiedergegeben und ist unabhängig von der Einheit des interessierenden Merkmals (z.B. der Kompetenzen). Im Beispiel beträgt die Standardabweichung 2.74 und der Mittelwert 5, so dass der Variationskoeffizient 0.548, bzw. 55 Prozent beträgt.

Eine weitere, häufig verwendete Beschreibung von (Ungleich-)Verteilungen von interessierenden Merkmalen[20] mit vielen Ausprägungen („metrische" Merkmale) sind Quantilsabstände. Dazu werden die einzelnen Werte (z.B. die Kompetenzen der SchülerInnen) der Größe nach geordnet. In einem Beispiel von 100 SchülerInnen kann man dann z.B. den Kompetenzwert des fünftschlechtesten (das wäre das 0.05 oder 5 Prozent-Quantil) und den Kompetenzwert des fünftbesten Schülers (das wäre das 0.95 oder 95 Prozent-Quantil) herausgreifen und die Differenz aus diesen beiden (0.95 Quantil – 0.05 Quantil) berechnen. Dadurch wird deutlich, wie sehr sich das Merkmal zwischen dem oberen und dem unteren Ende der Verteilung unterscheidet.

Tabelle 5.3: Mittelwerte und Quantile der Lesekompetenzen in PISA 2018, ausgewählte Länder, Quelle: OECD 2018 Database, Table I.B1.4, eigene Darstellung

	Mittelwert	Standardabweichung	Quantil 0.05	0.1	0.25	0.5	0.75	0.9	0.95
Australien	503	109	315	357	429	507	580	640	673
Österreich	484	99	318	350	413	488	558	612	641
Belgien	493	103	317	352	421	498	568	623	653
Kanada	520	100	349	388	452	524	592	646	677
Chile	452	92	298	331	389	453	517	572	602
Dänemark	501	92	344	380	439	504	566	618	647

---

20 Meistens wird in der empirischen Sozialforschung nicht (nur) von „Merkmalen" gesprochen, sondern von *Variablen*. Der Begriff „Variable" zeigt an, dass sich das interessierende Merkmal zwischen Untersuchungseinheiten (z.B. Personen) unterscheiden kann. Das Körpergewicht ist also eine Variable, die Kompetenzen auch, ebenso wie das Einkommen, Alter, Geschlecht etc.

	Mittelwert	Standardabweichung	Quantil						
			0.05	0.1	0.25	0.5	0.75	0.9	0.95
Estland	523	93	367	402	460	524	587	643	676
Finnland	520	100	345	387	455	527	591	643	672
Frankreich	493	101	319	355	423	497	567	622	651
Deutschland	498	106	316	354	424	504	576	632	663

Häufig wird der Interquartilsabstand berechnet, das ist die Differenz aus dem 0.75 und dem 0.25-Quantil, das bedeutet, dass die Hälfte der Fälle (z.B. SchülerInnen) Werte zwischen diesen beiden Quantilen aufweist. Somit gibt der Interquartilsabstand an, in welchem Ausmaß (in welcher Breite) die „mittlere" Hälfte der Fälle variieren.

Aus Tabelle 5.3 lässt sich also ablesen, dass der Interquartilsabstand der naturwissenschaftlichen Kompetenzen in PISA 2015 für Deutschland 141 Punkte beträgt. In Chile und Estland ist dieser Wert geringer. Zwischen den 25 Prozent der SchülerInnen mit den geringsten Kompetenzen und den 25 Prozent der SchülerInnen mit den höchsten Kompetenzen liegen also 141 Punkte, das entspricht Kompetenzen, die im Durchschnitt dem Lernzuwachs von drei Schuljahren entsprechen.

5.4 Kopplung mit Herkunftsmerkmalen – Equity

Ein weiterer für die Bildungssoziologie sehr relevanter Aspekt der Messung von Bildung bezieht sich auf die Kopplung von individuellen und familiären Merkmalen mit Bildungsergebnissen (engl. *Equity= Fairness*). Equity als Ergebnis von Bildungssystemen beschreibt das Ausmaß von Unterschieden in Bildungsergebnissen zwischen verschiedenen gesellschaftlichen Gruppen. Tatsächlich lassen sich in vielen Ländern solche Unterschiede zwischen Gruppen beobachten. Um was für Gruppen handelt es sich dabei? Systematische Bildungsunterschiede lassen sich nicht zwischen Gruppen mit unterschiedlicher Körpergröße oder Haarfarbe beobachten, aber zum Beispiel zwischen Gruppen mit unterschiedlichem Geschlecht (Kapitel 8), Gruppen mit und ohne Migrationshintergrund (Kapitel 7) und Gruppen mit unterschiedlicher sozialer Schichtzugehörigkeit („Lebenslage", Kapitel 6). Diese Merkmale werden damit zu „Dimensionen", d.h. Kategorien, sozialer Ungleichheit, da mit dem gruppenspezifischen Bildungsniveau ja auch eine Reihe von Konsequenzen für die Lebensführung verbunden sind, wie in Kapitel 2.1 gezeigt wurde. Für die Soziologie sind vor allem solche Gruppen definierende Merkmale interessant, für die Personen „nichts können", die also nicht (z.B. durch Anstrengung) veränderbar sind. Solche Merkmale werden im Gegensatz zu erworbenen Merkmalen (wie z.B. Bildung) *askriptive*, d.h. zugeschriebene, Merkmale genannt. Auch der sozioökonomische Hintergrund ist ein solches askriptives Merkmal, das eine jeweilige Person nicht verändern kann – ebenso wie das Geschlecht (auch wenn dieses unter bestimmten Umständen veränderbar ist).

Um ungleichen Bildungserwerb zwischen solchen Gruppen darzustellen ist zusätzlich zur Auswahl geeigneter Indikatoren zur Messung von Bildung eine Messung der Gruppenzugehörigkeit nötig. Das ist je nach Kategorie unterschiedlich einfach

– Geschlecht lässt sich zum Beispiel einfacher bestimmen, als der soziale Status einer Person. Es ist einfacher und üblicher, eine Person nach ihrem Geschlecht zu fragen (selbst wenn man dafür mehr als zwei mögliche Antwortkategorien braucht), als eine Person zu fragen, welcher sozialen Schicht sie zugehörig ist – und dafür dann auch noch eine halbwegs „objektive" und nicht nur persönlich eingeschätzte Angabe zu bekommen. Gleichwohl gibt es eine Reihe von gängigen Indikatoren für die Lebenslage von Personen, immerhin ist die Beschreibung der sozialen Schichtstruktur einer Gesellschaft – die *Sozialstrukturanalyse* – eine der Kernaufgaben der Soziologie. Schon vor der Etablierung der Soziologie als wissenschaftlicher Disziplin wurden Theorien zur grundlegenden Struktur von modernen Gesellschaften entwickelt, zum Beispiel von Karl Marx, der Gesellschaften bekanntermaßen als Klassengesellschaften beschrieb. Von Marx stammt auch eine der für die Soziologie ganz grundlegenden Annahmen: Dass das „Sein" das „Bewusstsein" bestimmt (Marx 1859, S. 9). Damit ist gemeint, dass Wahrnehmungen und Überzeugungen nicht unabhängig sind von konkreten Lebenslagen (siehe Kapitel 1). Seit Marx haben sich unterschiedliche Theorien darüber entwickelt, was denn tatsächlich zunächst das „Sein" bestimmt, denn in unseren modernen differenzierten Gesellschaften entscheidet mehr über die Lebenschancen und das Verhalten einer Person als nur die jeweilige Stellung zu den kapitalistischen Produktionsmitteln. Entsprechend haben sich auch die Begriffe zur Beschreibung der Struktur von Gesellschaft verändert: Klasse, Stand, Schicht, Lage, Milieu – je nach dem welcher Begriff verwendet wird, gehen unterschiedliche Annahmen über die relevanten Merkmale, die das gesellschaftliche „Sein" bestimmen, damit einher (Huinink/Schröder 2008; Rössel 2009).

Für das Verständnis der weiteren Darstellungen in diesem Lehrbuch soll sozioökonomischer Status – oder synonym: sozialer Status, Lage, Schichtzugehörigkeit oder englisch: socio-economic status (SES) – verstanden werden als Position einer Person oder Familie innerhalb einer sozialen Hierarchie, welche sich ergibt aus der unterschiedlichen Verfügbarkeit über gesellschaftlich anerkannte Ressourcen wie Bildung, Einkommen, Vermögen oder einflussreiche Beziehungen und daraus resultierendem Einfluss oder Ansehen. Indikatoren, die den sozialen Status einer Person angeben, sollten diese Mehrdimensionalität entsprechend abbilden, nur ist das nicht immer so einfach. Vor allem die soziale Einbindung (das Sozialkapital) ist häufig nur sehr aufwändig zu erheben und fällt deshalb in vielen Studien aus der Erhebung des sozialen Hintergrunds heraus. Der sozioökonomische Hintergrund einer Person oder Familie wird deshalb in der Regel über Variablen wie das Bildungsniveau, den ausgeübten Beruf oder das Einkommen und Vermögen (der Eltern) abgebildet. Aus der Kombination dieser Merkmale wurden eine Reihe von unterschiedlichen Maßen des SES entwickelt (Watermann et al. 2016). Bekannte und häufig genutzte Maße sind zum Beispiel der *International Socio-Economic Index of Occupational Status ISEI* (Ganzeboom et al. 1992) und das *EGP* (Erikson, Goldthorpe und Portocarero)-Klassenschema (Erikson/Goldthorpe 1992). Der ISEI-Index bezieht den Bildungsstand, das Einkommen und den Beruf einer Person ein und nimmt Werte zwischen mindestens 16 (z.B. Hilfskräfte und Reinigungspersonal) und höchstens 90 (z.B. Richter) Punkten an. Jeder berufstätigen Person kann so ein Indexwert zugewiesen werden. Kindern wird oft der Wert des Elternteils mit dem höheren Status zugewiesen (sog. HISEI). Für die EGP-Klassen wird der Beruf einer Person klassifiziert nach

- der Art der Tätigkeit (manuell, nicht-manuell, landwirtschaftlich),
- der Stellung im Beruf (selbständig, abhängig beschäftigt),
- den Weisungsbefugnissen (keine, geringe, große),
- den erforderlichen Qualifikationen (keine, niedrige, hohe).

Aus diesen Merkmalen wird ein 7-stufiges Klassenschema entwickelt (mit Untergruppen werden bis zu 10 Klassen unterschieden).

Je nach gewähltem Indikator für Bildung und den sozioökonomischen Status können nun unterschiedliche Aussagen über den Grad der sozialen Ungleichheit getroffen werden. Auch hier ist das Ziel, die Ausprägung der Ungleichheit zum Beispiel mit nur einem Kennwert zu beschreiben – um das Ausmaß an Ungleichheit einfach und vergleichbar einschätzen zu können. Eine einfache Darstellung des sozialen Hintergrundes einer Person kann zum Beispiel durch die Messung der elterlichen Bildung und eine anschließende Einteilung in zwei Gruppen erfolgen (z.B.: mindestens ein Elternteil mit Hochschulabschluss vs. kein Elternteil mit Hochschulabschluss). In Kapitel 2.1 haben wir gesehen, mit welchen Aspekten der Lebensführung der Bildungsstand in Zusammenhang steht, so dass der Bildungshintergrund zwar ein einfacher, aber trotzdem relativ verlässlicher Indikator für die Lebenslage einer Person ist. Wenn wir die Leistung von Bildungssystemen im Sinne von Equity, also Bildungsgerechtigkeit, darstellen wollen, interessiert uns also, inwiefern die Lebenslage der Eltern mit dem Bildungserfolg der Kinder zusammenhängt. Dabei stellt das Bildungsniveau der Eltern die unabhängige Variable (die „Ursache"), der Bildungserfolg der Kinder die abhängige Variable (die „Wirkung") dar. Wählt man für die Messung des Bildungserfolgs einen Indikator mit wenigen Ausprägungen – zum Beispiel Beteiligung an Hochschulbildung in den Ausprägungen ja oder nein – kann man eine Vierfelder-Tabelle bilden, wie sie in Tabelle 5.4 gezeigt ist. Die Tabelle ist eine alternative Darstellung des sogenannten Bildungstrichters, der unter anderem den Anteil der StudienanfängerInnen aus AkademikerInnenhaushalten mit dem Anteil aus nicht-akademischen Haushalten vergleicht.

Tabelle 5.4: Bildungsbeteiligung nach Bildungsstatus im Elternhaus, Ausschnitt aus dem "Bildungstrichter" 2016, Quelle: Kracke et al. 2018

	Eltern ohne Hochschulabschluss	Mindestens ein Elternteil mit Hochschulabschluss
Aufnahme eines Studiums	0.27	0.79
Kein Studium	0.73	0.21

Die Tabelle zeigt, dass der Anteil der StudienanfängerInnen aus AkademikerInnenhaushalten bei 0.79 liegt. In Bezug gesetzt zum Anteil der StudienanfängerInnen in der Gruppe derjenigen, deren Eltern keinen Hochschulabschluss haben ergibt das: 0.79/0.27=2.9. Dieser Quotient wird als *relative Chance* oder *relatives Risiko* bezeichnet. Er zeigt, dass für Kindern von Eltern mit Hochschulabschluss, die Chance ein Studium aufzunehmen um den Faktor 2.9 höher ist als die Chance von Kindern, deren Eltern nicht AkademikerInnen sind.

Die Zweiteilung nach AkademikerInnen vs. Nicht-AkademikerInnen ist ein relativ grobes Maß für sozialen Status der Eltern. Tabelle 5.5 zeigt ein Beispiel für eine Gruppierung der sozialen Lage nach den sogenannten EGP-Dienstklassen. Die Tabelle ist ein Ausschnitt aus einem vielzitierten Befund der IGLU 2006-Studie, der zeigt, dass SchülerInnen aus unterschiedlichen sozialen Gruppen unterschiedlich hohe Lesekompetenzen erbringen müssen, um eine Gymnasialempfehlung von ihren Lehrkräften zu erhalten. So müssen Kinder von ArbeiterInnen mehr als 70 Punkte mehr erreichen, um eine Gymnasialempfehlung zu erhalten, als Kinder deren Eltern aus der Oberen Dienstklasse stammen.[21]

Tabelle 5.5: Gruppenspezifische Standards (‚kritische Werte') für die Gymnasialpräferenzen der Lehrkräfte, Gesamtskala Lesen, Quelle: Bos et al. 2007. S. 288 (Tabelle X.8), eigene Darstellung

EGP-Klasse	Wert
Obere Dienstklasse (I)	537
Untere Dienstklasse (II)	569
Routinedienstleistungen (III)	582
Selbständige (IV)	580
FacharbeiterIn und leitende Angestellte (V, VI)	592
Un- und angelernte ArbeiterIn, LandarbeiterIn (VII)	614

Diese Abstände in Kompetenzwerten zwischen Gruppen oder Unterschiede in den relativen Risiken/Chancen für bestimmte Bildungsbeteiligungen kann man entsprechend auch für andere Gruppen, etwa zwischen Personen mit und ohne Migrationshintergrund angeben. Auch der Migrationshintergrund ist nicht überall gleich definiert, je nachdem, welche Angaben über eine Person zur Verfügung stehen (Staatsangehörigkeit, Geburtsland, Muttersprache, oder ähnliches). Je nach Information können auch mehr als zwei Gruppen, zum Beispiel nach Generationenstatus, Herkunftsland oder StaatsbürgerInnenschaft unterschieden werden. In den meisten Fällen ist der Migrationshintergrund jedoch ein Merkmal, das kategorial gemessen wird (wie die EGP-Klassenzugehörigkeit)[22], so dass migrationsbedingte Bildungsungleichheit entsprechend häufig in relativen Risiken oder Kompetenzabständen gemessen wird.

---

21 Die LehrerInnen wurden gefragt: „Welcher der folgenden Schullaufbahnen/Schulabschlüsse würden Sie für den Schüler/die Schülerin empfehlen?" (Bos et al. 2007, S. 273). Anschließend wurden für die SchülerInnen mit Gymnasialempfehlung die durchschnittliche erreichte Kompetenz berechnet, dies jedenfalls nach EGP-Klassen.
22 Denkbar wäre es auch, den Migrationshintergrund durch die Dauer des Aufenthalts in Tagen oder Jahren zu messen, dann hätte man eine metrische Operationalisierung. Auch Sprachfähigkeiten können mithilfe komplexerer Maße abgebildet werden.

5. Die Messung von Bildung und Ungleichheit

Neben kategorialen Maßen wurden aber für den sozialen Status auch metrische Indikatoren mit vielen Ausprägungen entwickelt, etwa der oben schon erwähnte ISEI-Index oder Prestigeskalen wie die „Standard International Occupational Prestige Scale (SIOPS)" (Treiman 1977). Liegen sowohl für die soziale Schichtzugehörigkeit als auch für die abhängige Größe „Bildung" Merkmale mit vielen Ausprägungen (also metrische Variablen) vor, lässt sich ein weiteres häufig berichtetes Maß für Bildungsungleichheit berechnen, der sogenannte *soziale Gradient*. Der soziale Gradient hat den Vorteil, dass er die Ausprägung von Ungleichheit in einem einzigen Wert ausdrückt. Abbildung 5.4 zeigt eine grafische Darstellung dieses Maßes, das sich aus einer Regressionsanalyse der individuellen Kompetenzwerte und des jeweiligen ISEI-Indexes ergibt. Die Punkte repräsentieren einzelne SchülerInnen. Die Lage der Geraden wird mathematisch so bestimmt, dass der Abstand der Punkte zur Geraden in der Summe minimiert wird. Durch die Bestimmung der Geraden lässt sich nun angeben, um wie viele Punkte die Lesekompetenzen durchschnittlich steigen, wenn der ISEI-Index um einen Punkt ansteigt (Steigung der Geraden). In diesem Beispiel (deutsche Lese-Testwerte in PISA 2015) liegt der Wert bei 1,5, so dass einem Unterschied von 55 Punkten auf der ISEI-Skala (der beispielsweise zwischen BäckerInnen und ÄrztInnen besteht) ein Unterschied von gut 80 Punkten auf der Leseskala entspricht (das entspricht etwa dem Lernzuwachs von zwei Schuljahren).

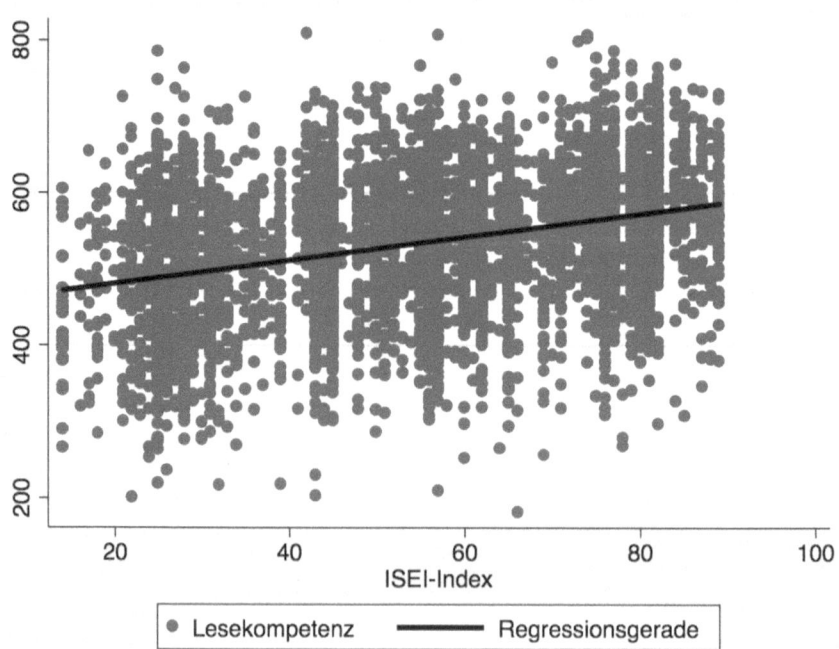

Abbildung 5.4: Sozialer Gradient, Deutschland PISA 2015, Lesekompetenzen, Quelle: OECD PISA 2015 Database, eigene Berechnungen (ungewichtet)

Aus der gleichen Berechnung ergibt sich jedoch noch ein zweiter Wert, der auch häufig zur Beschreibung von Ungleichheit herangezogen wird, die erklärte Varianz. Die erklärte Varianz ist ein Maß dafür, wie gut die durch die Punktewolke gelegte Gerade zu den Daten, d.h. zu den Punkten, „passt". Je weiter die Punkte um die Gerade herum streuen und je weniger ein Trend aus der Punktewolke zu erkennen ist, desto weniger Varianz der abhängigen Variablen (Kompetenz) kann durch die unabhängige Variable (Status) erklärt werden. Die erklärte Varianz wird als Anteilswert oder in Prozent angegeben und kann als ein Maß dafür interpretiert werden, wie sehr die Kompetenzen einer Person vom Status abhängig sind.

Tabelle 5.6 zeigt ein Beispiel für die beiden unterschiedlichen Maße, hier wurde ein in PISA entwickeltes metrisches Maß für sozioökonomischen Status, der Index of Economic, Social and Cultural Status (ESCS) mit den Kompetenzen in Naturwissenschaften in einem Regressionsmodell zusammengebracht. Die Tabelle zeigt einige der 16 am höchsten abschneidenden Länder in PISA 2015, man sieht, dass in Deutschland die durch den Status erklärte Varianz mit 16 Prozent relativ hoch ist (am zweithöchsten), während der soziale Gradient in sechs anderen Ländern mindestens gleich hoch oder höher ist. Es empfiehlt sich also, die beiden Maße gemeinsam zu interpretieren. Für die erklärte Varianz ist zu beachten, dass die Aussagekraft dieses Indikators für Bildungsungleichheit davon abhängt, inwieweit die unabhängige (Status-)Variable tatsächlich Erklärungskraft hat. In einigen Staaten kann zum Beispiel der berufliche Status der Eltern das „entscheidende" Merkmal für den Bildungserfolg ihrer Kinder sein, in anderen Ländern ist wiederum weniger der Beruf als das kulturelle Kapital der Eltern von Bedeutung. Wenn die für das Modell gewählte Variable den eigentlichen Zusammenhang nicht ausreichend abbildet, wird entsprechend nur wenig Varianz erklärt – was dann fälschlicherweise als schwacher Zusammenhang zwischen Herkunft und Bildungserfolg und entsprechend als geringe Bildungsungleichheit interpretiert werden kann.

Tabelle 5.6: Erklärte Varianz und sozialer Gradient, PISA 2015, Lesekompetenz, Statusvariable: International Socio-Economic Index of Occupational Status (HISEI), ausgewählte Länder Quelle: OECD PISA 2015 Database, Figure I.1.3, eigene Darstellung

	erklärte Varianz	sozialer Gradient
Japan	3.8	20.7
Estland	7.8	25.8
Finnland	7.0	25.5
Kanada	5.8	24.5
Korea	5.0	25.3
Neuseeland	10.8	36.1
Slowenien	10.8	31.3
Australien	7.5	30.7
Vereintes Königreich	7.2	27.2
Deutschland	13.4	39.7

5.5 Berücksichtigung von weiteren Einflussfaktoren

Häufig geht es in der Analyse von Ungleichheiten (wie auch bei anderen sozialen Phänomenen) darum, unterschiedliche Erklärungen in die Untersuchung einzubeziehen. Dabei ist es das Ziel, angemessene Vergleichbarkeiten zwischen Gruppen herzustellen. Zum Beispiel wollen wir bei der Analyse von sozialen Unterschieden bei Übergangsentscheidungen im Bildungssystem sicherstellen, dass die Entscheidungsvoraussetzungen, wie zum Beispiel Noten der Kinder aus oberen und unteren Schichten, gleich sind (siehe Kapitel 6). Ebenso wollen wir bei der Analyse von Bildungsunterschieden zwischen MigrantInnen und Einheimischen herausfinden, ob ein beobachteter Unterschied in Bildungserfolgen auf einen unterschiedlichen sozioökonomischen Hintergrund oder tatsächlich auf den Migrationshintergrund zurückzuführen ist. In der Statistik wird dies als „Drittvariablenkontrolle" beschrieben. Mit „Kontrolle" ist gemeint, dass vergleichbare Gruppen konstruiert werden, damit zum Beispiel eingangs beobachtete Unterschiede zwischen Gruppen „erklärt", d.h. auf ihre Ursachen zurückgeführt, werden können. Eine solche Vorgehensweise ist maßgeblich für viele Fragestellungen in den Sozialwissenschaften – und unterscheidet sie von einer einfachen, beschreibenden, zusammenfassenden Sozialstatistik. Häufig finden Sie beispielsweise bei Statistischen Landesämtern „einfache" Tabellen, in denen zum Beispiel Arbeitslosigkeitsraten oder Einkommen nach Geschlecht dargestellt werden. Wenn Sie aber wissen wollen, warum in der Tabelle beobachtbare Unterschiede zustande kommen, stellen Sie damit eine sozialwissenschaftliche Frage. Und dann interessiert Sie nicht eine einfache Tabelle, sondern Sie brauchen eine unter Umständen weit aufgefächerte Tabelle mit vielen Unterkategorien: zum Beispiel Arbeitslosigkeit nach Altersgruppen, Familienstand und Anzahl der Kinder, oder Einkommen differenziert nach Ausbildungsabschlüssen und Wochenarbeitszeit. Weil solch differenzierte Tabellen schnell unübersichtlich werden und aufwändig mit viel Text zu beschreiben wären, ist es erstrebenswert, Zusammenhänge, zum Beispiel zwischen Geschlecht und Einkommen oder Arbeitslosigkeit und Migrationshintergrund, in Zahlen auszudrücken (wie einem relativen Risiko oder Gradienten) – nur eben unter Berücksichtigung der anderen relevanten Einflussfaktoren (die man z.B. aus der Theorie abgeleitet hat). Methodisch wird das häufig mit Regressionsanalysen umgesetzt, die auch zur Bestimmung des sozialen Gradienten verwendet werden. Dabei wird dann die unabhängige Variable betrachtet, auf der das Interesse liegt (z.B. Migrationshintergrund) und es werden weitere Merkmale in die Berechnung einbezogen, deren Einfluss man „herausrechnen" möchte (z.B. sozialer Status) (Diaz-Bone 2006, Kap. 5 und 8). Ein Beispiel für ein solches Vorgehen findet sich in Kapitel 7 (Abbildung 7.1), wo die Kompetenzunterschiede zwischen SchülerInnen mit und ohne Migrationshintergrund unter Berücksichtigung ihres sozioökonomischen Status und der Sprachfähigkeiten berechnet wurden. Das Ergebnis zeigt, dass die Kompetenzunterschiede, die sich in der „einfachen" Tabelle 7.1 als relativ ausgeprägt erwiesen haben, kaum noch existieren. Der Effekt des Migrationshintergrundes auf die Kompetenzen lässt sich also erklären durch den im Durchschnitt geringeren sozioökonomischen Status der MigrantInnen und ihren im Durchschnitt selteneren Gebrauch der deutschen Sprache zuhause (Schunck/Teltemann 2019).

5.6 Datenquellen

Die Beschreibung von Bildungsungleichheit und die Verallgemeinerung der Aussagen für eine Bevölkerung (z.b. die deutsche) setzen Daten voraus: über Bildungsbeteiligung, erworbene Abschlüsse und erworbene Kompetenzen, aber auch über individuelle und familiäre Merkmale wie Geschlecht und Migrationshintergrund. Der Zugang zu Daten zur Beschreibung von Bildungsungleichheit hat sich in den letzten Jahren in Deutschland etwas erleichtert, unter anderem, weil die Kultusministerkonferenz eine Strategie zum „Bildungsmonitoring", also einer regelmäßigen Berichterstattung zu verschiedenen Indikatoren im Bereich Bildung, umgesetzt hat (siehe Kapitel 9). Seit dem Jahr 2006 wird alle zwei Jahre der frei zugängliche Bildungsbericht (www.bildungsbericht.de) herausgegeben, der neben einem festen Indikatorenkatalog auch verschiedene Schwerpunktthemen bearbeitet. Der Bildungsbericht 2016 hatte zum Beispiel den Schwerpunkt Bildung und Migration. Auch die Statistischen Ämter liefern grundlegende, bevölkerungsweite Informationen zu bestimmten Kennzahlen im Bereich Bildung. Für den internationalen Vergleich bietet die OECD den jährlichen Bericht „Education at a Glance/Bildung auf einen Blick" an, der auch auf Deutsch zur Verfügung steht. Die OECD bietet zudem unter *www.pisa.oecd.org* Zugang zu zahlreichen Publikationen rund um die PISA-Studie (und zu den Daten und entsprechenden Dokumentationen). Auch die *International Association for the Evaluation of Educational Achievement (IEA)*, die die internationalen IGLU und TIMSS-Studien durchführt, bietet die Berichte zu den Studien frei zugänglich auf ihrer Website *www.iea.nl* an.

Angaben aus den Statistischen Ämtern und von internationalen Organisationen wie der OECD haben den Vorteil, dass sie bevölkerungsweite Aussagen ermöglichen, allerdings in der Regel in der Form der oben beschriebenen „einfachen" Tabellen. Damit ist gemeint, dass die aus diesen Quellen stammenden Daten in der Regel aggregierte, also auf Ebene der Gesamtgesellschaften zusammengefasste, Daten darstellen. Das liegt daran, dass sich die Statistischen Ämter weitgehend auf Informationen beschränken müssen, die bei offiziellen Vorgängen (z.B. Immatrikulationen, Schulanmeldungen) gesammelt werden. Eine weitere offizielle Datenquellen stellt der sogenannte „Mikrozensus" dar, eine verpflichtende, regelmäßige Befragung einer zufällig gezogenen Stichprobe der deutschen Bevölkerung. Dieser enthält jedoch auch nur ein eingeschränktes Frageprogramm. Detaillierte Informationen zu den Ursachen von bestimmten Bildungsergebnissen, zum Beispiel zur Bedeutung von Museumsbesuchen oder Vorlesen für Kompetenzerwerb kann man mithilfe von Umfragestudien sammeln, die wiederum in ihrer Reichweite (Stichprobengröße) eingeschränkter sind, als die öffentliche Statistik, die aber trotzdem in der Lage sind, verallgemeinerbare Aussagen zu treffen (sofern bestimmte Regeln bei der Datensammlung und Auswertung eingehalten wurden). Zugang zu diesen Daten, bzw. vor allem zu Auswertungen solcher Daten, bekommt man auf dem Wege einer wissenschaftlichen Literaturrecherche, also über Bibliothekskataloge.

Es gibt eine Reihe größerer Forschungsinstitute, die sich in Deutschland (unter anderem) mit Bildung und der Erhebung und Auswertung von Daten in diesem Bereich beschäftigen. Dazu gehören zum Beispiel das DIPF – Leibniz Institut für

Bildungsforschung und Bildungsinformation, das DZHW (Deutsches Zentrum für Hochschul- und Wissenschaftsforschung), das Institut zur Qualitätsentwicklung im Bildungswesen (IQB) und das Leibniz-Institut für Bildungsverläufe (LIfBi).[23] Das LIfBi ist verantwortlich für die Durchführung des „Nationalen Bildungspanels" (NEPS), einer fortlaufenden Studie, in der Menschen aus verschiedenen Altersgruppen regelmäßig befragt und hinsichtlich ihrer Kompetenzen getestet werden. Das Stichwort „NEPS" ist daher auch ein geeignetes Suchwort in Literaturdatenbanken, um aktuelle und in der Regel verallgemeinerbare Befunde zu verschiedenen Bildungsbereichen zu finden. Hinweise zu Veröffentlichungen der Institute und ihrer MitarbeiterInnen finden sich in der Regel auf den Webseiten, so dass man auch darüber aktuelle wissenschaftliche Literatur finden kann.

Der Deutsche Bildungsserver (www.bildungsserver.de) ist ein „Meta-Server", der zahlreiche Online-Ressourcen verschiedener Einrichtungen bündelt. Mittels Schlagwortsuche und Kategorien gelangt man hier zu einer Vielzahl von Fachartikeln, Berichten und Statistiken. Der Bildungsserver enthält auch die Dokumente des Fachportals Pädagogik.

Fragen und Aufgaben zur Wiederholung

- Wie kann Bildung so definiert werden, dass das Vorliegen von mehr oder weniger Bildung gemessen werden kann („Operationalisierung" von Bildung)?
- Wie kann das Niveau von Bildung innerhalb einer Gruppe/Bevölkerung gemessen werden?
- Wie kann die Verteilung/Streuung von Bildung in einer Gruppe/Bevölkerung gemessen werden?
- Wie kann man den Zusammenhang zwischen Bildung und Herkunftsmerkmalen von Personen innerhalb einer Gruppe/Bevölkerung darstellen?

Literaturempfehlungen

Autorengruppe Bildungsberichterstattung (2018): Bildung in Deutschland 2018. Ein indikatorengestützter Bericht mit einer Analyse zu Wirkungen und Erträgen von Bildung. Bielefeld: wbv Media.
Diaz-Bone, R. (2006): Statistik für Soziologen. Konstanz: UVK Verlags-Gesellschaft.
OECD (2018):, Bildung auf einen Blick 2018: OECD-Indikatoren. Bielefeld: wbv Media.

---

23 Weitere Institute finden sich zum Beispiel über den Forschungsverbund Bildungspotenziale: http://www.leibniz-bildungspotenziale.de (Zugriff 22.06.2022)

6. Soziale Bildungsungleichheit

> **Zusammenfassung**
>
> Ein zentrales Forschungsfeld der Bildungssoziologie beschäftigt sich mit den Ausprägungen und Ursachen von schichtspezifischer Bildungsungleichheit, d.h. mit der Kopplung von Bildungserfolg an die soziale Lage einer Person oder Familie. Einige der wichtigsten theoretischen Ansätze der Bildungssoziologie widmen sich entsprechend der Entstehung und Aufrechterhaltung solcher Bildungsungleichheiten. Dieses Kapitel stellt einige dieser Ansätze vor und beleuchtet die auf verschiedenen Ebenen angesiedelten Ursachen für soziale Bildungsungleichheit sowie mögliche Maßnahmen zur Verringerung von sozialer Bildungsungleichheit.

Im dritten Kapitel wurden die gesellschaftlichen Funktionen und Aufgaben von Bildungssystemen dargestellt. Eine dieser Aufgaben bezieht sich auf die Chancengerechtigkeit. In modernen, offenen Gesellschaften sollen Ungleichheiten (z.B. in Einkommen und Einfluss) eigentlich nur auf persönliche Leistungen und Anstrengungen zurückzuführen sein, eine Voraussetzung dafür ist, dass alle die gleichen Chancen haben, die Leistungen und Anstrengungen, die für anspruchsvolle und einflussreiche gesellschaftliche Positionen notwendig sind, auch zu erbringen. Es sollen also alle den gleichen Zugang zu den entsprechend qualifizierenden Bildungsabschlüssen haben, sofern sie die Leistungen dafür erbringen. Das Bildungssystem muss sich also daran messen lassen, inwieweit es Noten und Zeugnisse und Lerngelegenheiten *gerecht* verteilt. Im vorangegangenen Kapitel wurden deshalb Maße von Bildung und der Verteilung von Bildung dargestellt, die in erster Linie dazu geeignet sein sollen, die Leistungen von gesamten Bildungssystemen zu beurteilen.

Wir haben etwa gesehen, dass die Chance für Kinder aus AkademikerInnenhaushalten, ein Hochschulstudium aufzunehmen, um das 2,9-fache höher ist als für Kinder aus Nicht-AkademikerInnenhaushalten (Tabelle 5.4). Der soziale Gradient, berechnet für die in PISA 2015 gemessenen Lesekompetenzen und den International Socio-Economic Index of Occupational Status (ISEI), liegt für Deutschland bei 1,5 und zeigt, dass mit jedem weiteren Punkt auf der zwischen 16 und 90 Punkten variierenden ISEI-Skala die Lesekompetenzen um durchschnittlich 1,5 Punkte auf der Kompetenzskala zunehmen. Die soziale Bildungsungleichheit ist im internationalen Vergleich in Deutschland weiterhin relativ stark ausgeprägt. Im Vergleich zu den 35 OECD-Ländern nahm Deutschland im Jahr 2015 den 8. Platz ein (Indikator für Ungleichheit war hier der Anteil der erklärten Varianz der naturwissenschaftlichen Kompetenzen durch den PISA Index für sozioökonomischen und kulturellen Status ESCS (OECD 2017), siehe auch Tabellen 5.6 und 6.1).

Nach einer Beschreibung des Ausmaßes von Bildungsungleichheit in Form solcher Kennzahlen steht man als BildungssoziologIn jedoch vor der nächsten Aufgabe: der Erklärung, also der Ursachenanalyse. Wie kommt die Ungleichverteilung von Bildung und insbesondere die Kopplung des Bildungserfolgs an Herkunftsmerkmale, wie sozioökonomischer Status, Geschlecht oder Migrationshintergrund, zustande? In diesem Kapitel geht es zunächst um die sogenannte soziale Bildungsungleichheit, also ungleiche Bildungsergebnisse, die mit Unterschieden im sozialen Status von Personen einhergehen. Damit betrifft sie uns alle: wir alle nehmen in der Sozialstruktur einer Gesellschaft eine bestimmte Position (einen sozialen Status) ein und ein Stück weit sind damit unsere Bildungs- und Lebenschancen schon in eine bestimmte Richtung gelenkt.

Der Zusammenhang zwischen sozialer Schichtzugehörigkeit und Bildungserfolg ist einer der ältesten und stabilsten Befunde der soziologischen Bildungsforschung. Diese Ausprägung von Bildungsungleichheit kann daher als „Strukturmerkmal moderner Gesellschaften" bezeichnet werden (Becker 2009, S. 87), d.h. sie stellt keine Ausnahme, sondern ein typisches Phänomen in gegenwärtigen Gesellschaften dar. Soziale Bildungsungleichheit liegt vor, wenn der Bildungserfolg durch die individuelle (bzw. familiäre) soziale Lage (synonym: Status, Schichtzugehörigkeit) beeinflusst wird. Diese „Kopplung" ist natürlich nicht völlig „deterministisch" in dem Sinne, dass der Bildungsstand einer Person vollständig auf ihre Herkunft zurückgeführt werden kann, oder dass kein Kind aus einer ArbeiterInnenfamilie das Abitur erreicht. Die Kopplung beschreibt vielmehr, dass im Durchschnitt die Chance für Kinder aus ArbeiterInnenfamilien, das Abitur zu erreichen, geringer ist. Wir haben es also mit Chancenungleichheit zu tun. Wie kommt diese zustande?

6.1 Schichtspezifische Sozialisation und Theorie der kulturellen Reproduktion

Ein früher Erklärungsansatz für soziale Bildungsungleichheit, die Theorie der schichtspezifischen Sozialisation (Becker 2009, S. 105), geht davon aus, dass in den unterschiedlichen sozialen Schichten, die sich in dieser Theorieperspektive vor allem aus der väterlichen Berufsposition ergeben, spezifische „Sozialcharaktere" geprägt werden. Damit ist gemeint, dass sich in den verschiedenen Schichten typische Verhaltensweisen und Ansichten herausbilden. Da die Erfolgsbedingungen im Bildungssystem auf den Sozialcharakter der Mittel- und Oberschicht ausgerichtet sind (so die Annahme der Theorie), werden Kinder aus unteren Schichten auf niedrige Bildungsabschlüsse verwiesen, die wiederum zu schwachen Positionen auf dem Arbeitsmarkt und damit in untere soziale Schichten führen (Helsper 2004, S. 86). Diese vereinfachte und als „zirkulär" kritisierte Erklärung sozialer Bildungsungleichheit wird in der konflikttheoretischen Theorie der kulturellen Reproduktion, wie sie vor allem durch Pierre Bourdieu (1976) geprägt wurde, vertieft. Für das Verständnis von sozialer Bildungsungleichheit hat Bourdieu wichtige Impulse gesetzt, zum einen mit seiner Habitustheorie und den „Passungsverhältnissen" im Bildungssystem, zum anderen mit seiner Differenzierung der unterschiedlichen Kapitalformen, insbesondere ökonomischem, sozialem und kulturellem Kapital (Bourdieu 1983). Was uns heute als banale Erkenntnis vorkommen mag – dass man aus Bildung und sozialen Kontakten „Profit" schlagen kann, indem beides zum Beispiel zu einem guten Job und hohem Einkommen verhilft – hat Bourdieu systematisch ausgeführt. Er hat gezeigt, dass nicht nur Geld ein (ökonomisches) Kapital darstellt, das sich anhäufen und vermehren lässt. Daneben gibt es auch das kulturelle Kapital, das in anderen theoretischen Perspektiven auch als Humankapital bezeichnet wird, und Wissen und formalisierte Bildungsabschlüsse einer Person beinhaltet. Über das Humankapital hinausgehend gehören zum kulturellen Kapital auch „objektivierte" Kulturgüter, zum Beispiel der Besitz von Büchern oder Kunstgegenständen. Das soziale Kapital als weitere Kapitalform wiederum ergibt sich aus der Zugehörigkeit zu Gruppen und Beziehungsnetzwerken und steht für eine gewisse „Kreditwürdigkeit" (Bourdieu 1983, S. 191). Es kann institutionalisiert werden durch sichtbare Mitgliedschaften, zum Beispiel in Parteien oder Clubs. Die verschiedenen Kapitalsorten können ineinander umgewandelt werden, zum Beispiel kann man sich – mit etwas Aufwand – mit ökonomischem Kapital Bildung und soziale Kontakte „erkaufen". Damit ist weniger gemeint, dass man sich zum Beispiel einen Doktortitel illegal kauft, sondern dass man mit einer bestimmten ökonomischen Kapitalausstattung auch leichter kulturelles Kapital aufbauen kann – zum Beispiel höhere Bildungsabschlüsse mithilfe von Nachhilfe, Privatschulen oder ähnliches erreichen kann. Die unterschiedlichen Erscheinungsformen des Kapitals und die Umwandlungsmöglichkeiten machen es Familien mit Einfluss und guter Kapitalausstattung leichter, ihre Privilegien zu sichern – und das auch intergenerational, also für ihre Kinder. Denn das ist eine der Herausforderungen für die oberen „herrschenden" Schichten: den eigenen Status über die Generationen zu sichern, denn er kann in modernen Gesellschaften nur begrenzt vererbt werden. Zwar kann Vermögen vererbt werden, aber eine einflussreiche oder prestigeträchtige gesellschaftliche Position wie ein Richteramt oder eine Professur können nicht qua Geburt vergeben und in der Familie erhalten werden. In modernen Gesellschaften sollen diese Positionen ja meritokratisch, also nach Leistung und Eignung, vergeben werden. Bildungsabschlüsse sind ein Zeugnis für Leistung und Eignung, so dass der Bildungsstand einer Person (wie wir in Kapitel 2 gesehen haben) entscheidend für ihre soziale Positionierung ist. Den herrschenden Schichten müsste es also gelingen, über die Bildungsabschlüsse ihren Status an ihre Kinder weiterzugeben. Die Theorie der kulturellen Reproduktion (Bourdieu 1976) nimmt deshalb an, dass das Bildungssystem so gestaltet ist, dass es den herrschenden Klassen ermöglicht, ihren Status eben doch zu vererben – indem es ihren Kindern zu den Bildungstiteln verhilft, die zur Aufrechterhaltung des Status benötigt werden.

Bourdieu geht davon aus, dass Eltern mithilfe ihrer (bewussten und unbewussten) sozialisatorischen Praktiken (z.B. Vorlesen, Museumsbesuche, Erziehungsstil) ihr kulturelles Kapital (also ihr Wissen und ihre Bildung) in den Habitus ihrer Kinder „verwandeln". Der Habitus stellt eine Verkörperlichung des kulturellen Kapitals dar und äußert sich zum Beispiel in einem bestimmten Verhalten und Sprachgebrauch der Eltern und Kinder. Diese Verhaltensweisen werden in der Schule aber unterschiedlich anerkannt und belohnt und führen zu schicht- und schulformspezifischen „Passungsverhältnissen". Die Habitus der Mittel- und Oberschichten erfüllen die Leistungsvoraussetzungen und -erwartungen der Schule (bzw. der anspruchsvollen Schulformen) besser. Das Schulsystem belohnt dabei vor allem solche Fähigkeiten und Voraussetzungen, die es selbst nicht vermittelt, sondern die die Kinder nur von zuhause mitbringen können. Auf diese Weise selektiert das Schulsystem unterschiedliche Habitus in unterschiedliche Schulen und Schulformen (Kramer/Helsper 2010). Das Bildungssystem ist in dieser Perspektive eine gesellschaftliche Einrichtung zur Aufrechterhaltung der bestehenden Ungleichheitsstrukturen. Die Kopplung von Bildungserfolg an die soziale Herkunft ist also sozusagen beabsichtigt – aber nicht „offiziell". Offiziell gilt das meritokratische Prinzip: wer mehr leistet und sich mehr anstrengt, wird belohnt. Die Meritokratie ist in dieser Perspektive aber eine „Ideologie", sie gilt faktisch nicht, wird aber behauptet. Das führt dazu, dass die Vererbung der Ungleichheit als natürlich erscheint und legitimiert wird. Weil die Meritokratie vermeintlich gilt, denken SchülerInnen mit guten Leistungen, dass sie ihre guten Leistungen durch Anstrengung verdient haben. Sie nehmen ihre guten Abschlüsse und die daraus resultierenden Lebenschancen als selbst erarbeitet wahr, während die weniger erfolgreichen AbsolventInnen ihre geringeren Chancen und Lebenslagen als selbstverschuldet akzeptieren.

Die konflikttheoretische Sichtweise geht davon aus, dass das Bildungssystem derart gestaltet ist, dass SchülerInnen die bestehenden Ungleichheitsverhältnisse in einer Gesellschaft internalisieren und damit akzeptieren und anerkennen. Diese Internalisierung zusammen mit der Anerkennung von Verhaltensweisen (Habitus) der Ober- und Mittelschichten durch die Schule führen zu einer Reproduktion der gesellschaftlichen Ungleichheitsverhältnisse (Bourdieu/Passeron 1971). Das Bildungssystem ist in dieser Theorie also ein Herrschaftsinstrument. Deshalb wird diese Perspektive auch als „konflikttheoretische" beschrieben: weil Bourdieu (im weitesten Sinne aufbauend auf Marx) davon ausgeht, dass es einen anhaltenden Konflikt der verschiedenen sozialen Klassen um gesellschaftliche Macht und Einfluss gibt, und die oberen Klassen versuchen, ihre Privilegien und ihre Herrschaft zu erhalten.

Die in der Theorie angenommenen Passungskonflikte zwischen Familien und Schulen und Sortierungsprozesse im Schulsystem sind nicht unbedingt einfach empirisch nachzuweisen. In den meisten Schulsystemen haben die Familien relativ große Wahlmöglichkeiten und entscheiden sich selbst, also scheinbar freiwillig, für eine weiterführende Schulform. Die richtige „Passung" und Zugehörigkeit zu einer bestimmten Schulform muss den Familien also irgendwie vermittelt werden, in dem Sinne, dass die unterschiedlichen Schichten wissen müssen, welche Wahl sie (nach den Vorstellungen der herrschenden Klassen) zu treffen haben – so würde man es mit der Theorie der kulturellen Reproduktion erwarten. Eine gewichtige Rolle spielen zum Beispiel die Übergangsempfehlungen, auch wenn diese häufig nicht formal bindend sind. In Tabelle 5.5 in Kapitel 5 wurde der viel diskutierte Befund gezeigt, dass die Übergangsempfehlungen für das Gymnasium von Lehrkräften offenbar nicht völlig leistungsgerecht vergeben werden, da Kinder aus unterschiedlichen sozialen Schichten unterschiedliche Leistungen erbringen müssen, um von ihren Lehrkräften als geeignet für das Gymnasium angesehen zu werden. Dies könnte also ein Mechanismus der schichtspezifischen „Sortierung" sein.

Neben den Empfehlungen der Lehrkräfte orientieren sich Familien bei der Schulwahl aber auch an dem, was sie über eine Schule wissen – wenn sie vor der Wahl stehen. Das Leistungsniveau einer Schule, die Zusammensetzung der SchülerInnenschaft, aber auch das pädagogische Programm sind (neben der Entfernung zur Schule) wichtige Kriterien bei der Schulwahl. Schulen richten sich bei ihrer Selbstdarstellung entsprechend an den Erwartungen der Familien, die sie ansprechen möchten oder müssen, aus. Kramer und Helsper (2010) haben solche Selbstdarstellungen exemplarisch untersucht, indem sie die Begrüßungsreden der SchulleiterInnen weiterführender Schulen für die neuen Fünftklässler analysiert haben. Dabei ging es ihnen darum, die Erwartungen der Schule an die neuen SchülerInnen herauszuarbeiten, also das Bild des „idealen Schülers". Die Begrüßungsreden und die Erwartungen, die die SchulleiterInnen an die neuen SchülerInnen richteten, unterschieden sich in der Studie deutlich zwischen Schulformen: auf der untersuchten Gesamtschule sollten sich die Kinder an dem Mut und der Aufrichtigkeit der Namensgeberin der Schule orientieren, auf dem Gymnasium sollten sie sich unkritisch in die jahrhundertealte Tradition der Schule einordnen und auf der Sekundarschule sollten sie einfach nur brav lernen und auf die LehrerInnen hören (Kramer/Helsper 2010, S. 110 ff.). Es wird deutlich, dass hier bestimmte Milieus und Schichten mal mehr oder mal weniger gut zu den Erwartungen der Schul(form)en passen.

6.2 Handlungstheoretische Perspektive

Weil es eben schließlich die Entscheidungen der Familien sind, die zu unterschiedlichen Bildungskarrieren führen, hat in den letzten Jahrzehnten eine theoretische Perspektive weite Verbreitung gefunden, die sich mit diesem Entscheidungsverhalten explizit beschäftigt. Die auf die einflussreiche Arbeit von Raymond Boudon (1974) zurückgehenden Theorieansätze betrachten Bildungsentscheidungen als Ergebnisse rationaler, also bewusst kalkulierter, Entscheidungen der Familien (Breen/Goldthorpe 1997; Erikson/Jonsson 1996; Esser 2002b). Sie werden deshalb in die Kategorie der „rational choice"-Theorien eingeordnet. Neben der Erklärung der Bildungsentscheidungen teilt Boudon mit Bourdieu aber die Beobachtung, dass die Sozialisationsbedingungen in der Familie die Schulleistungen prägen. Nach Boudon sind die schichtspezifischen Unterschiede im Bildungserfolg eine Folge zweier unterschiedlicher Ursachen. Zum einen resultiert Bildungsungleichheit aus der Tatsache, dass sich aufgrund der unterschiedlichen Ressourcenausstattungen in den Familien die Sozialisationsbedingungen unterscheiden. Zu diesen Bedingungen gehört die Art der Interaktion zwischen Eltern und Kindern, das Anregungspotential, aber auch weitere Faktoren wie Ernährung und Gesundheitsverhalten. Daraus resultieren je nach Schichtzugehörigkeit spezifische (durchschnittliche) Fähigkeiten der Kinder, so dass schon vor Beginn der verpflichtenden Schulzeit die Lernleistungen von Kindern aus höheren Schichten (durchschnittlich) höher sind, als die aus unteren Schichten. Hierin stimmt Boudon also mit der konflikttheoretischen Perspektive überein. Er bezeichnet dieses Phänomen als „primäre Effekte" der sozialen Herkunft. Rolf Becker beschreibt die Folgen dieser Effekte mit einem Bild: „Denn die bestehende Chancenungleichheit im Schulsystem besteht im bildlichen Sinne darin, dass die Startchancen beim Hundertmeterlauf insofern ungleich nach sozialer Herkunft verteilt sind, als die Arbeiterkinder mit zu groß geratenen Schuhen ohne Schnürsenkel an der Startlinie stehen, während die Kinder aus höheren Sozialschichten mit bester Ausstattung einen nicht einholbaren Vorsprung von über 50 Meter haben, bevor überhaupt der Startschuss gefallen ist" (Becker 2009, S. 109).

Zusätzlich zu diesen Unterschieden in den Fähigkeiten und Leistungen kommt dann in der Theorie ein zweiter Mechanismus hinzu, die sogenannten sekundären Effekte. Diese bezeichnen den häufigen Umstand, dass Familien aus unterschiedlichen Schichten selbst bei gleichen Schulleistungen der Kinder unterschiedliche Entscheidungen beim Durchlaufen des Bildungssystems treffen. Boudon und die auf ihn zurückgehenden weiteren Theorieansätze gehen also davon aus, dass solche Entscheidungen im Lebensverlauf getroffen werden müssen – von den SchülerInnen und ihren Familien. Die wichtigste Entscheidung ist dabei (im deutschen Schulsystem) die Übergangsentscheidung nach der Grundschule. Aber auch weitere Entscheidungssituationen spielen für die Entstehung von Bildungsungleichheit eine Rolle, zum Beispiel die Frage, ob in Nachhilfe investiert werden kann, eine Privatschule gewählt werden soll – oder ein Studium anstelle einer Berufsausbildung aufgenommen werden soll.

Die Theorieansätze nehmen dabei an, dass in diesen Entscheidungssituationen immer verschiedene Alternativen vorliegen (z.B. zwischen Hauptschule, Realschule und Gymnasium oder zwischen öffentlicher Schule und Privatschule). Warum nun treffen die Angehörigen unterschiedlicher Schichten unterschiedliche Entscheidungen? Die Theorie geht davon aus, dass die unterschiedlichen Schichten die mit den einzelnen Schulformen verbundenen Konsequenzen unterschiedlich einschätzen und bewerten. Gewählt wird in der Regel die Alternative (z.B. Schulform), die von den Individuen als für sie am nützlichsten eingeschätzt wird. Das ist einer der Grundgedanken aller Theorien der rationalen Wahl (die für sehr viele menschliche Handlungssituationen anwendbar sind): dass Menschen für die ihnen zur Verfügung stehenden Handlungsalternativen Folgen erwarten und diese Folgen abwägen und daraus die für sie positivste, mit dem größten Nutzen verbundene, wählen.

Eine soziologische Variante der Theorie der rationalen Wahl ist die sogenannte Werterwartungstheorie (engl. Subjective Expected Utility Theory). Sie geht davon aus, dass der mit den Handlungs- oder Wahlalternativen (z.B. Gymnasium, Hauptschule, Realschule) verbundene Nutzen subjektiv, also zum Beispiel von den Familien, bewertet wird (es gibt also keine allgemeingültige, objektive Definition des Wertes einer Handlungsalternative). Um zu einer Bewertung der Handlungsfolgen zu kommen, wird, so die Theorie, jede Handlungsalternative gedanklich in drei Bestandteile zerlegt. In der Theorie werden diese als „Parameter" bezeichnet. Die Parameter sind die mit jeder Alternative verbundenen *Kosten* (z.B. die Kosten für einen Privatschulbesuch), die mit jeder Alternative verbundenen *Erfolgswahrscheinlichkeiten* (wie realistisch ist es, dass mein Kind auf dem Gymnasium Erfolg hat?) und der für jede Alternative einzuschätzende „*Bruttonutzen*" oder Ertrag (die weiteren Bildungschancen oder das Prestige, das z.B. mit einem guten Bildungsabschluss einhergeht).

Zum Beispiel könnten die Eltern eines Kindes zwar den Gedanken, dass ihr Kind das Gymnasium besucht, sehr reizvoll finden, weil damit ein gewisses Prestige verbunden ist und sie sich bessere Chancen auf dem Ausbildungs- und Arbeitsmarkt für ihr Kind ausrechnen. Dieser „Reiz" ist der mit der Alternative Gymnasium verbundene eingeschätzte Ertrag (englisch: Benefit (B)). Gleichzeitig kennen sie die bisherigen Leistungen ihres Kindes und schätzen die Chance, dass ihr Kind das Abitur erreichen würde, als nicht besonders hoch ein. Diese Einschätzung ist die Erwartung der mit der Alternative verbundenen Erfolgswahrscheinlichkeit (englisch: Probability (P)). Zudem denken die Eltern an etwaige Kosten (englisch: Cost (C)): durch den längeren Schulbesuch und womöglich ein anschließendes Studium fallen eventuell längere Unterhaltskosten an, während das Kind nach einem Realschulbesuch eventuell schon früher eine Lehre beginnen und damit eigenes Geld verdienen könnte.

In der formalen Darstellungsweise der Werterwartungstheorie ergibt sich damit für jede Alternative aus den einzelnen Bestandteilen der Entscheidung eine Gleichung der folgenden Art:

Erwarteter Nutzen = Ertrag*Wahrscheinlichkeit-Kosten.

Ins Englische übertragen ergibt sich:

Subjective Expected Utility=Probability*Benefit-Costs.

Und abgekürzt:

SEU=PB-C

(Erikson/Jonsson 1996).

Diese Theorie, mit ihren Annahmen des Vorliegens und des subjektiven Abwägens von Handlungsalternativen, den drei Bestandteilen der Entscheidung und der Regel, dass sich jeweils für die Alternative mit dem höchsten eingeschätzten Nettonutzen entschieden wird, ist eine allgemeine Handlungstheorie, die sich auf sehr viele Handlungsbereiche anwenden lässt. Es handelt sich also nicht um eine exklusiv für den Bildungsbereich geltende Theorie. Die meisten AnwenderInnen der Theorie gehen nicht davon aus, dass Individuen sich in Ruhe an ihren Küchentisch setzen und versuchen, die Bestandteile jeder Handlungsalternative (P, B und C) konkret einzuschätzen, um dann ihren Wert (in Euro oder „Glückseinheiten") auszurechnen. Die Entscheidungen erfolgen in aller Regel nicht aufgrund des Ermittelns konkreter Werte sondern anhand intuitiver (innerer) Rangordnungen von Entscheidungsalternativen. Das heißt, die Familien begründen dann auch Entscheidungen nicht notwendigerweise mit konkretem und bewusstem Bezug auf Kosten, Nutzen und Erfolgswahrscheinlichkeiten. Die theoretische Aufteilung in die verschiedenen Bestandteile jeder Entscheidung (Kosten, Wahrscheinlichkeiten, Ertrag) ist deshalb nicht so sehr für die handelnden Personen entscheidend, sondern sie ist hilfreich, um für die Überprüfung der Theorie konkrete Hypothesen zu entwickeln – um damit etwas über die Ursachen von Bildungsungleichheit zu erfahren und möglicherweise durch politische Intervention gegenzusteuern. Die Einschätzung der Entscheidungsbestandteile durch die Handelnden hängt nämlich unter anderem von deren Lebenssituationen ab. Bei der Wahl verschiedener Bildungsalternativen stehen die Familien aus unterschiedlichen sozialen Schichten vor unterschiedlichen Ausgangsbedingungen. Die unterschiedliche Verfügbarkeit über ökonomisches Kapital, also Geld, führt dazu, dass Familien mit mehr Einkommen oder Vermögen die Kosten für den Gymnasialbesuch geringer einschätzen. Ebenso schätzen sie die Erfolgswahrscheinlichkeiten für den Gymnasialbesuch für ihre Kinder höher ein, da die Eltern wissen, dass sie im Zweifelsfall mit Nachhilfeunterricht oder Privatschulbesuch nachhelfen können.

Eltern aus höheren Schichten verbinden auch einen besonderen Nutzen mit dem Gymnasialbesuch, denn dieser führt im Erfolgsfall (und der kann ja erwartet werden) zur Hochschulreife, zu einem Studium und zu guten Arbeitsmarktchancen, kurz: zur intergenerationalen Erhaltung des familiären sozialen Status. Hartmut Esser (1999) hat dieses Phänomen entsprechend als *Statuserhaltmotiv* beschrieben. Familien möchten ihren sozialen Status an die nächste Generation weitergeben. Familien aus unterschiedlichen Schichten müssen aber unterschiedliche Bildungsentscheidungen treffen, um dies zu realisieren. Für Angehörige unterer Schichten besteht nicht so ein starker Anreiz und demnach ein geringer eingeschätzter Nutzen des Gymnasialbesuchs. Für die Familien aus den oberen Schichten ergibt sich jedoch ein besonderer Anreiz aus der Aussicht auf ein Abitur, denn das ist der Abschluss, den sie für ihren Statuserhalt brauchen. Dies ist der sogenannte sekundäre Effekt der sozialen Herkunft, der ebenfalls durch Boudon (1974) beschrieben wurde.

Bei den sekundären Effekten geht es also zum einen darum, dass sich der Nutzen von unterschiedlichen Bildungswegen jeweils vor dem Hintergrund der Aussichten auf Statuserhalt mithilfe dieses Bildungswegs zeigt – zum anderen aber um konkrete, tatsächliche Unterschiede in den „harten" Parametern Kosten und Erfolgswahrscheinlichkeiten, die sich aus unterschiedlichen Verfügbarkeiten über ökonomisches und kulturelles Kapital in den Schichten ergeben. Die unteren Schichten entscheiden sich also nicht deshalb seltener für das Gymnasium oder die Universität, weil sie Bildung grundsätzlich nicht wertschätzen oder ernst nehmen, sondern weil für sie die relativen Kosten höher sind und die Erfolgswahrscheinlichkeiten geringer. Das für sie nicht bestehende Risiko des intergenerationalen Statusverlusts kommt dann als fehlender Anreiz noch dazu.

Unterschiede in den Bildungsentscheidungen, selbst bei gleicher Leistung, kommen also durch Unterschiede in den familiären Lebensbedingungen, d.h. unterschiedliche Verfügbarkeiten über Kapital, und durch unterschiedliche Anreize (Statuserhaltmotiv) zustande.

6.3 Einflussfaktoren auf Ebene der Schulen und des Unterrichts

Die Theorie der kulturellen Reproduktion und die auf Boudon zurückgehenden handlungstheoretischen Ansätze stellen die innerfamiliären sozialisatorischen Wirkungen auf Fähigkeiten und Leistungen der SchülerInnen (primäre Effekte) bzw. Habitus und das schichtspezifische Entscheidungsverhalten (sekundäre Effekte) der Familie in den Vordergrund. In der Theorie der kulturellen Reproduktion kommen die in den Institutionen handelnden Personen hinzu, also etwa Lehrkräfte und SchulleiterInnen, die die Passungsverhältnisse gestalten und aufrechterhalten (z.B. durch eine nicht vollständig leistungsgerechte Empfehlungspraxis und die Erwartungen, die an SchülerInnen gerichtet werden und die dementsprechenden Belohnungen und Sanktionierungen der SchülerInnen).

Natürlich gibt es noch eine Reihe weiterer Faktoren, die Kompetenzentwicklung und die Neigungen für bestimmte Bildungskarrieren beeinflussen können. An dieser Stelle geht es jedoch nicht darum, Kompetenzerwerb und Bildungsentscheidungen *allgemein* zu erklären, sondern darum, die Schichtspezifität zu beleuchten, also zu erklären, warum sich diese Prozesse zwischen sozialen Schichten unterscheiden. Dabei sind die familiären Sozialisationsbedingungen und die Ressourcenausstattung die wichtigsten Aspekte. Die Wirkung dieser Faktoren kann jedoch an verschiedenen Stellen verstärkt oder verringert werden, so dass auch andere Ebenen zur sozialen Bildungsungleichheit beitragen.

Zweifelsohne sind zum Beispiel die beiden Kontexte der Schule und des Unterrichts als Lernorte natürlich überaus wichtig für die Entwicklung von Leistungen und Kompetenzen. Die Frage, die in diesem Zusammenhang allerdings relevant ist, ist wieder nicht, ob und wie die Schule und der Unterricht *generell* zum Lernen beitragen, sondern ob und wie sie dazu beitragen, dass sich der Lernfortschritt und die Vorlieben für bestimmte Bildungswege zwischen den sozialen Schichten unterscheiden. Das wäre zum Beispiel der Fall, wenn bestimmte SchülerInnengruppen systematisch in der Schule benachteiligt oder gefördert würden. Die in Tabelle 5.5 berichteten schichtspezifischen kritischen Werte für die Gymnasialempfehlungen durch die Lehrkräfte könnten in diese Richtung interpretiert werden. Tatsächlich ist es in aller Regel nicht so, dass Lehrkräfte bewusst Kinder aus bestimmten sozialen Lagen aus dem Gymnasium fernhalten wollen. Eher trifft zu, dass sie ihren SchülerInnen einen erfolgreichen Schulbesuch ermöglichen und Erfahrungen des Scheiterns ersparen möchten. Dabei werden die Unterstützungsmöglichkeiten durch die Eltern offenbar ein Stück weit einkalkuliert. Wichtiger ist darüber hinaus, dass weitere, leistungsfremde Kriterien, wie psychosoziale Kompetenzen, in der Regel in die Übergangsempfehlung eingehen (Helbig/Morar 2017). Auch diese können sich (als Folge der primären Effekte) zwischen sozialen Schichten unterscheiden. Der Effekt durch die schichtspezifisch (scheinbar) verzerrten Übergangsempfehlungen und ähnliche Faktoren auf Ebene der Schule werden in manchen Arbeiten entsprechend als *tertiäre Effekte* auf Ungleichheit bezeichnet (Esser 2016).

Eine weitere Ursache für Bildungsungleichheit auf Ebene der Schulen und des Unterrichts könnte darin bestehen, dass die verschiedenen Schichten möglicherweise unterschiedliche Schulen mit jeweils unterschiedlichen Lern- und Förderbedingungen besuchen. Natürlich gibt es keine „schichtspezifischen" Schulen, das würde dem verfassungsmäßigen Prinzip der Gleichheit der Lebensbedingungen und dem Recht auf Bildung widersprechen. Tatsächlich unterscheidet sich jedoch die SchülerInnenschaft zwischen verschiedenen Schulen und Schulformen hinsichtlich bestimmter Merkmale. Dies liegt zum einen an der sogenannten residentiellen Segregation, also daran, dass sich die Bevölkerungsgruppen nicht zufällig über

Wohnstandorte verteilen. Stattdessen gibt es wohlhabendere Viertel und solche, in denen die bauliche Ausstattung und die soziale Lage der BewohnerInnen geringer ist. Da die Schulweglänge einer der wichtigsten Faktoren bei der Auswahl einer Schule ist, spiegeln Schulen und ihre SchülerInnenschaft in der Regel die Zusammensetzung der Wohnumgebungen, in denen sie sich befinden, wider, zum Beispiel hinsichtlich des Anteils fremdsprachlicher SchülerInnen oder der durchschnittlichen sozioökonomischen Lage der Eltern (so kann es dann zur Entstehung von sogenannten „Brennpunktschulen" kommen). Bei den weiterführenden Schulen kommt ein weiterer Sortiermechanismus hinzu: durch die primären, sekundären und tertiären Effekte ist die Wahl der weiterführenden Schule „sozial selektiv", d.h. die SchülerInnen unterscheiden sich nicht nur nach ihren Leistungen und Interessen, sondern auch nach ihrem sozialem Status. Daraus entstehen wiederum bestimmte Effekte, weil sich bestimmte „Lern- und Entwicklungsmilieus" herausbilden (Baumert et al. 2006). In eher gemischten Gruppen können schwächere SchülerInnen zum Beispiel von stärkeren profitieren.

Wenn die Gruppenzusammensetzung nach sozioökonomischem Hintergrund homogener, also ähnlicher, ist, können auch daraus bestimmte Effekte der gegenseitigen Beeinflussung entstehen. Die Schule ist ein zentraler Ort für die Entstehung von Freundschaftsbeziehungen (und auch Feindschaftsbeziehungen). An Freunden und Feinden orientiert man sich: man übernimmt Vorlieben und Einstellungen, auch weil die soziale Gruppe Druck ausüben kann. Wenn die Kinder aus höheren Schichten höhere Kontrollüberzeugungen und Zuversicht hinsichtlich ihrer Leistungen und ihrer Zukunft entwickeln können, können sich diese Haltungen untereinander noch verstärken. Das wird manchmal als „Basking in Reflected Glory" (dt. etwa: „sich in widergespiegelter Herrlichkeit sonnen", Cialdini et al. 1976) bezeichnet. Dabei „färben" die Leistungen und Erfolge sozusagen auf andere ab und werden so gegenseitig aufrechterhalten und verstärkt. Im Gegenzug können sich Stigmatisierungserfahrungen und Demotivation in unteren Schichten und unteren Schulformen verstärken, wenn solche Erfahrungen in der Schulklasse ausgeprägt sind. Durch solche „Peer-Effekte" können also die familiären Effekte noch verstärkt werden. In der Forschung, die sich mit den individuellen Motivationen und Erwartungen in Bezug auf die eigene Bildungskarriere (als wichtige Einflussgröße auf den tatsächlichen Verlauf) beschäftigen, wird deshalb insbesondere auch die Bedeutung von „signifikanten Anderen" in den Blick genommen. Das sogenannte Wisconsin-Modell des Statuserwerbs ist ein früher Ansatz, der sich mit der sozialen Bildungsungleichheit beschäftigt hat und der den Einfluss der Aspirationen und Erwartungen von Menschen im nahen Umfeld einer Person einbezieht (Sewell et al. 1969).

6.4 Kann soziale Bildungsungleichheit verringert werden?

Wir haben gesehen, wie unterschiedliche Lebensbedingungen – und unterschiedliche Lernbedingungen in Schule und Elternhaus – den Kompetenzerwerb und die Übergangsentscheidungen so beeinflussen, dass sie sich systematisch zwischen sozialen Schichten unterscheiden. Allerdings kann die Bedeutung dieser unterschiedlichen Lebenslagen und der unterschiedlichen Schulzusammensetzung von außen beeinflusst werden – zum Beispiel durch die Struktur des Bildungssystems. In einem integrierten Schulsystem, in dem keine Übergangsentscheidungen getroffen werden können, können die sekundären und tertiären Effekte beispielsweise nicht so stark zum Tragen kommen. Ebenso können sich nicht so deutlich unterschiedliche Lern- und Entwicklungsmilieus in den unterschiedlichen Schulformen herausbilden. Deshalb wurde beispielsweise die frühe Gliederung im deutschen Schulsystem für die im internationalen Vergleich sehr ausgeprägte Kopplung des Bildungserfolgs an den sozioökonomischen Status in Deutschland verantwortlich gemacht (siehe Kapitel 5 und Kapitel 9).

Mittlerweile gibt es eine Reihe von soziologischen Forschungsarbeiten, die sich mit der Frage beschäftigen, wie die Gliederung des Schulsystems, aber auch andere Merkmale des Inputs und der Organisation von Bildungssystemen (siehe Kapitel 3) sich auf das Ausmaß von Bildungsungleichheit auswirken (siehe für einen Überblick z.B. van de Werfhorst und Mijs 2010). Um die primären Effekte der familiären Prägung zu verringern, kann unter anderem die frühkindliche, vorschulische Bildung in den Blick genommen werden. Durch eine umfassende frühe Förderung in Betreuungseinrichtungen mit qualifiziertem Personal können Nachteile durch fehlende Ressourcen im Elternhaus zumindest ein Stück weit kompensiert werden. Das ist auch einer der leitenden Gedanken hinter dem Ausbau von Ganztagsschulen: dass Kinder mehr Zeit in Schulen verbringen, in denen sie weniger ungleiche Entwicklungsbedingungen vorfinden, als in den Elternhäusern – so dass schichtspezifische Unterschiede im Lernen verringert werden können.

Seit der Veröffentlichung der ersten PISA-Ergebnisse im Jahr 2001 wurden in Deutschland viele bildungspolitische Reformen auf den Weg gebracht, die gezielt die Bildungsungleichheit verringern sollten. Dazu gehörte in vielen Bundesländern die Abschaffung der Hauptschule, eine Ausweitung der Wechselmöglichkeiten zwischen verschiedenen Schulformen, der Ausbau der Ganztagsschule und der Gesamtschule und Qualitätsverbesserungen und Ausbau im frühkindlichen Bereich (siehe auch Kapitel 9). Die Reformen scheinen zumindest teilweise erfolgreich gewesen zu sein, so zeigt die folgende Tabelle 6.1, dass sich der Anteil der durch den sozioökonomischen Status der SchülerInnen erklärbaren Unterschiede der Leseleistungen zwischen PISA 2000 und PISA 2015 in Deutschland um etwa ein Drittel verringert hat (siehe auch Kapitel 5).

Tabelle 6.1: Anteil der erklärten Varianz der Leseleistungen durch den ESCS-Index. OECD PISA Database 2000, 2003, 2006, 2009, 2012, 2015, 2018. Eigene Berechnungen

Jahr	2000	2003	2006	2009	2012	2015	2018
Anteil	0.19	0.23	0.16	0.18	0.15	0.13	17

Dass die politische Steuerbarkeit der sozialen Herkunftseffekte auf Bildungserfolg jedoch begrenzt ist, verdeutlicht uns wiederum die konflikttheoretische Perspektive. Höhere soziale Schichten geben ihre Privilegien meistens nicht freiwillig an „AufsteigerInnen" aus unteren Schichten ab, selbst wenn diese fleißiger und talentierter als der eigene Nachwuchs sind. Deshalb werden die oberen Schichten immer versuchen, sich abzugrenzen, zum Beispiel indem sie ihren Kindern exklusive Bildungsabschlüsse ermöglichen. Das kann, wenn politische Reformen beispielsweise auf den Ausbau des Gesamtschulwesens ausgerichtet sind, zum Beispiel über Privatschulen und Internate, zur Not im Ausland, geschehen.

In Hinblick auf Reformen zur Verringerung von Bildungsungleichheit reicht es auch nicht, für die unteren Schichten formale Zugangsmöglichkeiten zu schaffen, wenn in den Elternhäusern kein ausreichendes Wissen über die verschiedenen Bildungsmöglichkeiten und die damit verbundenen Lebenschancen für ihre Kinder vorhanden ist. Es würde also Beratung und Information und Aufklärung brauchen, um zu ermöglichen, dass bereitgestellte Angebote auch genutzt werden können. Daraus wird wiederum deutlich, dass sich Reformen für weniger Bildungsungleichheit nicht auf die Institutionen des Bildungssystems allein beschränken können. Ein Bildungssystem kann nicht gerechter sein, als die Gesellschaft insgesamt. Anders gesagt: Bildungs- und Schulreform allein werden die Aufgabe der Chancengerechtigkeit nicht lösen können, wenn nicht umfassende flankierende sozialpolitische Maßnahmen erfolgen.

Fragen und Aufgaben zur Wiederholung

- Wie kommen die primären Effekte der sozialen Herkunft (auf die Leistungen und Lernfähigkeiten) zustande?
- Was sind sekundäre Effekte der sozialen Herkunft?
- Was ist mit „Passungsverhältnissen" zwischen Kindern/Familien und Schulen bzw. Schulformen gemeint?
- Unterschiede in Bildungsentscheidungen zwischen sozialen Schichten werden in der Bildungssoziologie unter anderem mit der Werterwartungstheorie erklärt. Welche Aspekte („Parameter") von Handlungsalternativen werden dieser Theorie zufolge nach bei Entscheidungen berücksichtigt?
- Welche Merkmale von Bildungssystemen können den Grad sozialer Bildungsungleichheit beeinflussen?

Literaturempfehlungen

Baader, M. S./Freytag, T. (Hrsg.) (2017): Bildung und Ungleichheit in Deutschland. Wiesbaden: Springer Fachmedien.
Becker, R. (2009): Entstehung und Reproduktion dauerhafter Bildungsungleichheiten. In: Becker, R. (Hrsg.): Lehrbuch der Bildungssoziologie. Wiesbaden: VS Verlag für Sozialwissenschaften, S. 85-131.
Becker, R./Lauterbach, W. (Hrsg.) (2016): Bildung als Privileg. Wiesbaden: Springer Fachmedien.
Deißner, D. (Hrsg.) (2013): Chancen bilden: Wege zu einer gerechteren Bildung - Ein internationaler Erfahrungsaustausch. Wiesbaden: Springer-Verlag.
Krüger, H.-H./Rabe-Kleberg, U./Kramer, R.-T. et al. (Hrsg.) (2011): Bildungsungleichheit revisited. Wiesbaden: VS Verlag für Sozialwissenschaften.

7. Migrationsbedingte Bildungsungleichheit

> **Zusammenfassung**
>
> In diesem Kapitel wird mit dem Blick auf Bildungsungleichheiten zwischen Personen mit und ohne Migrationshintergrund eine weitere Dimension von Bildungsungleichheit beleuchtet. Dabei wird zunächst gezeigt, in welchem Verhältnis der Bildungserfolg von Zugewanderten zur gesamtgesellschaftlichen Integration steht. Anschließend wird ein Überblick über prägende Einwanderungswellen nach Deutschland und empirische Befunde zum Bildungserfolg von Personen mit Migrationshintergrund gegeben. Auch in diesem Kapitel steht die Erklärung der Ungleichheiten mithilfe von Theorien im Fokus. Abschließend werden Beispiele für Maßnahmen zur Unterstützung des Bildungserfolgs von Personen mit Migrationshintergrund vorgestellt.

Am Anfang des vorherigen Kapitels wurde festgestellt, dass soziale Bildungsungleichheit, d.h. unterschiedliche Bildungsergebnisse unterschiedlicher Sozialschichten, ein „Strukturmerkmal" moderner Gesellschaften seien. In den vergangenen zwei Jahrzehnten ist eine weitere Dimension von Bildungsungleichheit zunehmend in den Fokus der Forschung und der Bildungspolitik gerückt: migrationsbedingte Bildungsungleichheiten. Als solche können Unterschiede in Bildungsergebnissen zwischen Personen mit und ohne Migrationshintergrund beschrieben werden und auch diese haben sich in den letzten Jahren in vielen Ländern als eine weit verbreitete Kategorie von Bildungsungleichheit erwiesen. In diesem Kapitel soll dargestellt werden, was die Migrationserfahrung soziologisch bedeutet, wie sich migrationsbedingte Bildungsungleichheiten in Deutschland und im internationalen Vergleich empirisch darstellen und wie sie sich theoretisch erklären lassen.

In Kapitel 3 wurden die Funktionen von Bildungssystemen dargestellt und es wurde deutlich, dass sie zentrale Aufgaben für den Zusammenhalt, d.h. die Integration, von modernen Gesellschaften übernehmen. Damit ist in erster Linie gemeint, dass SchülerInnen grundlegende Werte und kulturelle Fähigkeiten, aber eben auch Demokratiebewusstsein und die Akzeptanz der gesellschaftlichen Verhältnisse, vermittelt werden sollen. In Einwanderungsländern, zu denen gegenwärtig die meisten industrialisierten Staaten gehören, übernehmen Bildungssysteme aber auch eine wichtige Aufgabe bei der Integration von MigrantInnen. Die Integration von Zugewanderten ist aus Sicht der Aufnahmestaaten immer anzustreben, denn sie bedeutet nichts anderes als die einigermaßen ungestörte Funktions- und Überlebensfähigkeit der Gesellschaft zu sichern[24]. Das gilt zumindest in unseren modernen, offenen Gesellschaften. Es gibt zwar Gesellschaftsformen, in denen eine dauerhafte Desintegration von bestimmten Bevölkerungsgruppen die Stabilität der Gesamtgesellschaft kaum gefährdet (z.B. in Kasten- oder Feudalgesellschaften), in modernen, arbeitsteiligen und demokratischen Gesellschaften spielt aber die Idee der Leistungsgerechtigkeit (Meritokratie) eine wichtige Rolle für die Ak-

---

[24] Das Gebot der gesellschaftlichen Integration stellt sich also nicht nur mit Blick auf Zugewanderte, sondern ist ein grundlegendes Problem für Gesellschaften überhaupt. Wie in Kapitel 1 gezeigt wurde, ist die Frage nach der Integration, dem Zusammenhalt von Gesellschaften, eine der Begründungen für die Entstehung der Soziologie als Disziplin Ende des 19. Jahrhunderts.

zeptanz bestehender sozialer Ungleichheiten. Ein dauerhafter Ausschluss von Bevölkerungsgruppen aus bestimmten gesellschaftlichen Positionen und Entfaltungsmöglichkeiten würde deshalb zu Konflikten führen, wenn dieser Ausschluss durch ein askriptives Merkmal begründet ist, für das die Person „nichts kann", das also nicht (z.B. durch Anstrengung) veränderbar ist (siehe Kapitel 5).

7.1 Migration, Bildung und Integration

Inwieweit das Bildungssystem und die Bildungsbeteiligung von Zugewanderten zu einer gelingenden Integration beitragen können, wird deutlich, wenn man die Begriffe Integration und Migration genauer definiert. Integration ist zunächst ein neutraler Begriff, der nicht auf eine Verwendung im direkten Zusammenhang mit Migration beschränkt ist. Integration kann als „wechselseitige Abhängigkeit von Teilen eines Ganzen" verstanden werden. Was bedeutet Integration nun im Zusammenhang mit Migration? Es gibt unterschiedliche Definitionen von Migration, häufig wird darunter jedoch die grenzüberschreitende, relativ dauerhafte Verlegung des Lebensmittelpunktes einer Person verstanden (Heckmann 2015). Migration in diesem Sinne ist keinesfalls ein Phänomen des 21. Jahrhunderts, vielmehr ist Migration ein konstituierender Bestandteil der Menschheitsgeschichte. Manche AnthropologInnen sehen in den Bewegungen von Menschen gar eine entscheidende Voraussetzung für menschliche Entwicklung und sozialen Wandel. Migration ermögliche die Verbreitung von Ideen und Wissen, womit ökonomische Produktivität, soziale Ordnung und Gleichheit gefördert werde (Richerson/Boyd 2008, S. 877). Menschen wandern also seit jeher, und zwar in der Regel, um an einem anderen Ort bessere Lebenschancen zu realisieren, ihre persönlichen Ziele verfolgen zu können oder um die Lebenssituation zurückbleibender Angehöriger zu verbessern. Ob diese Wanderungen nur Binnenwanderungen darstellen, also innerhalb eines Staates stattfinden, oder ob bei der Migration Staatsgrenzen überschritten werden – fast immer ist mit der Wanderung eine Anpassung an die neue Umgebung und ein Wechsel wichtiger Bezugspunkte erforderlich, da am Herkunftsort bestehende soziale Beziehungen, Arbeitsverhältnisse und andere Einbindungen nicht aufrechterhalten werden können. Die Prozesse dieser Anpassungen und Gruppenwechsel sind aus verschiedenen Blickwinkeln beschrieben und häufig kontrovers diskutiert worden.

In der Debatte um die Integration von Zugewanderten, die häufig stark politisch und normativ (d.h. geprägt von Überzeugungen und Werturteilen) geführt wird, scheitert die konstruktive wissenschaftliche wie öffentliche Auseinandersetzung häufig bereits daran, dass zentrale Begriffe mit unterschiedlichen Bedeutungen versehen werden. Für das, was mit Integration gemeint ist, werden ganz unterschiedliche Konzepte verwendet: Eingliederung, Assimilation, Akkulturation zum Beispiel sind mehr oder weniger synonyme Bezeichnungen, die jedoch von unterschiedlichen Positionen als unterschiedlich gut geeignet angesehen werden. Für die Zwecke dieses Lehrbuchs soll allgemein von Integration gesprochen werden, um die Prozesse des Aufeinandertreffens und „sich Arrangierens" von Zugewanderten und Aufnahmegesellschaften zu beschreiben. Dabei sagt Integration noch nichts über Erwartungen und Verpflichtungen der beteiligten alten und neuen Gesellschaftsmitglieder aus. Integration beschreibt sowohl einen Zustand als auch einen Prozess. Hartmut Esser (2006) unterscheidet in seiner häufig zitierten Konzeptualisierung in Anknüpfung an frühere Arbeiten (u.a. Gordon 1964) vier Aspekte und dazugehörende Prozesse der Integration: (1) die kulturelle Dimension (als Prozess findet hier Akkulturation statt), (2) die strukturelle Dimension (Prozess der Platzierung), (3) die soziale (Interaktion) und schließlich (4) die emotionale Dimension (Identifikation). Erfolgreiche Bildungsbeteiligung im Aufnahmeland steht mit allen vier Aspekten in Zusammenhang. Durch den Kompetenzerwerb in der Schule (insbesondere im Hinblick auf die Sprache des Aufnahmelandes aber auch auf allgemeine kulturelle „Orientierungsfähigkeiten") wird die Akkulturation befördert. Durch den Erwerb von (Abschluss-)Zeugnissen wird die weitere Beteiligung am Bildungssystem oder am Erwerbssystem und damit die strukturelle Integration ermöglicht. Im Idealfall besuchen Kinder mit Migrationshintergrund Schulen, an denen sie Kontakte zu SchülerInnen ohne Migrationshintergrund knüpfen und so soziale Integration erleben können. All diese Prozesse stehen in der Regel auch in Zusammenhang mit der emotionalen Dimension von Integration. Erfolgreiche Bildungsbeteiligung ist also der Schlüssel zur gesellschaftlichen Integration – und Defizite der Integration im Bildungsbereich können als eine Art Langzeitindikator der gesamtgesellschaftlichen Integration herangezogen werden.

Aus diesen Gründen wird auch aus politischer Sicht ein großes Augenmerk auf das Bildungssystem als „Integrationsmaschine" gelegt. In Deutschland war die große Bedeutung der schulischen Integration von SchülerInnen mit Migrationshintergrund jedoch bis zum Beginn des neuen Jahrtausends, also relativ lange, nicht bewusst. Das lag auch daran, dass es gar keine verlässlichen Zahlen über die Größe der MigrantInnengruppe und ihre Bildungsergebnisse gab. Diese Informationslücke kam auch dadurch zustande, dass es für solche Zahlen erst einmal eine einheitliche Definition und eine flächendeckende Erhebung des Merkmals Migrationshintergrund geben musste (siehe Kapitel 3.5). Das war in den amtlichen Statistiken und Umfragen lange nicht der Fall, obwohl Deutschland schon über mehrere Jahrzehnte hinweg Einwanderung verzeichnen konnte.

7.2 Zuwanderung nach Deutschland

Migration nach und aus Deutschland ist ein dynamisches Phänomen. Um die Komplexität des Geschehens zu erfassen, sollte nicht nur Zuwanderung, sondern auch Abwanderung berücksichtigt werden. Der Wanderungssaldo setzt diese beiden Prozesse ins Verhältnis. Dieser Saldo war Anfang der 1990er-Jahre deutlich positiv (d.h. es gab einen Zuwanderungsüberschuss), sank dann aber bis zum Ende des ersten Jahrzehnts des neuen Jahrtausends und wurde kurzzeitig 2008/2009 sogar negativ. Zwischen 2009 und 2015 ist er stetig angestiegen, danach ist er wieder abgesunken (BAMF 2018). Durch die Fluchtmigration im Zusammenhang mit dem Krieg in der Ukraine wird die Zuwanderung im Jahr 2022 wieder deutlich zugenommen haben.

Die Zuwanderung nach Deutschland seit dem zweiten Weltkrieg lässt sich in fünf verschiedene Migrationsströme unterteilen: (1) die sog.

GastarbeiterInnenmigration, (2) Migration von (Spät-)AussiedlerInnen, (3) EU-Binnenmigration, (4) Fluchtmigration und (5) Familienzusammenführung (Olczyk et al. 2016; Oltmer 2010; Schunck/Teltemann 2019). In den 1950er- und 1960er-Jahren war das Migrationsgeschehen nach Deutschland durch angeworbene (1) GastarbeiterInnenmigration[25] aus Südeuropa und der Türkei geprägt (Heckmann 2015). Die GastarbeiterInnenmigration war politisch gewollt und unterstützt, um die Nachfrage nach Arbeitskräften in den sogenannten Wirtschaftswunderjahren zu decken. Geplant war allerdings, dass die angeworbenen ArbeiterInnen nach einer bestimmten Zeit wieder in ihre Herkunftsländer zurückkehren sollten – daher die Bezeichnung GastarbeiterInnen.

Für einen Großteil der GastarbeiterInnen (etwa 11 von 14 Millionen, Nuscheler 1995) traf das auch zu, trotzdem blieben viele ArbeiterInnen dauerhaft – auch auf Bestreben Ihrer ArbeitgeberInnen – und begannen, ihre Familien nachzuholen. Vor allem GastarbeiterInnen und ihre Familien aus der Türkei wurden auf diese Weise zu einer der bis heute größten MigrantInnengruppen in Deutschland. Im Jahr 2020 hatten knapp 2,8 Millionen Personen in Deutschland einen Migrationshintergrund türkischer Herkunft.[26]

Mit dem Ende des Wirtschaftswachstums und der ersten Ölpreiskrise wurde die Anwerbung von GastarbeiterInnen 1973 gestoppt. Seitdem ist die Einwanderung nach Deutschland rechtlich stark beschränkt. Einwanderung zum Zwecke der Arbeit ist nur unter bestimmten Bedingungen möglich, etwa für Hochqualifizierte, Investierende, für Personen mit bestimmten stark nachgefragten Berufsausbildungen oder für SaisonarbeiterInnen (Teltemann/Rauch 2018).

Die zweite prägende Form der Zuwanderung nach Deutschland war die (2) (Spät-)AussiedlerInnenmigration. SpätaussiedlerInnen gehörten zu deutschen Minderheiten, die nach 1945 in den ehemals deutschen Gebieten östlich der Oder-Neiße-Linie geboren wurden oder dort verblieben waren. Infolge des Zweiten Weltkrieges waren diese Bevölkerungsgruppen häufig Verfolgungen, Stigmatisierungen oder anderen Belastungen ausgesetzt, so dass sie ein sogenanntes Kriegsfolgenschicksal geltend machen und auf dieser Grundlage nach Deutschland einwandern konnten. Bis 2012 kamen etwa 4,5 Millionen Personen aus der ehemaligen Sowjetunion, Polen und Rumänien als SpätaussiedlerInnen nach Deutschland (Schunck/ Teltemann 2019). Seit dem Jahr 2005 sind die Zahlen deutlich zurückgegangen, weil nach 1993 geborene Personen nicht mehr als SpätaussiedlerInnen anerkannt werden. SpätaussiedlerInnen haben nicht zuletzt durch die deutsche Staatsangehörigkeit (und oft auch durch deutsche Sprachkenntnisse) im Vergleich zu GastarbeiterInnen teilweise vorteilhaftere Voraussetzungen für ihre Integration.

EU-Binnenmigration und Fluchtmigration stellen die gegenwärtig bedeutsamsten Migrationsformen nach Deutschland dar. (3) EU-BürgerInnen können im Rahmen

---

25 In der Regel wird weiterhin von Gastarbeitern statt von GastarbeiterInnen gesprochen, da die Vorstellung besteht, dass die überwiegende Zahl der angeworbenen Arbeitskräfte männlich war. Tatsächlich waren 1970 mehr als 30 Prozent der ausländischen ArbeitnehmerInnen Frauen. MigrantInnen waren damit zu dieser Zeit sehr viel häufiger erwerbstätig als Frauen ohne Migrationshintergrund (Mattes 2002).
26 https://www.demografie-portal.de/DE/Fakten/bevoelkerung-migrationshintergrund.html, Zugriff am 17.06.2022.

der Freizügigkeit ihren Arbeits- und Wohnstandort innerhalb der Union frei wählen. Im Jahr 2020 sind etwa 600.000 Personen auf Basis der EU-Binnenmigration eingewandert, ungefähr 490.000 verließen Deutschland wieder (BAMF 2021).

Entsprechend der Genfer Konventionen können (4) Schutzsuchende in Deutschland Asyl beantragen. Zu Beginn der 1990er-Jahre hat der Jugoslawienkrieg zu starken Fluchtbewegungen und hohen AsylbewerberInnenzahlen nicht nur in Deutschland geführt. Seit Mitte der 1990er-Jahre sind die Zahlen für Deutschland jedoch kontinuierlich gesunken, auch infolge der Dublin-Verordnung, die festlegt, dass ein Asylverfahren in dem EU-Land eröffnet werden muss, in welches zuerst eingereist wurde. Deutschland ist jedoch nur in wenigen Fällen das Ankunftsland, weil es umgeben ist von EU-Staaten. Unter anderem infolge der politischen Konflikte in Syrien und Afghanistan ist die Zahl der Schutzsuchenden seit 2008 wieder angestiegen. Im Jahr 2015 sind knapp eine Million Geflüchtete nach Deutschland gekommen, unter ihnen auch eine große Zahl unbegleiteter Minderjähriger (etwa 58.000 in den Jahren 2015 und 2016, Teltemann/Rauch 2018). Anfang 2022 hat sich das Fluchtgeschehen nach Deutschland durch den Krieg in der Ukraine stark erhöht. Bis Ende Mai wurden rund 802.500 geflüchtete Personen aus der Ukraine im deutschen Ausländerzentralregister (AZR) registriert, die Zahl der tatsächlich eingereisten dürfte höher sein, da die Einreise aus der Ukraine ohne Visum möglich ist.[27] Das Geschehen ist stark dynamisch, Prognosen über die Dauerhaftigkeit der Aufenthalte und weitere Fluchtbewegungen sind zum Zeitpunkt der Drucklegung dieser Auflage nicht möglich.

Schließlich ist Zuwanderung nach Deutschland (5) unter bestimmten Bedingungen möglich, wenn man enge Familienangehörige hat, die sich in Deutschland rechtmäßig aufhalten dürfen. Im Jahr 2018 wurden knapp 118.000 Visa zum Zwecke des Ehegatten- und Familiennachzugs nach Deutschland erteilt, der größte Teil davon an Kinder unter 18 Jahren (BAMF 2018).

Diese unterschiedlichen Zuwanderungsformen nach Deutschland sind Grundlage dafür, dass im Jahr 2021 bereits 40 Prozent der unter 10-jährigen Bevölkerung in Deutschland einen Migrationshintergrund hatten.[28] Dabei ist zu beachten, dass die Definition des Migrationshintergrunds Personen miteinbezieht, die selbst in Deutschland geboren sind, die jedoch mindestens ein im Ausland geborenes Elternteil haben. Selbst zugewandert nach Deutschland waren im Jahr 2020 gut zwei Drittel der Personen mit Migrationshintergrund, insgesamt etwa 13.6 Millionen Personen (Statistisches Bundesamt 2022b).

Mit der Veröffentlichung der ersten PISA-Ergebnisse im Jahr 2001 wurde zum ersten Mal offenkundig, wie die Schulleistungen von in Deutschland geborenen SchülerInnen mit Migrationshintergrund sich von denen, deren Eltern auch in Deutschland geboren wurden, unterschieden – und wie sich diese Leistungslücke im internationalen Vergleich darstellte. Unterschiede in den Kompetenzen bzw.

---

27 https://mediendienst-integration.de/migration/flucht-asyl/ukrainische-fluechtlinge.html, Zugriff am 17.06.2022.
28 https://www.destatis.de/DE/Themen/Gesellschaft-Umwelt/Bevoelkerung/Migration-Integration/Tabellen/migrationshintergrund-alter.html, Zugriff am 17.06.2022.

der Bildungsbeteiligung zwischen SchülerInnen mit und ohne Migrationshintergrund sind eher die Regel als die Ausnahme, sie fallen jedoch in verschiedenen Aufnahmeländern unterschiedlich stark aus und verringern sich unterschiedlich schnell mit der Dauer des Aufenthaltes der Familien.

7.3 Migrationsbedingte Bildungsungleichheit: Befunde

Tabelle 7.1 zeigt die Veränderungen der durchschnittlichen Lesekompetenzen von 15-jährigen SchülerInnen mit und ohne Migrationshintergrund, wie sie in PISA gemessen wurden. Die SchülerInnen werden hier nach Generationen unterschieden. Zur ersten Generation werden SchülerInnen gezählt, die im Ausland geboren wurden und deren Eltern ebenfalls im Ausland geboren wurden. Zur zweiten Generation gehören SchülerInnen, die in Deutschland geboren wurden, deren Eltern jedoch im Ausland geboren wurden. Zu der Kategorie ohne Migrationshintergrund zählen entsprechend Kinder, die selbst und deren Eltern in Deutschland geboren wurden. Die Tabelle zeigt ebenfalls Unterschiede in den Kompetenzen nach Herkunftsländern. Es wird ersichtlich, dass die Kompetenzunterschiede zwischen SchülerInnen ohne Migrationshintergrund und der zweiten Generation zwischen 2003 und 2012 kleiner geworden sind. Seit 2012 hat sich der Abstand wieder leicht vergrößert. Auch der Kompetenzunterschied zwischen der ersten, selbst zugewanderten, Generation und den SchülerInnen ohne Migrationshintergrund ist in den letzten Jahren in Deutschland wieder größer geworden. Im Jahr 2015 waren die Kompetenzen der SchülerInnen mit türkischer Herkunft am niedrigsten, die SchülerInnen aus Ländern der ehemaligen UdSSR waren am höchsten. Im Vergleich zu 2003 sind die Kompetenzen der SchülerInnen mit türkischer Herkunft jedoch deutlich gestiegen.

Tabelle 7.1: Lesekompetenzen in PISA (Deutschland) nach Migrationshintergrund (MH) und Herkunftsland, Quelle: OECD PISA Database 2000, 2003, 2006, 2009, 2012, 2015, 2018 eigene Berechnungen (kursiv: Fallzahl, zweiter Abschnitt Herkunft: 1. und 2. Generation zusammen)

		2018	2015	2012	2009	2006	2003	200
	Ohne MH	518	526	522	511	510	517	508
	Zweite Generation	477	478	481	457	427	420	434
	Erste Generation	404	431	445	450	440	431	419
Herkunft	Griechenland, Italien	412	461	439	415	412	426	n/a
	Polen, Slowenien	478[1]	493	504	477	495	474	n/a
	Türkei	449	438	452	421	396	391	n/a
	Ehem. UdSSR	508	501	486	480	486	445	n/a
	Ehem. Jugosl.	431	474	485	450	412	437	n/a
	Andere	461	458	470	461	404	414	n/a

[1] Ohne Slowenien

7.3 Migrationsbedingte Bildungsungleichheit: Befunde

Auch für die Bildungsbeteiligung lassen sich Unterschiede zwischen Gruppen mit und ohne Migrationshintergrund abbilden. In Tabelle 7.2 sind die Gruppen nicht nach Generationenstatus, sondern entsprechend der Definition des Statistischen Bundesamtes dargestellt[29]. Nach dieser haben Personen einen Migrationshintergrund, wenn sie die deutsche Staatsangehörigkeit nicht durch Geburt besitzen oder wenn sie mindestens ein Elternteil haben, auf das dies zutrifft. Tabelle 7.2 zeigt, dass etwa der Krippenbesuch für die Altersgruppe 0 bis 3 Jahre in der Gruppe der Personen mit Migrationshintergrund bis 2013 nur halb so häufig war wie bei denjenigen ohne Migrationshintergrund. Für die Altersgruppe 15 bis 19 zeigt sich, dass MigrantInnen mit Hauptschulabschluss überrepräsentiert, MigrantInnen mit Abitur hingegen unterrepräsentiert sind. Ein deutliches Ungleichgewicht zeigt sich 2017 in der Gruppe ohne Schulabschluss. Hier ergibt sich für die MigrantInnen ein relatives Risiko von 2,7, das heißt, dass MigrantInnen gegenüber Personen ohne Migrationshintergrund ein um den Faktor 2,7 erhöhtes Risiko für einen fehlenden Schulabschluss haben. Auch für die Altersgruppe 25 bis 34 Jahre zeigt sich eine deutliche Überrepräsentation der MigrantInnen in der Gruppe derjenigen ohne Berufsausbildung (2015). Im Gegensatz dazu sind die MigrantInnen jedoch auch überrepräsentiert in der Gruppe derjenigen mit Hochschulabschluss.

Tabelle 7.2: Bildungsbeteiligung nach Altersgruppen und Migrationshintergrund (MH), Quellen: BMFI, 2016, Tabelle 5, Tabelle 6, Tabelle 9, Tabelle 12, BMFI 2019 Tabelle 19, Statistisches Bundesamt 2019, 2015, 2016, 2014, 2012: Tabelle 3.1.2, https://www.sozialpolitik-aktuell.de/files/sozialpolitik-aktuell/_Politikfelder/Arbeitsmarkt/Datensammlung/PDF-Dateien/abbIV46.pdf (Zugriff 22. Juni 2022)

Altersgruppe		2010	2011	2012	2013	2014	2015	2018	
0 bis 3	Krippe	12.2	14.0	15.8	17.1	19.8	21.6	20	MH
		27.7	30.1	32.7	34.6	37.9	37.7	41	Ohne MH
3 bis 6	Kindergarten	85.7	84.9	87.0	84.7	84.7	90.1	82	MH
		94.9	96.6	96.3	97.7	97.8	97.1	99	Ohne MH
15 bis 19	Hauptschulabschluss	38.2	35.6	32.8	35.4	28.9	26.0	25.7[1]	MH
		28.0	26.2	24.9	27.4	21.0	20.6	17.4[1]	Ohne MH
	Realschulabschluss	39.1	34.6	40.6	37.8	43.9	44.9	39.6[1]	MH
		50.7	47.7	49.4	44.7	49.7	51.1	48.7[1]	Ohne MH
	Abitur	9.8	12.0	12.7	16.1	18.1	17.2	19.4[1]	MH
		14.1	14.8	18.1	21.8	23.7	23.0	28.2[1]	Ohne MH
	Kein Schulabschluss	12.9	17.8	13.9	10.7	9.1	11.9	15.3[1]	MH
		7.2	11.3	7.5	6.1	5.7	5.3	5.7[1]	Ohne MH

---

[29] Für den Migrationshintergrund werden in der Literatur unterschiedliche Definitionen herangezogen. Für einen Überblick über die verschiedenen Operationalisierungen siehe zum Beispiel Maehler et al. 2016.

Altersgruppe		2010	2011	2012	2013	2014	2015	2018	
25 bis 34	Keine Berufsausbild.	34.3	33.4	32.1	31.4	31.0	31.1	36.5	*MH*
		10.4	90.9	9.9	9.9	9.5	9.3	9.4 (2020)	*Ohne MH*
	Hochschulabschluss		27.6	29.7		36.2	37.0	26.4 (2020)	*MH*
			23.9	25.6		29.9	31.1	28,9 (2020)	*Ohne MH*

[1] 2017

7.4 Erklärungsansätze für migrationsbedingte Bildungsungleichheit

Auch hier gilt, dass für die soziologische Perspektive nicht nur eine Beschreibung der Ungleichheiten zwischen Personen mit und ohne Migrationshintergrund wichtig ist, sondern auch die Kenntnis über die Ursachen von Ungleichheiten. Wie können also die Unterschiede im Bildungserfolg zwischen Personen mit und ohne Migrationshintergrund erklärt werden? Bei der Analyse von migrationsbedingter Bildungsungleichheit müssen zwei unterschiedliche Erklärungsrichtungen zusammengeführt werden: Erklärungen ungleichen Bildungserwerbs, wie wir sie zum Beispiel im vorherigen Kapitel kennengelernt haben, und Erklärungen, die auf den allgemeinen Verlauf der Integration von Zugewanderten ausgerichtet sind (siehe für einen Überblick z.B. Treibel 2008; Teltemann 2015). Eine grundlegende Annahme der Integrationstheorien ist, dass Integration zeitgebunden ist: mit der Dauer des Aufenthalts im Aufnahmeland schreitet die Integration voran. Dabei ist für die erste Generation der Zugewanderten in der Regel nicht von einer vollständigen Integration auszugehen, erst die nachfolgenden Generationen schließen den Prozess ab (unter Umständen mit einem Wechsel aus Fort- und Rückschritten). Aufbauend auf dieser Annahme der sogenannten klassischen Assimilationstheorie (u.a. Park 1950) würde man immer erwarten, dass sich beobachtete Unterschiede zwischen Personen mit und ohne Migrationshintergrund umso geringer darstellen, je länger sich die Personen (oder deren Eltern) bereits im Aufnahmeland aufhalten. Dies ist aber nur eine einfache, sehr grundlegende Annahme. Neben dem Faktor Zeit spielt eine Reihe von weiteren Einflussmerkmalen für den Prozess der (Bildungs-)Integration eine Rolle.

Aus den verschiedenen Forschungsarbeiten, die im Laufe der Jahrzehnte in verschiedenen Ländern zum Bildungserwerb von SchülerInnen mit Migrationshintergrund erschienen sind, lassen sich vier zentrale Einflussfaktoren identifizieren: Unterschiede in den sozioökonomischen Lebensbedingungen zwischen Personen mit und ohne Migrationshintergrund, Sprachdefizite, Einflüsse durch die Bezugsgruppe und Effekte des Bildungssystems (Ruhose 2013). Betrachtet man – wie wir es schon im vorangegangenen Kapitel für die soziale Bildungsungleichheit getan haben – Bildungsergebnisse (1.) als eine Folge von persönlichen Entscheidungen, die vor dem Hintergrund unterschiedlicher Gelegenheiten und Hindernisse getroffen werden, und (2.) als Ergebnis von Kompetenzentwicklung, die durch die Sozialisationsbedingungen geprägt ist, kann man die verschiedenen Einflussfaktoren auf migrationsbedingte Bildungsungleichheit in einer gemeinsamen Perspektive zusammenführen. In einer solchen gemeinsamen Perspektive könnte man die Unterschiede in den Bildungsergebnissen durch Unterschiede in den Lerngelegenheiten und -anreizen und durch Unterschiede in den Kosten, Erträgen und Erfolgswahrscheinlichkeiten von unterschiedlichen Bildungsalternativen zwischen Personen mit und ohne Migrationshintergrund erklären (Diehl et al. 2016).

Ein substantieller Teil der beobachteten Unterschiede in den Bildungsleistungen zwischen Personen mit und ohne Migrationshintergrund kommt dadurch zustande, dass Zugewanderte einen im Durchschnitt geringeren familiären sozioökonomischen Status aufweisen. Dadurch gelten für sie ähnliche Bedingungen wie für die unteren sozialen Schichten der Familien ohne Migrationshintergrund. Zum Beispiel fallen für sie die Kosten von Bildungswegen relativ schwerer ins Gewicht, gleichzeitig können die Erfolgswahrscheinlichkeiten nicht durch zusätzliche Aufwendungen wie Nachhilfe, Privatschulen o.ä. erhöht werden. Die im Durchschnitt geringere Ressourcenausstattung der Personen mit Migrationshintergrund kommt zum Beispiel dadurch zustande, dass (mitgebrachte) Bildungsabschlüsse und berufliche Qualifikationen der Eltern im Aufnahmeland nicht anerkannt werden, so dass die Eltern häufiger in geringqualifizierten und gering entlohnten Beschäftigungsverhältnissen tätig sind. Auch andere für den gesellschaftlichen Statuserwerb wichtige Ressourcen verlieren durch die Migration einen Teil ihres Werts, allen voran die Sprache als wichtige kulturelle Ressource. In Kapitel 6 wurde gezeigt, wie das kulturelle familiäre Kapital den Bildungserfolg beeinflussen kann. Hier wird nun deutlich, dass diese bildungsrelevanten Ressourcen häufig an nationale Kontexte gebunden sind und durch den Prozess der Migration zum Teil „entwertet" werden können. Gerade wenn über Sprachgrenzen migriert wird, ergeben sich für den Bildungserwerb (der Kinder) im Aufnahmeland oft gewichtige Folgen. Die Beherrschung der Unterrichtssprache ist eine grundlegende Voraussetzung für Bildungsbeteiligung – und wird bei Eintritt in das Bildungssystem erwartet. Wenn Kinder von Zugewanderten die Sprache jedoch nicht im Prozess der primären Sozialisation von ihren Eltern gelernt haben, können sie sie erst in den Bildungseinrichtungen lernen, so dass der vorschulischen Bildungsbeteiligung in Krippen und Kindergärten für MigrantInnen eine besondere Bedeutung zukommt. Der Migrationshintergrund stellt somit eine spezifische Lebenssituation und Ressourcenausstattung dar, die mit im Durchschnitt geringeren Erfolgsaussichten beim Bildungserwerb verbunden ist. Dieser Umstand lässt sich auch als *primärer Effekt des Migrationshintergrunds* beschreiben, in Anlehnung an die Unterscheidung von Boudon (Kristen/Dollmann 2010, siehe Kapitel 6). Damit wird ausgedrückt, dass die für MigrantInnen typische Lebenssituation zu im Durchschnitt geringeren Leistungen, zumindest zu Beginn der Schulzeit, führt. Wenn die geringeren Leistungen (durch geringere Sprachfähigkeiten) dann dazu führen, dass am Ende der Grundschule die tatsächliche Leistungsfähigkeit nicht eindeutig beurteilt werden kann, können unter Umständen die weiterführenden Schulformen nicht leistungsadäquat gewählt werden, so dass MigrantInnen ein höheres Risiko haben, in die weniger anspruchsvollen Schulformen verwiesen zu werden. Auf diese Weise kommen die geringeren Kompetenzen und die geringere Beteiligung an höheren Schulformen (teilweise) zustande. Ein Teil der beobachteten Unterschiede im Bildungserfolg zwischen Gruppen mit und ohne Migrationshintergrund lässt sich also auf die unterschiedliche Ressourcenausstattung zurückführen, vor allem, wenn man die Sprachfähigkeiten als Ressource miteinbezieht.

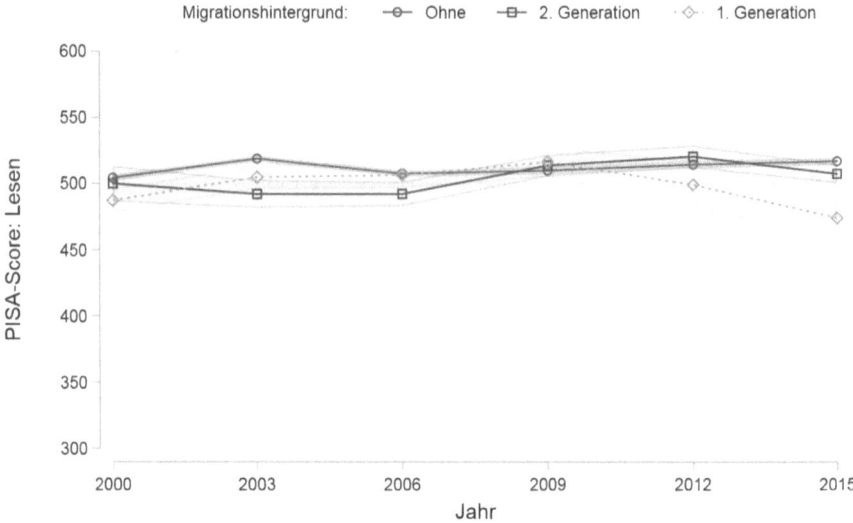

Abbildung 7.1: Entwicklung der Lesekompetenzen von 15-jährigen SchülerInnen mit und ohne Migrationshintergrund in Deutschland von 2000 bis 2015 unter Kontrolle der sozioökonomischen Position (ESCS), des Sprachgebrauchs im Haushalt und der besuchten Klassenstufe, Quelle: Schunck und Teltemann 2018, S. 9

Abbildung 7.1 zeigt entsprechend, dass die Kompetenzunterschiede, wie sie in Tabelle 6.1 berichtet wurden, deutlich geringer ausfallen, wenn man die durchschnittlich geringere sozioökonomische Lage und den Sprachgebrauch berücksichtigt. Die Unterschiede zwischen den SchülerInnen mit und ohne Migrationshintergrund sind dann zum Teil nicht statistisch signifikant, das heißt, es kann auf Basis der hier betrachteten Stichprobe nicht mehr davon ausgegangen werden, dass es tatsächlich einen Unterschied zwischen den Gruppen in der Gesamtbevölkerung gibt. Die Lesekompetenzen der SchülerInnen der zweiten Generation unterscheiden sich ab 2009 kaum mehr von denen der SchülerInnen ohne Migrationshintergrund, nur für 2015 deutet sich wieder ein etwas größerer Abstand an. Die Leistungen der ersten Generation unterscheiden sich ebenfalls 2015 wieder stärker von denen der zweiten Generation. Die Kompetenzunterschiede in Tabelle 7.1 gehen also offensichtlich zu einem großen Teil auf primäre Effekte des Migrationshintergrundes zurück.

Ausgehend von den in Kapitel 6 dargestellten Mechanismen bei Bildungsentscheidungen könnte man für Zugewanderte vermuten, dass sie aufgrund ihrer durchschnittlich geringeren Ausstattung mit Kapital und aufgrund des häufig fehlenden Orientierungswissens im Bildungssystem dazu neigen, weniger anspruchsvolle Bildungswege einzuschlagen. Dies ist jedoch nicht der Fall, wie Forschungsarbeiten wiederholt gezeigt haben. Obwohl MigrantInnen einen im Durchschnitt geringeren sozioökonomischen Status haben, wählen sie deshalb nicht weniger häufig ambitionierte Bildungswege. Bei gleichen Leistungen entscheiden sie sich zum Beispiel häufiger für das Gymnasium als SchülerInnen ohne Migrationshintergrund mit gleichem Status. Das liegt daran, dass eine der häufigsten Voraussetzungen für die Entscheidung zur Migration der Wunsch nach sozialem Aufstieg ist. Zugewanderte sind also eine Gruppe, die häufig hohe Bildungsmotivationen aufweist, im Durchschnitt auch höhere Aspirationen, als Personen ohne Migrationshintergrund. Auch bei geringerer Aussicht auf Erfolg aufgrund ihrer Ressourcenausstattung treffen sie deshalb häufiger ambitionierte Bildungsentscheidungen (Dollmann 2016)[30]. Bei Bildungsentscheidungen wirkt der sekundäre Effekt des Migrationshintergrundes deshalb anders als der sekundäre Effekt der sozialen Herkunft (siehe Kapitel 6): Der geringere sozioökonomische Status geht nicht mit geringeren Anreizen für anspruchsvollere Bildungswege einher.

Neben den Effekten der familiären Herkunft, also der für Zugewanderte spezifischen Motivation (sekundäre Effekte) und der begrenzten bzw. entwerteten Ressourcen (primäre Effekte), spielt für MigrantInnen das soziale Netzwerk häufig eine wichtige Rolle beim Bildungserfolg. Aufgrund ihrer geringeren Kenntnis der Gepflogenheiten und „Spielregeln" im Umgang mit Bildungseinrichtungen und anderen Institutionen sind sie häufig in besonderem Maße auf Informationsfluss und andere Unterstützung über soziale Kontakte angewiesen. Solche sozialen Effekte können zum Beispiel in der Schulklasse entstehen.

Wenn SchülerInnen mit Migrationshintergrund, etwa weil sie in bestimmten „Migrantenvierteln" wohnen, häufiger Schulen und Klassen mit hohem Anteil anderer fremdsprachlicher SchülerInnen besuchen, dann kann das die Gelegenheiten zum Spracherwerb verringern. Gleichzeitig kann es auch entlastend sein, gemeinsam mit MitschülerInnen mit ähnlichen Erfahrungen zu lernen. Zudem können sich auch positive Lernvoraussetzungen wie hohe Bildungsmotivationen innerhalb der Gruppe verbreiten. Die sogenannte *Theorie der segmentierten Assimilation* (Portes/Zhou 1993; Zhou 1997), die sich mit dem unterschiedlichen Verlauf der Integration verschiedener Einwanderungsgruppen (in den USA) beschäftigt, hat unter anderem auf unterschiedliche kulturelle Traditionen und Werthaltungen (auch) in Bezug auf Bildung verwiesen, die sich stärker verbreiten können, wenn eine MigrantInnengruppe „unter sich" bleibt. Diese Annahme steht im Widerspruch zu klassischen Annahmen der Integrationstheorie, die besagen, dass Integration bedeute, sich von den Kontakten zur Herkunftsgruppe nach und nach zu lösen, weil diese langfristig keine besondere Hilfe auf dem Weg der Integration darstellen.

Die empirischen Befunde zum Einfluss des MigrantInnenenanteils in der Klasse und Schule auf den Bildungserfolg sind entsprechend gemischt (Kristen 2002; Stanat 2006; Rjosk et al. 2014; Stanat et al. 2010). Wie sich ein hoher Anteil von

---

30 In der Forschungsliteratur wird dieser Befund häufig auch als „Immigrant Optimism" bezeichnet (Kao/Tienda 1995).

SchülerInnen mit Migrationshintergrund in bestimmten Stadtvierteln und Schulen auf den Bildungserfolg auswirkt, wird auch durch Merkmale des Bildungssystems beeinflusst. Die im internationalen Vergleich unterschiedlich ausgeprägten Bildungsungleichheiten zwischen SchülerInnen mit und ohne Migrationshintergrund deuten darauf hin, dass das Ausmaß der Ungleichheit beeinflussbar ist. Es hat sich zum Beispiel gezeigt, dass negative Einflüsse von hohen MigrantInnenanteilen in der Klasse und Schule vor allem dadurch zustande kommen, dass in Klassen und Schulen mit hohem MigrantInnenanteil auch der soziale Status geringer ist (Rjosk et al. 2014; Stanat et al. 2010). Die Ungleichverteilung nach sozialem Status über verschiedene Schulformen ist wiederum in gegliederten Schulsystemen stärker ausgeprägt (Horn 2009). Weiterhin kann es zum Beispiel darauf ankommen, ob eine Schule die Möglichkeit hat, Klassen flexibel zusammenzustellen und Fächer, Lerninhalte und Prüfungsmodalitäten ein Stück weit selbst zu gestalten, um auf besondere Bedarfe der eigenen SchülerInnenschaft eingehen zu können (Teltemann/Schunck 2016). Eine solche Flexibilität der Schulen muss allerdings innerhalb eines Bildungssystems ermöglicht werden und kann dann dazu beitragen, dass hohe MigrantInnenanteile den Bildungserfolg nicht beeinträchtigen.

Schließlich ist die Frage, inwieweit ein Bildungssystem spezifische Fördermaßnahmen für fremdsprachliche SchülerInnen vorhält – oder die spezifischen (Sprach-)Fähigkeiten dieser SchülerInnen explizit berücksichtigt und anerkennt, zum Beispiel in Form von muttersprachlichem Unterricht. Das Konzept der „institutionellen Diskriminierung" (Gomolla/Radtke 2002) bezieht sich auf Strukturen und Praktiken in Schule und Bildungssystemen, die faktisch diskriminierend wirken können, wenn die ungleichen Lernvoraussetzungen nicht berücksichtigt werden. Dabei beschreibt der Begriff „institutionell", dass die ungleichen Bildungschancen nicht auf das (bewusst) diskriminierende (Einzel-)Handeln von Personen (z.B. Lehrkräften) zurückgehen. Die institutionelle Diskriminierung ist strukturell, weil zum Beispiel alle SchülerInnen gleich behandelt werden – und nicht entsprechend ihrer jeweiligen Lernvoraussetzungen.

Belastbare Hinweise auf individuelle Diskriminierung zum Beispiel durch Lehrkräfte konnten in empirischen Arbeiten für Deutschland hingegen bislang kaum nachgewiesen werden (Kristen 2002; Schnepf 2002; Becker 2011). Das bedeutet nicht, dass diskriminierendes LehrerInnenhandeln gar keine Rolle spielt – wir haben beispielsweise bereits gesehen, dass Lehrkräfte dazu tendieren, in Abhängigkeit des sozioökonomischen Hintergrunds unterschiedliche Schulformempfehlungen auszusprechen (siehe Tabelle 5.5). Da SchülerInnen mit Migrationshintergrund überdurchschnittlich in unteren Statusgruppen sind, sind sie von dieser Form der Diskriminierung stärker betroffen (Lüdemann/Schwerdt 2011; Stanat 2016). Insgesamt scheinen Prozesse der individuellen Diskriminierung stärker für Unterschiede in den Bildungsrenditen, d.h. in der Verwertbarkeit von Bildungstiteln auf dem Arbeitsmarkt, verantwortlich zu sein. Sprich: wenn es um Bewerbungen auf dem Arbeitsmarkt geht, haben Personen mit Migrationshintergrund (je nach Herkunftsland) häufiger geringere Chancen (Kalter/Granato 2018), unter anderem, weil sie Vorurteilen über ihre Leistungsmotivation, Verlässlichkeit u.ä. Merkmale ausgesetzt sind.

Solche Vorurteile und Stereotype können jedoch auch in der Schule wirken. Ein bekanntes Phänomen ist das der Stereotypenbedrohung (engl. „stereotype threat"). Diese kann wirken, wenn Angehörige einer Gruppe, über die bestimmte Stereotype vorherrschen, Angst haben, diese tatsächlich zu erfüllen. Die Sorge und das Bemühen, sich nicht dem Vorurteil entsprechen zu verhalten, führen aber zu einer Art selbsterfüllender Prophezeiung, weil sie zum Beispiel die Konzentrationsfähigkeit und schließlich die Leistungen verringern (Diehl/Fick 2016, siehe auch Kapitel 8).

7.5 Maßnahmen zur Verringerung migrationsbedingter Bildungsungleichheit

Da Bildungserfolg von Menschen mit Migrationshintergrund in direktem Zusammenhang mit ihrer langfristigen Integration steht, wird die Verbesserung ihrer Bildungschancen als gesamtgesellschaftliches Interesse angesehen. Die explizite bildungspolitische Ausrichtung auf die Förderung von SchülerInnen mit Migrationshintergrund hat sich in Deutschland allerdings im Vergleich zur relativ langen Zuwanderungserfahrung erst relativ spät eingestellt. Erst seit etwa Mitte der 1990er-Jahre hat die interkulturelle Pädagogik als pädagogisches Prinzip und „Querschnittaufgabe" die sogenannte „Ausländerpädagogik" abgelöst (Pilz 2018). Die Ausländerpädagogik war noch auf eine mögliche Rückkehr der GastarbeiterInnen und ihrer Familien ausgerichtet und hat dazu geführt, dass ausländische Kinder häufig in gesonderten Lerngruppen unterrichtet wurden. Die interkulturelle Pädagogik erkennt hingegen die dauerhafte kulturelle Vielfalt der Gesellschaft an[31].

Für Deutschland lässt sich gegenwärtig durch die in den Bundesländern unterschiedlichen Ausgestaltungen der Schulsysteme keine einheitliche Strategie der Förderung von SchülerInnen mit Migrationshintergrund nachzeichnen. Es finden sich jedoch beispielsweise gemeinsame Absichtserklärungen, etwa der Kultusministerkonferenz, die 2011 „Empfehlungen zur Stärkung der Fremdsprachenkompetenz" und 2013 einen Beschluss zur „Interkulturelle[n] Bildung und Erziehung in der Schule" verabschiedet hat (Kultusministerkonferenz 2013, 2011). Die Förderung der Sprachfähigkeiten stellt den Schwerpunkt der politischen Bemühungen zur Verbesserung der Bildungschancen von Zugewanderten dar. Im Jahr 2008 haben sich die Bundesländer darauf geeinigt, Sprachlernprogramme in der vorschulischen Bildung zu etablieren. In 12 Bundesländern wurden weitere Sprachförderprogramme für SchülerInnen mit besonderen Bedarfen eingerichtet (Teltemann/Rauch 2018). Bestrebungen zur Verbesserung der Bildungschancen für MigrantInnen müssen sich jedoch auch auf der Ebene der Lehrkräftebildung niederschlagen. Bislang haben 9 Bundesländer Elemente der Sprachförderung in die Curricula der Lehrkräftebildung aufgenommen. Eine Expertise der Stiftung Mercator zur Förderung des Umgangs mit sprachlicher und kultureller Vielfalt in der

---

31 Die Erkenntnisse und Ansichten darüber, wie ein gerechtes Bildungssystem einer (deutschen) Einwanderungsgesellschaft aussehen sollte, entwickeln sich fortlaufend. Die interkulturelle Pädagogik hat zwar die Ausländerpädagogik als vorherrschendes Konzept abgelöst, hat aber ihrerseits zum Beispiel auch Kritik ausgelöst und die Entwicklung alternativer pädagogischer Prinzipien angeregt (siehe z.B. Griese 2004).

Lehrkräftebildung kommt zu dem Befund, dass sich Lehrkräfte in Deutschland schlecht auf den Schulalltag in der Einwanderungsgesellschaft vorbereitet fühlen (Morris-Lange et al. 2016, S. 6). Je nach Hochschule und Schulformorientierung des Studiums widmen sich unterschiedlich große Anteile des Studiums dem Thema Sprachbildung. Die Studie hat gezeigt, dass angehende Lehrkräfte im Jahr 2015 immerhin an 25 der 70 in Deutschland für das Lehramt ausbildenden Hochschulen keine Möglichkeit und keine Verpflichtung hatten, sich umfassend auf den Unterricht in heterogenen Schulklassen vorzubereiten (Morris-Lange et al. 2016, S. 11). Nach Bundesländern differenziert zeigte sich, dass Ende 2015 nur sechs Länder Sprachförderkompetenzen von allen Lehramtsstudierenden erwarteten.

Der Blick auf die zweite Ausbildungsphase, das Referendariat und die zugrundeliegenden Ausbildungsverordnungen, Prüfungsordnungen und Regelungen, zeigt, dass der Umgang mit kultureller Vielfalt in nur etwa jedem zweiten Bundesland als wichtige Kompetenz erwähnt wird (Morris-Lange et al. 2016, S. 14), und dass damit das Ziel, alle Lehrkräfte für den Unterricht an sprachlich und kulturell heterogenen Schulen vorzubereiten, auch in dieser Phase verfehlt wird.

Auch eine Studie von Karakaşoğlu et al. (2017, S. 3) kommt zu dem Schluss, dass die heute ausgebildete Generation von (angehenden) Lehrkräften nur unzureichend im Hinblick auf „Differenzsensibilität und Diskriminierungskritik" qualifiziert werde. Das AutorInnenteam weist darauf hin, dass die Migrationsgesellschaft in der LehrerInnenbildung „noch nicht angekommen" sei (ebd., S. 5).

Bildungspolitische Anpassungen erfordern ein verlässliches empirisches Wissen über wirkungsvolle Maßnahmen, das zunächst erarbeitet werden muss. Auch nach der Einführung von spezifischen Maßnahmen sollten diese regelmäßig auf ihren Erfolg überprüft werden (Autorengruppe Bildungsberichterstattung 2016, S. 205). Eine in dieser Hinsicht vielversprechende Initiative ist das Bund-Länder-Projekt "FörMig". Es ist auf Sprachfördermaßnahmen für SchülerInnen mit Migrationshintergrund ausgerichtet und entwickelt und evaluiert Maßnahmen in diesem Bereich in 10 Bundesländern (Jäger 2008).

Neben der Sprachförderung richten sich weitere Bemühungen teilweise darauf, die ungleiche Verteilung von SchülerInnen auf unterschiedliche Schulen und Schulformen mit zusätzlichen Ressourcen auszugleichen. Infolge der residentiellen Segregation, also der Konzentration von Zugewanderten in Städten und dort in bestimmten Stadtteilen, stellen sich die Herausforderungen der Sprachförderung und Integration nicht an allen Schulen gleichermaßen (Autorengruppe Bildungsberichterstattung 2016, S. 186).

Grundsätzlich profitieren SchülerInnen mit Migrationshintergrund auch von allgemeinen Maßnahmen zur Förderung von Chancengleichheit, wie dem Ausbau der frühkindlichen Bildung, der Ganztags- und der Gesamtschulen (siehe Kapitel 6 und 9).

Fragen und Aufgaben zur Wiederholung

- Warum ist der Bildungserfolg von SchülerInnen mit Migrationshintergrund so wichtig für ihre Integration?
- Wie kann ein Migrationshintergrund definiert und dargestellt werden?
- Warum sind Schulleistungen von SchülerInnen mit Migrationshintergrund in Deutschland überwiegend schlechter als die Leistungen von SchülerInnnen ohne Migrationshintergrund?
- Was kann von Seiten des Bildungssystems und der Bildungspolitik getan werden, um den Bildungserfolg von SchülerInnen mit Migrationshintergrund zu fördern?

Literaturempfehlungen

Becker, R. (2011): Integration durch Bildung. Bildungserwerb von jungen Migranten in Deutschland. Wiesbaden: VS Verlag für Sozialwissenschaften.

Diehl, C./Hunkler, C./Kristen, C. (Hrsg.) (2016): Ethnische Ungleichheiten im Bildungsverlauf. Wiesbaden: Springer Fachmedien Wiesbaden.

Esser, H. (2006): Sprache und Integration. Frankfurt am Main: Campus-Verlag.

8. Geschlechtsspezifische Bildungsungleichheit

> **Zusammenfassung**
>
> Neben den sozialen und migrationsbedingten Bildungsungleichheiten stellen in vielen modernen Gesellschaften auch geschlechtsspezifische Unterschiede in Bildungsergebnissen eine Dimension von Bildungsungleichheit dar. Dieses Kapitel gibt einen Überblick über die empirischen Befunde in verschiedenen Bildungsaspekten und die verschiedenen Erklärungsansätze und mögliche Ansatzpunkte zur Veränderung geschlechtsspezifischer Bildungsungleichheit.

Neben sozial- und migrationsbedingten Bildungsungleichheiten zeigt sich in vielen modernen Gesellschaften eine weitere durch ein individuelles Merkmal verursachte, Form ungleicher Bildungsergebnisse, nämlich Unterschiede in Bildungsleistungen nach *Geschlecht*. Lange Zeit stellte sich diese Form von Ungleichheit (in Deutschland) so dar, dass Frauen eine niedrigere Bildungsbeteiligung aufwiesen. Immerhin wurde die formale Gleichberechtigung der Frauen in Deutschland erst 1958 mit dem „Gesetz über die Gleichberechtigung von Mann und Frau auf dem Gebiet des bürgerlichen Rechts" (auch „Gleichberechtigungsgesetz" genannt) sichergestellt. Die Ungleichbehandlung zeigte sich bis dahin und auch danach unter anderem im Bereich Bildung: Bis auf wenige Ausnahmen konnten Frauen zum Beispiel vor dem 20. Jahrhundert keine Universität besuchen. Erst ab 1920 durften sie sich habilitieren, also die Lehrbefähigung für ein wissenschaftliches Fach (als Hochschullehrerin) erlangen (Stanat/Bergann 2009, S. 514). Noch bis in die 1990er-Jahre war entsprechend der Anteil der Männer unter den Studierenden an Hochschulen größer als der Frauenanteil. Auf den Gymnasien haben sich die Anteile der beiden Geschlechter schon in den 1980er-Jahren angeglichen. Doch dieses Bild hat sich in den letzten Jahrzehnten differenziert. Mittlerweile stellt sich die Ungleichheit zwischen Jungen und Mädchen bzw. Männern und Frauen, unterschiedlich dar, je nachdem welche Bildungsetappe und welches Ergebnis von Bildung (Kompetenzen, Abschlüsse oder Erträge) betrachtet wird. Obwohl Mädchen im Durchschnitt die Jungen bei einigen Bildungsindikatoren schon seit Längerem „überholt" haben, scheinen die seit der Antike bestehenden Annahmen einer eingeschränkten Bildungsfähigkeit von Frauen, die sich im Humanismus und in der Aufklärung in unterschiedlichen Bildungsinhalten für Mädchen und Frauen wiederfanden (Stanat et al. 2018, S. 4), in weiter bestehenden gesellschaftlichen Stereotypen über die unterschiedlichen Fähigkeiten und Neigungen von Jungen und Mädchen nachzuwirken. Bei der Diskussion um die Ursachen der geschlechterspezifischen Ungleichheit geht es immer auch um die Frage, ob es biologische, quasi „vorbestimmte" und unveränderbare, Unterschiede zwischen den Geschlechtern gibt, zum Beispiel in mathematischen Fähigkeiten. Wissen über die Ursachen ist auch bei der geschlechtsbedingten Ungleichheit wichtig, um einschätzen zu können, mit welchen Maßnahmen man Ungerechtigkeiten verringern könnte. Denn wie auch bei der sozialen Bildungsungleichheit gilt, dass in modernen Gesellschaften der Anspruch besteht, niemanden aufgrund seiner Herkunft oder eben seines Geschlechts zu benachteiligen.

8. Geschlechtsspezifische Bildungsungleichheit

8.1 Befunde

8.1.1 Kompetenzen

Betrachtet man als Indikator für Bildung die Kompetenzen von Männern und Frauen bzw. Jungen und Mädchen hat es sich als weit verbreiteter Befund erwiesen, dass Mädchen bessere Leistungen im Bereich Lesen zeigen, während Jungen bessere Leistungen in den Naturwissenschaften und in Mathematik erbringen, wobei der Vorsprung für die Jungen in diesen Bereichen nicht so groß ist, wie der Vorsprung der Mädchen im Bereich Lesen (Hannover 2011). Diese fächerbezogene Leistungsungleichheit unterscheidet sich zudem deutlich zwischen verschiedenen Ländern. In der PISA Studie von 2018 variierte der Vorteil der Mädchen im Bereich Lesen in OECD-Ländern zwischen 10 und 51 Punkten auf der Kompetenzskala, in Deutschland lag er bei 26 Punkten, das entspricht gut dem Lernzuwachs eines halben Schuljahres (Abbildung 8.1). Besonders ausgeprägt war der Vorteil in Finnland, besonders gering in Mexiko und Kolumbien.

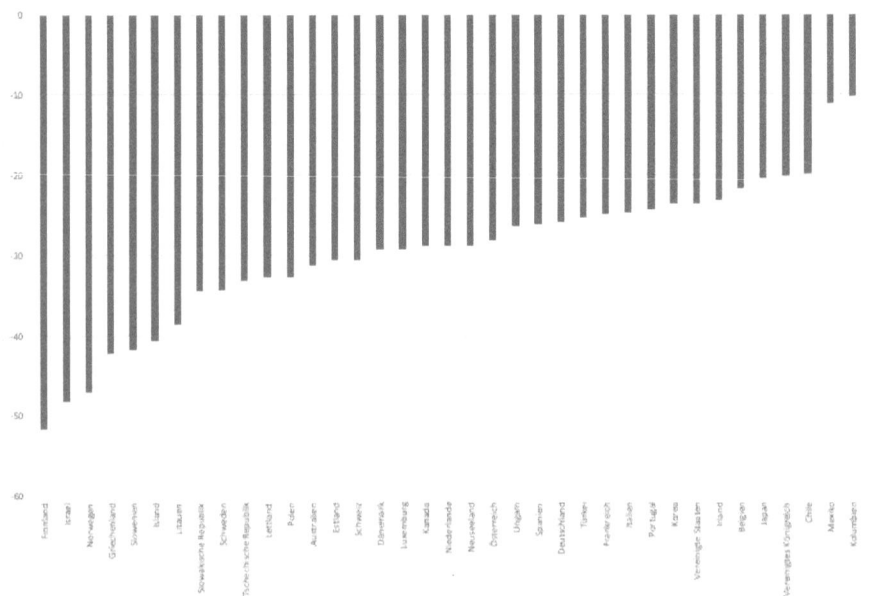

Abbildung 8.1: Geschlechterunterschiede (Jungen – Mädchen) in Lesekompetenzen, PISA 2018, Quelle: OECD PISA 2018 Database, eigene Berechnungen

Bei den mathematischen Kompetenzen (Abbildung 8.2) sind die Unterschiede nicht ganz so stark ausgeprägt, es gibt zudem einige Länder, in denen die Mädchen höhere Leistungen als die Jungen zeigen – dies ist bei den Lesekompetenzen umgekehrt nicht der Fall. Finnland, das Land mit den größten Unterschieden im Bereich Lesen (zugunsten der Mädchen) ist auch eines der wenigen Länder, in dem die Mädchen auch höhere Kompetenzen in Mathematik erzielten (etwa 6

Punkte). In Deutschland sind die Unterschiede in den Mathematikkompetenzen mit 7 Punkten deutlich kleiner als im Bereich Lesen.

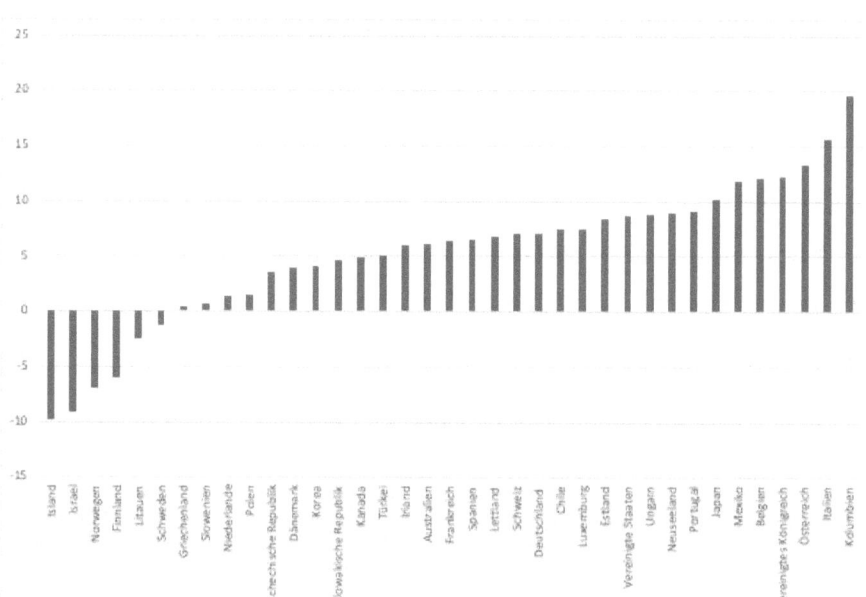

Abbildung 8.2: Geschlechterunterschiede (Jungen – Mädchen) in Mathematikkompetenzen, PISA 2018, Quelle: OECD PISA 2018 Database, eigene Berechnungen

Die deutlichen Unterschiede im Grad der Ungleichheit zwischen verschiedenen Ländern legen die Vermutung nahe, dass die Geschlechterungleichheit nicht unveränderlich und völlig vorbestimmt ist, sondern zumindest in Teilen gesellschaftlich geprägt ist.

8.1.2 Bildungsbeteiligung

Die Geschlechterungleichheit in der Bildungsbeteiligung zeigt sich bereits beim Schulbeginn: Unter den Kindern, die verspätet eingeschult werden, sind Jungen mit 62 Prozent überrepräsentiert (Schuljahr 2020/2021, Statistisches Bundesamt 2022a). Auch bei der Überweisung an Förderschulen überwogen im selben Schuljahr die Jungen die Mädchen. Im Bundesdurchschnitt lag der Anteil der Jungen an Förderschulen im Schuljahr 2020/2021 bei 65 Prozent (Statistisches Bundesamt 2022a). Auch der Jungenanteil an Hauptschulen ist höher als der Anteil der Mädchen (56 Prozent). Ähnliche Ergebnisse lassen sich bei der Betrachtung von SchülerInnen ohne Schulabschluss finden, hier liegt der Anteil der Jungen mit 62 Prozent deutlich über dem der Mädchen (Statistisches Bundesamt 2022a). In der IGLU-Studie wurde festgestellt, dass Mädchen nach Berücksichtigung der Lesekompetenzen und der kognitiven Grundfähigkeiten trotzdem eine leicht höhere Chance haben, von den Lehrkräften eine Gymnasialempfehlung zu erhalten (Bos et al. 2004). Entsprechend ist der Anteil der Mädchen auf dem Gymnasium mit 53% leicht höher (Statistisches Bundesamt 2022a). Die höheren Chancen für eine Gymnasialempfehlung (bei gleichen Kompetenzen) gehen auf bessere Noten der Mädchen (auch bei gleichen Leistungen der Jungen) zurück (Hannover/Kessels 2011). Seit dem Jahr 2006 machen auch mehr Mädchen als Jungen das Abitur oder erwerben auf anderen Wegen häufiger als Jungen die allgemeine Hochschulreife, 2020 waren 55 Prozent der AbsolventInnen mit allgemeiner Hochschulreife Frauen (ebd.). Die Mädchen erlangen auch häufiger bessere Abiturnoten als Jungen (Behörde für Schule und Berufsbildung Hamburg 2015), wobei dieser Befund nicht ganz so konstant ist. Jungen müssen zudem häufiger eine Klasse wiederholen als Mädchen, insbesondere am Gymnasium (Budde 2008).

Der Vorteil der schulischen Bildungsbeteiligung zeigt sich jedoch nicht mehr in dieser Deutlichkeit bei der tatsächlichen Aufnahme eines Studiums: zum Studienjahr 2020/2021 lag der Frauenanteil im Bundesdurchschnitt bei 53 Prozent.[32] Je höher die Bildungsabschlüsse werden, desto deutlicher kehrt sich der Vorteil der Frauen um: Bei den Promovierten liegt der Frauenanteil nur noch bei 35 Prozent (2019), bei den Habilitierten nur noch bei 32 Prozent (2018, Konsortium Bundesbericht Wissenschaftlicher Nachwuchs 2021). Dies spiegelt sich entsprechend bei der Besetzung von Professuren wider: zwar steigt der Frauenanteil in der ProfessorInnenschaft kontinuierlich, dennoch lag er 2020 weiterhin bei nur 26 Prozent[33].

Zusammengefasst lässt sich festhalten, dass Mädchen bzw. Frauen in der schulischen und akademischen Bildung gegenüber den Jungen und Männern einen leichten Vorteil haben. Sie verfügen im Alter zwischen 30 und 35 Jahren häufiger über einen (Fach-)Hochschulabschluss und haben seltener keine abgeschlossene Berufsausbildung (Autorengruppe Bildungsberichterstattung 2016). Mit Blick auf die höchsten Bildungsabschlüsse Promotion und Habilitation kehrt sich dieser Vorteil jedoch um.

8.1.3 Erträge von Bildung auf dem Arbeitsmarkt

Es stellt sich die Frage, ob sich der höhere Erfolg der Mädchen und Frauen bei der schulischen Beteiligung auch auf dem Arbeitsmarkt zeigt. Nachdem durch die Bildungsexpansion und den Wertewandel die Arbeitsmarktbeteiligung von Frauen in den vergangenen Jahrzehnten deutlich angestiegen ist, lässt sich zwar immer noch eine leicht geringere Erwerbsbeteiligung von Frauen verzeichnen, trotzdem ist es für Frauen schon lange der „Normalfall", nach der Schulausbildung eine Berufsausbildung und Arbeitsmarktbeteiligung anzustreben. In der Gruppe der 20 bis 24 Jahre alten Personen finden wir dennoch bereits leichte Geschlechterunterschiede in der Erwerbsbeteiligung: 69 Prozent der Männer und 64,8 Prozent der Frauen waren 2021 in diesem Alter erwerbstätig[34]. In den älteren Altersgruppen

---

32 https://www-genesis.destatis.de/genesis/online?sequenz=tabelleErgebnis&selectionname=21311-0010#a breadcrumb, Zugriff 22.06.2022.
33 https://www.destatis.de/DE/Themen/Gesellschaft-Umwelt/Bildung-Forschung-Kultur/Hochschulen/Tabellen/frauenanteile-akademischelaufbahn.html, Zugriff am 22.06.2022.
34 https://www.destatis.de/DE/Themen/Arbeit/Arbeitsmarkt/Erwerbstaetigkeit/Tabellen/erwerbstaetige-erwerbstaetigenquote.html, Zugriff 22.06.2022.

liegt die Erwerbstätigkeit der Frauen unter denen der Männer, der größte Abstand ließ sich 2021 für die Gruppe der 35- bis 39-jährigen feststellen, also in einer Altersspanne, in der in den meisten Familien kleine Kinder zu versorgen sind. Die Erwerbstätigkeit bei den Frauen ist in diesem Alter deutlich geringer, da Frauen noch immer den Großteil der familiären Arbeit übernehmen. Im Jahr 2018 war die häufigste Erwerbskonstellation in Familien die Konstellation „Mann Vollzeit, Frau Teilzeit". Die zweithäufigste Kombination ist „Mann Vollzeit, Frau Erwerbslos", gefolgt von der vollen Erwerbstätigkeit beider Elternteile. Die Konstellation „Frau Vollzeit, Mann erwerbslos oder Teilzeit" kommt jeweils in drei Prozent der Familien vor (BMFSFJ 2020). Durch die Unterbrechung der Erwerbsbeteiligung schaffen es Frauen seltener in Führungspositionen, welche (vorgeblich) häufig eine kontinuierliche Beschäftigung in Vollzeit erfordern, um die notwendige Erfahrung zu erlangen und die mit der Führungsposition einhergehende Verantwortung übernehmen zu können. In Deutschland lag der Frauenanteil bei Führungspositionen im Jahr 2021 bei 29 Prozent und damit unter dem EU-Durchschnitt (35 Prozent)[35]. Am Beispiel von Lehrkräften wird das ungleiche Verhältnis deutlich: Über zwei Drittel der Lehrkräfte sind weiblich, dies spiegelt sich aber nicht auf der Leitungsebene wider: hier sind zwei Drittel männlich (Autorengruppe Bildungsberichterstattung 2016).

Der höhere Anteil bei der Teilzeitbeschäftigung und der geringere Anteil an Führungspositionen führt zu Lohnunterschieden zwischen den Geschlechtern, die mit dem sogenannten „Gender Pay Gap" dargestellt werden können. Er gibt die Lücke zwischen dem Bruttostundenlohn von Männern und Frauen an. Er lag 2020 bei 18 Prozent, das heißt, dass Frauen im Durchschnitt, pro Stunde, 18 Prozent weniger als Männer verdienten (EU-Durchschnitt: 13 Prozent)[36]. In diese Lücke gehen jedoch die oben erwähnten strukturellen Unterschiede in der Beschäftigung nicht ein, d.h. die geringere Bezahlung kommt nicht in erster Linie durch eine bewusste Diskriminierung von Frauen zustande. Der nächste Abschnitt dieses Kapitels widmet sich den Erklärungen für die Einkommenslücke.

Zusammengefasst kehrt sich der Vorteil der Frauen mit höheren Bildungsetappen und schließlich bei den Bildungsrenditen um. „Mit jedem weiteren Schritt in der Hierarchie vergrößert sich die Überrepräsentation der Männer" (Hadjar 2013, S. 213). Die Folge ist, dass die mit dem Schulerfolg angelegten Potentiale der Frauen unzureichend genutzt werden.

8.2 Erklärungsansätze und Maßnahmen

Die hier nur knapp dargestellten Befunde zeigen, dass sich Geschlechterunterschiede in verschiedenen Bereichen unterschiedlich darstellen, unter anderem bei Übergangsentscheidungen im Schulsystem, Kompetenzen in verschiedenen Domänen, Noten und Arbeitsmarktbeteiligungen. Entsprechend gibt es nicht die eine, alles

---

35 https://www.destatis.de/Europa/DE/Thema/Bevoelkerung-Arbeit-Soziales/Arbeitsmarkt/Frauenanteil_Fuehrungsetagen.html, Zugriff am 22.06.2022.
36 https://www.destatis.de/Europa/EN/Topic/Population-Labour-Social-Issues/Labour-market/gender_pay_gap.html, Zugriff 22.06.2020.

erklärende, Theorie zur Geschlechterungleichheit. Noch dazu haben wir es mit zum Teil sehr kontrovers geführten Fachdiskussionen zu tun, so dass Befunde teilweise als noch nicht abgesichert gelten müssen und einige Hypothesen noch nicht ausreichend geprüft werden konnten. Auch für die Geschlechterungleichheit können Einflussfaktoren auf verschiedenen Ebenen ausgemacht werden: auf der Ebene der SchülerInnen und ihrer Familien, auf der Ebene der Bildungseinrichtungen sowie auf der Ebene der Bildungssysteme und Gesamtgesellschaft.

Die Umkehrung der Geschlechterungleichheit im schulischen Bereich zugunsten der Mädchen im Laufe der zweiten Hälfte des 20. Jahrhunderts lässt sich zum Beispiel auf den gesellschaftlichen Wertewandel (Emanzipation und Gleichberechtigung) und die strukturelle Öffnung des Bildungssystems im Verlauf der Bildungsexpansion zurückführen. Diese Erklärung bezieht sich also auf den Wandel von Gesellschaft und ihren Teilsystemen. Die gegenwärtig häufig geringeren Schulleistungen und -beteiligungen von Jungen und die geringeren Bildungserträge der Frauen auf dem Arbeitsmarkt sind jedoch besser zu verstehen, wenn man die Entscheidungen und Handlungen von SchülerInnen, ihren Familien und Lehrkräften betrachtet (Individualebene).

8.2.1 Geschlechterunterschiede in Kompetenzen und Leistungen

In Kapitel 1 wurde definiert, dass Kompetenzen zum einen die von Individuen erlernten kognitiven Fähigkeiten und Fertigkeiten der Problemlösung beinhalten, zum anderen aber auch die motivationalen Bereitschaften, um die Problemlösungen erfolgreich nutzen zu können. Es stellt sich also die Frage, weshalb sich die Fähigkeiten und Leistungsbereitschaften zwischen Jungen und Mädchen in den unterschiedlichen Kompetenzdimensionen auf unterschiedliche Weise unterscheiden. Wie kommt es zu fächerbezogenen, unterschiedlichen Motivationen, Interessen und Selbstkonzepten – die sich dann in Unterschieden in gemessenen Kompetenzen widerspiegeln?

Die umfangreiche Forschung in diesem Bereich hat gezeigt, dass die oben beispielhaft dargestellten typischen Ungleichheitsbefunde zu großen Teilen auf Unterschiede in den Selbstkonzepten und Selbstwirksamkeitserwartungen zurückgehen: Bereits vor dem Schulbeginn lassen sich Unterschiede in motivationalen Merkmalen beobachten, die den Geschlechtsstereotypen entsprechen „So weisen Jungen schon in der ersten Klassenstufe ein positiveres Selbstkonzept und ein höheres Interesse am Fach Mathematik auf als Mädchen" (Stanat et al. 2018, S. 9). Mädchen sind zum Beispiel häufiger davon überzeugt, dass sie kein Talent für Mathematik haben und zeigen häufiger Leistungsangst (Stanat/Bergann 2009). "Spiegelbildlich zu den Befunden für die männlich konnotierten mathematisch-naturwissenschaftlichen Fächer, halten sich Jungen in den eher weiblich konnotierten sprachlichen Bereichen für weniger talentiert und interessiert als Mädchen. Im Rahmen von PISA gaben etwa die Hälfte der Jungen, aber nur circa ein Viertel der Mädchen in Deutschland an, niemals zum Vergnügen zu lesen" (ebd., S. 520).

Wie kommt es also zu diesen unterschiedlichen Selbstkonzepten und -wahrnehmungen und den daraus resultierenden unterschiedlichen Kompetenzen? Es lassen sich bei dieser Frage zwei gegensätzliche Erklärungsansätze grob unterscheiden. *Biologisch-neurophysiologische* Erklärungsansätze gehen von genetischen, neurophysiologischen oder evolutionsbiologischen Erklärungen für die Kompetenzunterschiede aus (Stanat et al 2018, S. 10). So wird zum Beispiel angenommen, dass mit unterschiedlichen Geschlechtschromosomen eine unterschiedliche Gehirnentwicklung einhergeht oder dass sich aus frühzeitlichen Arbeitsteilungen (Männer jagten, Frauen blieben eher in der Höhle) im Verlauf der Evolution bestimmte geschlechtsspezifische Fähigkeiten (z.B. im räumlichen Denken) ergeben haben. Eine Vielzahl von Studien hat versucht, die aus diesen Ansätzen generierten Hypothesen zu belegen. Insgesamt sind die belastbaren empirischen Befunde allerdings überschaubar. In einigen wenigen kognitiven Fähigkeitsbereichen, zum Beispiel beim räumlichen Denken, bestehen offensichtlich tatsächlich leichte Geschlechterdifferenzen. Verschiedene Forschungsarbeiten haben gezeigt, dass die beobachteten Kompetenzunterschiede zwischen Jungen und Mädchen in den verschiedenen Domänen jedoch nicht auf Unterschiede in den tatsächlichen Fähigkeiten (z.B. im räumlichen Denken oder der Sprachentwicklung) zurückzuführen sind – zumindest unterscheiden sich die *durchschnittlichen* Fähigkeitsniveaus nicht (Kersey et al. 2018). Es hat sich jedoch gezeigt, dass sich die Leistungen der Jungen grundsätzlich stärker unterscheiden, als die der Mädchen (Greater-Male-Variability-Hypothese). So haben zum Beispiel die Auswertungen von PISA 2003 gezeigt, dass in fast allen Ländern Jungen eine größere Streuung ihrer mathematischen und naturwissenschaftlichen Kompetenzen aufwiesen als Mädchen (Schroeders et al. 2013). Das führt dazu, dass es insgesamt mehr Jungen gibt, deren Leistungen an den Rändern der Verteilung liegen, also im sehr guten oder sehr schlechten Bereich. Da für Karrieren in technischen Berufen insbesondere gute Fähigkeiten im mathematisch-naturwissenschaftlichen Bereich benötigt werden, ist der Anteil der Jungen in dem BewerberInnenpool entsprechend größer – weil es eben mehr Jungen mit sehr guten mathematischen Fähigkeiten als Mädchen gibt, auch wenn sich die durchschnittlichen Leistungen nicht unterscheiden (Halpern et al. 2007). Somit ergibt sich auch schon eine (Teil-)Erklärung für einen Teil des unterschiedlichen Arbeitsmarkterfolgs aus der Greater-Male-Variability-Hypothese.

Die eher geringen Fähigkeitsunterschiede, die aufgrund biologisch-neurologischer Unterschiede zustande kommen, sind jedoch nicht deterministisch, also nicht zwangsläufig – sie können durch die Umgebung der Kinder und ihre Erfahrungen im Laufe des Aufwachsens durch Sozialisationserfahrungen (siehe unten) verstärkt oder abgeschwächt werden. Der oben gezeigte Befund, dass die Effekte des Geschlechts in den unterschiedlichen Kompetenzdomänen in verschiedenen Ländern unterschiedlich stark ausgeprägt sind, spricht für diese Interpretation der Bedeutung von biologischen und neurologischen Ursachen.

Wenn sich auch die Gehirne und die durchschnittlichen Fähigkeiten in verschiedenen Bereichen nicht substantiell zwischen den Geschlechtern unterscheiden, hat sich jedoch gezeigt, dass sich relativ stabile Unterschiede in Persönlichkeiten, Interessen und Verhaltensweisen finden lassen (Weisberg et al. 2011). Im Durchschnitt zeigen Frauen in Studien höhere Werte für die Persönlichkeitsdimensionen Neurotizismus, Extraversion (Geselligkeit), Verträglichkeit (z.B. Kooperationsbereitschaft) und Gewissenhaftigkeit. Diese Eigenschaften können zum Teil den besseren Schulerfolg von Mädchen erklären, da Gewissenhaftigkeit und Kooperationsbereitschaft wichtige Voraussetzungen für den Lernerfolg (und die Anerkennung durch die Lehrkräfte) in der Schule sind. Viele Studien haben gezeigt, dass Mädchen in der Schule besser an die Leistungsanforderungen angepasst sind, während sich bei den Jungen im Durchschnitt häufiger ein „Faulpelz-Syndrom" beobachten lässt. Damit ist gemeint, dass Jungen sich im Vergleich zu Mädchen seltener konform, diszipliniert und lernbereit verhalten, was einerseits die Lernprozesse erschwert, andererseits durch Sanktionierung zu ablehnenden Einstellungen und in der Folge wiederum geringerem Lernerfolg führt. „Lehrerinnen und Lehrer gleichermaßen sehen Jungen, ihr Lernverhalten und ihr interpersonales Verhalten als problembehafteter an und sanktionieren sie entsprechend stärker" (Hadjar 2013, S. 219). Jungen scheinen auch häufiger als Mädchen ihre Fähigkeiten zu überschätzen. Auch lehnen Jungen häufiger Bildungsziele als „unmännlich" ab. Im OECD-Durchschnitt hat sich beispielsweise gezeigt, dass Jungen zu höheren Anteilen die Einstellung haben, dass Schule eine Zeitverschwendung sei (OECD 2015). Auch diese Unterschiede in den Persönlichkeiten und Verhaltensweisen sind jedoch nicht vorbestimmt und unveränderlich. Einige Studien haben zum Beispiel ermittelt, dass Persönlichkeitsunterschiede zwischen den Geschlechtern größer sind in Ländern mit höherem wirtschaftlichem Entwicklungsstand und ausgeprägter Gleichstellung der Geschlechter in Bezug auf den Zugang zu Bildung und Arbeitsmarkt (Schmitt et al. 2008).

Ein weiterer wichtiger Erklärungsstrang für Geschlechterunterschiede ist entsprechend der *psychosoziale Ansatz*, der auf die typischen Sozialisationserfahrungen von Mädchen und Jungen verweist, aus denen Unterschiede in den Motivationen und Selbstkonzepten und daraus resultierend den Kompetenzen folgen. Der Mechanismus ist hier also das Lernen: Kinder erleben Rollenerwartungen der Umwelt, und erfahren, dass sie bestätigt werden, wenn sie diesen Rollenerwartungen entsprechen oder dass sie sanktioniert werden, wenn sie das nicht tun. Dadurch werden entsprechende Lernprozesse angeregt. „Außerdem ist das Kind besonders wahrscheinlich mit Modellen konfrontiert, die geschlechts-typisiertes Verhalten zeigen (Lernen am Modell) und es imitiert selektiv im eigenen Verhalten solche Modelle, die für das jeweilige Verhalten bekräftigt worden sind (stellvertretende Bekräftigung)" (Blossfeld et al. 2009, S. 47). Damit ist zum Beispiel gemeint, dass die Eltern und ihre Rollenverteilung im Bereich der Erziehung und Hausarbeit für die Kinder Vorbildcharakter haben, so dass die vorgelebte Aufgabenteilung vom Kind verinnerlicht wird.

Neben den Effekten, die sich aus der Bestätigung und Ablehnung von (non-)konformen Verhalten durch die Umwelt und das Modelllernen ergeben, kommt für die Kinder die Entwicklungsaufgabe der Identitätsentwicklung während des Aufwachsens hinzu (Erikson 1973). Eine eigene Identität zu entwickeln beinhaltet, sich abzugrenzen und zu unterscheiden, „was man ist", und was dementsprechend nicht zu einem selbst gehört. Eine Folie für solche Abgrenzungen bietet die Unterscheidung von Geschlechtern, die mit typischen Verhaltensweisen in Verbindung gebracht werden. Die Ausbildung einer Geschlechtsidentität spielt bei der Identitätsentwicklung daher eine wichtige Rolle. Kinder und Jugendliche suchen entsprechend Aktivitäten und Verhaltensweisen, die mit ihrer subjektiv empfundenen Geschlechtsidentität im Einklang stehen (Blossfeld et al. 2009, S. 46). Dabei ist allerdings ausschlaggebend, inwieweit im Sozialisationskontext (d.h. im weitesten Sinne in der Gesellschaft) Vorstellungen über geschlechtstypische Verhaltensweisen existieren. Gäbe es Etikettierungen und Stereotype wie „typisch Junge" oder „typisch Mädchen" nicht, würde sich die Kategorie Geschlecht weniger als Folie zur Ausbildung einer eigenen Identität eignen. In dem Maße wie zum Beispiel verschiedene Schulfächer mit geschlechtstypischen Konnotationen verbunden werden, wenden sich Kinder und Jugendliche entsprechend eher den Fächern zu, die mit dem Geschlecht, dem sie sich zugehörig fühlen oder zugeordnet werden, in positiver Verbindung stehen.

Ein Effekt auf unterschiedliche Kompetenzen, der sich in diesem Zusammenhang ergeben kann, ist die sogenannte „Stereotypenbedrohung" (*stereotype threat*). Dieser Effekt entsteht, sofern bestimmte Vorurteile (Stereotype) über eine Gruppe vorliegen, zum Beispiel das Klischee, dass Mädchen weniger Talent für Mathematik hätten. Nun kennen sowohl die Kinder in der Schule als auch die Lehrkräfte diese Vorurteile. Der Effekt der Stereotypenbedrohung kann eintreten, wenn SchülerInnen eigentlich genau vermeiden möchten, dass sie das Vorurteil erfüllen. Es tritt dann aber so etwas wie eine selbsterfüllende Prophezeiung ein: Die Angst vor der Bestätigung des Vorurteils nimmt so viel Raum ein, dass die Konzentration und Unbefangenheit bei entsprechenden Anforderungen (z.B. der Mathearbeit) fehlt. Entsprechend werden mehr Fehler gemacht, das Vorurteil wird damit bestätigt und im Laufe der Schulzeit verstärkt (ebd. S. 49).

Aus den psychosozialen und lerntheoretischen Erklärungsansätzen lässt sich auch der Einfluss der Organisation Schule, das heißt der Lehrkräfte und des Unterrichts, ableiten. Eine prominente These in diesem Zusammenhang ist die sogenannte Femininisierungsthese, die besagt, dass der deutlich höhere Frauenanteil unter den Fachkräften (insbesondere im vorschulischen Bereich und in der Grundschule) nachteilig für Jungen sei, da ihnen männliche Rollenvorbilder und Bezugspersonen fehlen würden und die Bindungsqualität zwischen Jungen und weiblichen Lehrkräften schlechter sei. Diese These wurde von verschiedenen Arbeiten versucht zu belegen, insgesamt sind die bisherigen empirischen Befunde jedoch nicht belastbar (Hadjar 2013, S. 218; Neugebauer 2011). Weniger der hohe Anteil weiblicher Lehrkräfte scheint das Problem zu sein, als das generell schlechtere Passungsverhältnis zwischen häufiger von Jungen gewählten Verhaltensweisen und den geforderten (und belohnten) Verhaltensweisen in der Schule.

Auch wenn die zahlenmäßige Ungleichheit bei der Geschlechterverteilung der Lehrpersonen keine Rolle spielt, kann es einen Einfluss haben, dass es eine spezielle Verteilung der weiblichen und männlichen Lehrkräfte auf verschiedene Fächer gibt (z.B. mehr Physiklehrer als -lehrerinnen und mehr Englischlehrerinnen als -lehrer), die ebenfalls die oben berichteten Geschlechterbilder weiter bestätigen und aufrechterhalten. Studien haben gezeigt, dass die verschiedenen Fächer mit unterschiedlichen „Klischees" und Vorstellungen einhergehen. Mitschülerinnen, die Vorlieben für Physik als Fach äußern und gute Leistungen in diesem Fach zeigen, waren bei ihren männlichen Mitschülern weniger beliebt. Generell sind Fächer wie Mathematik und Naturwissenschaften eher männlich konnotiert, so dass Mädchen gute Leistungen nicht heranziehen können, um ihre weibliche Identität zu stärken (Hannover 2011).

Die Geschlechterstereotype in Bezug auf typisch männliche und typisch weibliche Verhaltensweisen führen aber auch dazu, dass Lehrkräfte Jungen und Mädchen ebenfalls typische Verhaltensweisen zuschreiben. Mädchen werden dabei häufiger als disziplinierter und sozialer wahrgenommen als Jungen (Stanat et al. 2018. S. 12). Ebenso können bestimmte Fähigkeitserwartungen auf Stereotypen basieren („Jungen sind schwächer in Fremdsprachen"). Diese stereotypen Wahrnehmungen und Erwartungen können bei den Kindern zu Erwartungseffekten („stereotype threat") und Phänomenen der selbsterfüllenden Prophezeiung führen.

An den Geschlechterzuschreibungen und ihrer Aufrechterhaltung haben aber auch die Sozialisationsbedingungen in den Familien ihren Anteil. Ein amerikanischer Bericht hat gezeigt, dass Eltern doppelt so häufig die Internetsuchanfrage „Ist mein Sohn hochbegabt?" wie die Frage „Ist meine Tochter hochbegabt?" stellen. Im Gegenzug wird zu 70 Prozent häufiger bei Google gefragt, ob die Tochter übergewichtig sei (obwohl faktisch das Risiko für Übergewicht bei Jungen in den USA häufiger ist) (Cimpian/Leslie 2017). Ebenso ließ sich in mehreren Studien feststellen, dass Mädchen im Alter von sechs Jahren seltener glauben, dass Mädchen im Allgemeinen „sehr, sehr klug" seien (Bian et al. 2017). Ebenso hat die PISA-Studie gezeigt, dass Mädchen im Allgemeinen weniger Vertrauen in ihre mathematischen und naturwissenschaftlichen Fähigkeiten haben und häufiger ängstliche Haltungen gegenüber Mathematik zeigen, auch wenn sie hohe Leistungen erbringen (OECD 2015). Die unterschiedlichen Selbstkonzepte und Verhaltensweisen, die durch die allgegenwärtigen sozialen Erwartungen an die unterschiedlichen Geschlechter gestützt werden, führen also zu einer Verinnerlichung und schließlich wiederum zu einer selbsterfüllenden Verwirklichung in Form der beobachteten Kompetenzunterschiede und der unterschiedlichen Noten und Schulerfahrungen.

8.2.2 Geschlechterunterschiede beim Arbeitsmarkterfolg

Das für die Schule beobachtete Muster der Geschlechterungleichheit (insgesamt ein Vorteil der Mädchen) kehrt sich für verschiedene Indikatoren des Arbeitsmarkterfolges teilweise um. Die Erträge von Bildung unterscheiden sich also zwischen den Geschlechtern. Wie können diese Befunde nun erklärt werden? Hierbei geht es mehr um Unterschiede bei strategischen Bildungsentscheidungen: Welche Abschlüsse werden gewählt, welche Ausbildung und Studienfächer präferiert? Gerade auf dem deutschen Arbeitsmarkt sind verbriefte Leistungen in Form von Zeugnissen, Abschlüssen und formalen Qualifikationen entscheidend für den Arbeitsmarkterfolg, der sich zum Beispiel in Einkommen und Beschäftigungssicherheit widerspiegelt. Offensichtlich scheinen sich Frauen und Männer bezüglich dieser strategischen Entscheidungen zu unterscheiden. Wir haben schon bei der Erklärung sozialer Bildungsungleichheiten die Entscheidungsperspektive kennengelernt. Diese beruht auf der Annahme, dass Bildungsentscheidungen immer vor dem Hintergrund von Handlungsmöglichkeiten und erwarteten Folgen getroffen werden und dass dabei auch Einschätzungen über die Realisierbarkeit eine Rolle spielen. Einige Forschungsarbeiten haben gezeigt, dass Frauen und Männer teilweise Kosten und Erfolgswahrscheinlichkeiten von (Aus-)Bildungsentscheidungen unterschiedlich bewerten. Wenn es zum Beispiel um kostenintensivere Bildungsinvestitionen wie die Aufnahme eines Studiums geht, scheinen Frauen risikofeindlicher und kostensensibler als Männer zu sein, so dass sich der Vorteil in der schulischen Bildungsbeteiligung von Frauen nicht in gleichem Maße in der Hochschulbildung und auf dem Arbeitsmarkt niederschlägt (Hadjar 2013).

Die Unterschiede im Arbeitsmarkterfolg, wie wir sie zum Beispiel beim Gender-Pay-Gap beobachten können, lassen sich dann auch unter anderem durch eine Selbstselektion in bestimmte Berufe erklären. Frauen beschränken ihre Berufswahl auf ein kleineres Angebot an Branchen und Berufe, sie suchen sich im Durchschnitt häufiger Dienstleistungsberufe, und „traditionell weibliche" (z.B. pädagogische) Tätigkeiten (Hadjar 2013, S. 212). Jungen hingegen wählen besser bezahlte und (beschäftigungs-)sichere technische Berufe. Insgesamt verteilen sich die Frauen auf weniger Berufsgruppen. Auf die fünf am häufigsten gewählten Berufe von Frauen (Büroberufe, Gesundheitsberufe, Verkaufspersonal, soziale Berufe, Reinigungspersonal) entfällt insgesamt die Hälfte aller erwerbstätigen Frauen. Bei den Männern werden die fünf häufigsten Berufe nur von etwa einem Viertel aller erwerbstätigen Männer ausgeübt, zudem unterscheiden sich die Branchen deutlich: nach den Büroberufen kommt die Unternehmensleitung und -beratung, Berufe im Landverkehr sowie Techniker und Ingenieure (Allmendinger et al. 2010, S. 17). Hier zeigt sich also möglicherweise auch die geringere Neigung der Frauen zum Risiko: es wird lieber ein sehr typischer Beruf gewählt. Entsprechend zeigen sich auch Geschlechterunterschiede bei der Wahl des Studiengangs: Im Sommersemester 2016 haben sich 57 Prozent der Frauen in sprach- und kulturwissenschaftliche Studiengänge, Rechts-, Wirtschafts- und Sozialwissenschaften oder Kunst(-wissenschaft) eingeschrieben. Bei den Männern wurden diese Fächer nur von 39 Prozent angewählt. Unter den Männern haben sich 40 Prozent für Ingenieurwissenschaften entschieden, bei den Frauen nur 13 Prozent.[37]

Die Aufteilung nach Geschlechtern auf unterschiedliche Berufe lässt sich in einem Maß ausdrücken: Der sogenannte Dissimilaritätsindex gibt den Anteil der Männer (oder Frauen) an, die jeweils den Beruf wechseln müssten, um eine Gleichverteilung der Geschlechter auf die Berufe zu erreichen. Im Jahr 2010 lag er bei 0,58, das bedeutet, dass 58 Prozent der Frauen bzw. Männer ihren Beruf wechseln müssten, um ein ausgewogenes Geschlechterverhältnis in jedem Beruf zu erreichen (Hausmann/Kleinert 2014). Das ist ein vergleichsweise hoher Wert.

Eine weitere Erklärung für die geringeren Bildungsrenditen wurde oben schon genannt: durch die höhere Beteiligung an der Familienarbeit und die höhere Teilzeitquote erreichen Frauen seltener Führungspositionen, was auch zu der im Durchschnitt geringeren Bezahlung beiträgt.

---

[37] https://studienwahl.de/orientieren/typisch, Zugriff am 22.06.2022.

Als belastbar für die Erklärung des Gender-Pay-Gaps gilt auch der Befund, dass die häufigeren bzw. längeren Unterbrechungen in den Erwerbsbiographien (z.B. durch Kindererziehungszeiten) eine Rolle spielen. Die Unterbrechungen führen dazu, dass in dieser Zeit nicht weiter in das eigene Humankapital investiert werden kann (keine weiteren Berufserfahrungen gesammelt oder Weiterbildungen absolviert werden können). Durch technischen Wandel verlieren auch die vorher getätigten Investitionen und Erfahrungen in dieser Zeit immer einen Teil ihres Wertes (Blossfeld et al. 2009, S. 34). Schließlich zielt ein weiteres Argument darauf, dass sich die in der Schule belohnten Eigenschaften der (im Durchschnitt) „fleißigeren" und kooperativeren Mädchen auf den Arbeitsmärkten nicht unbedingt auszahlen, und dort wiederum eher die Tendenz zur Selbstüberschätzung und die größere Konfliktfähigkeit der Männer eine erfolgreichere Strategie ist. Mit den Unterschieden in den Persönlichkeiten und Verhaltensweisen könnten somit beide Ungleichheitsmuster – die besseren Leistungen und Beteiligungen von Frauen in der Schule und die geringeren Renditen von Frauen auf dem Arbeitsmarkt – (teilweise) erklärt werden.

8.2.3 Maßnahmen zur Verringerung geschlechtsspezifischer Bildungsungleichheiten

Die ausgeprägten Länderunterschiede in Bezug auf die Kompetenzungleichheiten zwischen Geschlechtern und Indikatoren wie Gender-Pay-Gap und Anteile weiblicher Führungskräfte legen nahe, dass sich das Ausmaß der Geschlechterunterschiede gesellschaftlich beeinflussen lässt. Würde es beispielsweise gelingen, das Stereotyp zu überwinden, dass Mädchen in Mathematik weniger talentiert als Jungen sein, würden sich die hier beobachten Kompetenzunterschiede wahrscheinlich verringern lassen und der Anteil der Frauen, die sich für technische und mathematische Ausbildungen und Studienfächer entscheiden, könnte steigen – womit auch die beobachteten Differenzen im Einkommen ein Stück weit geringer werden könnten. Bestehende Vorurteile jedoch aufzubrechen und entsprechend gegenzusteuern ist kein „Selbstläufer". Um dies etwa in der Schule, das heißt bei den Lehrkräften und ihrer Unterrichtspraxis anzuregen, ist zunächst eine Sensibilisierung für das Thema notwendig. Dabei geht es um das Bewusstmachen und Aufdecken der geschlechtsspezifischen Rollenerwartungen. Erforderlich ist eine kritische Reflexion der pädagogischen Praxis, die den SchülerInnen die Möglichkeit gibt „eigene (geschlechtstypische) Neigungen und Verhaltenstendenzen zu reflektieren und gegebenenfalls zu verändern" (Stanat et al. 2018, S. 13). Ein Beispiel sind Überzeugungen über geschlechtsspezifische Begabungen, etwa im Mathematikunterricht, die dazu führen können, dass geringere Leistungen bei Mädchen von den Lehrkräften auf fehlende Begabung, nicht auf fehlende Leistungsbereitschaft zurückgeführt werden. Die Sensibilisierung kann jedoch auch zu falschem Aktionismus führen und wiederum ungewollte Effekte zeigen, so dass eine umfassende Unterstützung und Entwicklung von „Genderkompetenzen" beim pädagogischen Personal notwendig sind. Dies muss entsprechend in der Aus- und Weiterbildung implementiert werden (Budde 2008). Dennoch reicht eine „Aufklärungsarbeit" in Sachen Geschlechterstereotypen nicht aus, denn das pädagogische Personal ist ja selbst mit den bestehenden Stereotypen aufgewachsen und hat sie unter

Umständen „produktiv", also für die Herausbildung der eigenen Identität verarbeitet, so dass eine „Dekonstruktion" solcher Geschlechterbilder auch eine Herausforderung für das Selbstbild darstellt. Entsprechend gehen die Versuche einer Sensibilisierung und geschlechtergerechten pädagogischen Qualifizierung nicht immer ohne Widerstände vonstatten. Auch auf der gesamtgesellschaftlichen Ebene zeigt zum Beispiel die Debatte um das „gendern" im Sprachgebrauch, wieviel Beharrungskraft Geschlechterabgrenzungen haben.

Zudem kommt für die pädagogischen Einrichtungen hinzu, dass die Aufgabe geschlechtergerechter Erziehung mit den verschiedenen anderen gesellschaftlichen Erwartungen konkurriert, etwa in Bezug auf die Förderung der Integration von SchülerInnen mit Migrationshintergrund (siehe Kapitel 7), der Inklusion, oder die Erwartung, vor allem exzellente Leistungen zur erbringen. Die widersprüchlichen Erwartungen und persönlichen Widerstände können dann zu den in Kapitel 4 beschriebenen Effekten in Schulen führen, also zum Beispiel zu einem eher halbherzigen Bekenntnis zur „Geschlechtersensibilität".

Schließlich zeigt sich auch hier, dass die Schule eben nicht gerechter sein kann, als der Rest der Gesellschaft und Maßnahmen zur Verringerung der Geschlechterungleichheit nicht allein im Bildungssystem ansetzen können. Um zum Beispiel die Einflüsse der Eltern als Vorbilder zu verringern, müssten die Eltern mehr Gleichberechtigung realisieren können, etwa durch eine gleichwertige Aufteilung der Erwerbs- und Familienarbeitszeit. Dabei spielen verlässliche Betreuungsmöglichkeiten, nicht nur im frühkindlichen Bereich, sondern auch in den Nachmittagsstunden für die größeren Kinder, eine wichtige Rolle, um Unterbrechungen der Erwerbsbiographien (gerade der Frauen) zu verringern. Damit einher muss allerdings auch eine höhere Akzeptanz von Erziehungszeiten für Männer gehen. Es gibt viele Beispiele aus der öffentlichen Diskussion, die zeigen, wie sehr Geschlechterunterschiede auch durch Warenangebote, zum Beispiel bei Kleidung und Spielzeug, aber auch Büchern, betont werden. Eine Studie der Süddeutschen Zeitung konnte zeigen, wie sehr sich die Themen von Kinderbüchern mit männlichen und weiblichen Hauptfiguren unterscheiden (Brunner et al. 2019).

Schließlich sind aber Sozialisationseffekte (durch z.B. unterschiedliches Erziehungs- und Förderverhalten der Eltern) ähnlich schwierig zu beeinflussen, wie primäre Effekte der sozialen Herkunft auf Leistungen (siehe Kapitel 6). Hier zu intervenieren hieße, stark in die persönlichen Freiheiten der Familien(-mitglieder) einzugreifen. Somit liegt es letztlich zum Teil auch in der Verantwortung jedes und jeder Einzelnen, die eigene Vorbildrolle (für die eigenen Kinder, Geschwister, Freunde) zu reflektieren und das Verhalten anzupassen. Gerade die außerschulischen Lerngelegenheiten spielen eine große Rolle, da sich zum Beispiel gezeigt hat, dass die Kompetenzunterschiede zwischen den Geschlechtern in den Kompetenzdomänen, die vorrangig in der Schule gelernt werden, geringer sind (Hannover/Kessels 2011).

8. Geschlechtsspezifische Bildungsungleichheit

Fragen und Aufgaben zur Wiederholung

- Warum haben Jungen häufiger schlechte Schulnoten und geringere Durchhaltequoten im Bildungssystem?
- Wie können die häufig schlechteren Leistungen in mathematischen und naturwissenschaftlichen Leistungen von Mädchen erklärt werden?
- Wie lässt sich das geschlechtsspezifische Lohngefälle („Gender Pay Gap") erklären?

Literaturempfehlung

Blossfeld, H.-P./Bos, W./Hannover, B./Lenzen, D./Müller-Böling, D./Prenzel, M./Wößmann, L. (2009): Geschlechterdifferenzen im Bildungssystem. Jahresgutachten 2009. Wiesbaden: VS Verlag für Sozialwissenschaften.

Budde, J. (2008): Bildungs(miss)erfolge von Jungen und Berufswahlverhalten bei Jungen/männlichen Jugendlichen. Bildungsforschung Band 23. Berlin: Bundesministerium für Bildung und Forschung.

Hadjar, A. (Hrsg.) (2011): Geschlechtsspezifische Bildungsungleichheiten. Wiesbaden: VS Verlag für Sozialwissenschaften.

Hannover, B./Kessels, U. (2011): Sind Jungen die neuen Bildungsverlierer? Empirische Evidenz für Geschlechterdisparitäten zuungunsten von Jungen und Erklärungsansätze. In: Zeitschrift für Pädagogische Psychologie, 25. Jg., H. 2, S. 89–103.

9. Bildungssysteme im Wandel

> **Zusammenfassung**
>
> In diesem Kapitel geht es um Bildungssysteme und Bildungspolitik. In den vorangegangenen Kapiteln wurden die zentrale gesellschaftliche Bedeutung sowie die Herausforderungen für gegenwärtige Bildungssysteme und Schulen dargestellt. In diesem Kapitel wird an einigen Beispielen nachgezeichnet, wie sich als Reaktion auf diese Herausforderungen Bildungssysteme in vielen Staaten in den letzten 20 Jahren verändert haben. Mit der Educational Governance-Forschung wird eine Perspektive vorgestellt, die aus unterschiedlichen Blickwinkeln diese Veränderungen sowie die grundlegenden Besonderheiten der Gestaltung von Bildungssystemen und Bildungsergebnissen in den Blick nimmt.

In den vorangegangenen Kapiteln wurde immer wieder aufgezeigt, dass Bildung für die Aufrechterhaltung und Entwicklung moderner Gesellschaften eine Schlüsselrolle spielt. Bildung verteilt Menschen auf gesellschaftliche „Plätze" (Positionen) – und zwar nach gerechten *und* ungerechten Kriterien – und trägt damit zur Aufrechterhaltung der bestehenden sozialen Ordnung und zur Erfüllung der für den Erhalt der Gesellschaft notwendigen Aufgaben bei. Auf der individuellen Ebene sichert Bildung Teilhabechancen. Aufgrund dieser zentralen Bedeutung haben moderne Gesellschaften Bildung *organisiert*: mittels der institutionellen Regelungen von Bildungssystemen (Kapitel 3) und konkret in Organisationen wie der Schule. In Kapitel 4 wurde schon beschrieben, dass sich jedoch die Gesellschaft und ihre konkreten Ansprüche und Erwartungen an Schulen und Bildungssysteme konstant im Wandel befinden – zum Beispiel durch demographische Veränderungen wie Zuwanderung oder Geburtenrückgang, aber auch durch Prozesse wie die fortschreitende Digitalisierung und Datafizierung (siehe Kapitel 11). Die sich verändernden Anforderungen und gesellschaftlichen Erwartungen können zu einem Reformdruck im Bildungssystem führen. Mögliche Folgen eines solchen Reformdrucks wurden bereits in Kapitel 4 mit der Perspektive der institutionalistischen Organisationsforschung beschrieben: wenn Organisationen (wie Schulen) ihre gesellschaftliche Unterstützung (Legitimität) erhalten wollen – um letztlich ihr Überleben durch anhaltenden Ressourcenzufluss zu sichern – müssen sie sich den Erwartungen der Gesellschaft, d.h. ihrer Umwelt, anpassen.

Veränderungen von Regelungen und Ausgestaltungen im Bildungssystem sind deshalb keine Ausnahme, jedoch haben die letzten beiden Jahrzehnte im Vergleich zu den beiden Jahrzehnten davor in Deutschland deutlich verstärkte Reformbemühungen und Strukturveränderungen gezeigt. Die Veröffentlichung der ersten Ergebnisse der PISA-Studie Ende 2001 wird hier oft als Auslöser für eine Reihe von politischen Veränderungen angeführt. Tatsächlich waren viele Reformmaßnahmen zu diesem Zeitpunkt bereits vorbereitet und die Ergebnisse der Schulleistungsstudien können eher als „Beschleuniger", denn als Ursache für die Reformprojekte verstanden werden (Amos et al. 2015, S. 6). Deutschland ist jedoch nicht das einzige Land, in dem in den vergangenen 20 Jahren umfassende Veränderungen im Bildungssystem zu beobachten waren. Tatsächlich sind Reformen im Bildungssystem eher der „Normalfall". Mit Bemühungen um Veränderungen im System geht aber immer die Frage einher, wie diese Veränderungen effizient (in optimalem Verhältnis von Kosten und Nutzen) und effektiv, also wirksam, eingeleitet werden können. Es geht also letztlich um Fragen der Steuerung und Lenkbarkeit von und in Bildungssystemen. Zu diesen Fragen hat sich eine eigene interdisziplinäre Forschungsperspektive entwickelt, die häufig unter dem Oberbegriff „Educational Governance" (Bildungssteuerung) eingeordnet wird. Gegenstand der Educational Governance-Forschung ist zum Beispiel die Beschreibung der Veränderungen von Bildungssystemen und die Bewertung und theoretische Einordnung dieser Veränderungen.

9.1 Veränderungen in den deutschen Schulsystemen seit der Jahrtausendwende

Was hat sich konkret verändert im deutschen Bildungssystem zu Beginn des neuen Jahrtausends? Durch die Vielfalt der 16 unterschiedlichen Schulsysteme sind die tatsächlichen Reformen kaum zu überblicken. Veränderungen haben in allen Stufen des Bildungssystems und in allen Aspekten von Bildungssystemen (Input, Differenzierung und Organisation, siehe Kapitel 3) stattgefunden.

Dem Aspekt des Inputs von Bildungssystemen zuzuordnen ist beispielsweise der deutliche Ausbau im Bereich der frühkindlichen Bildung und Betreuung. Zwischen 2006 und 2015 stieg etwa die Betreuungsquote der unter 3-jährigen von 17,6 Prozent auf 33.6 Prozent.[38] Der 2013 eingeführte Rechtsanspruch auf einen Betreuungsplatz ab dem Alter von einem Jahr hat diesen Ausbau maßgeblich erforderlich gemacht. Der Ausbau wurde begleitet durch Veränderungen in der Ausbildung der Fachkräfte in Kindertagesstätten und verschiedene Programme und Maßnahmen zur Verbesserung der frühkindlichen Förderung, insbesondere im Bereich Sprachbildung (siehe Kapitel 7).

Der Ausbau der *Ganztagsschule* ist ein weiteres Projekt, das im Vordergrund der reformerischen Maßnahmen nach PISA 2000 stand und dem Input von Bildungssystemen zuzurechnen ist. Der Ausbau vollzog sich schulformübergreifend. Ziele des Ausbaus waren die Verringerung sozialer Ungleichheiten durch eine Verlängerung der Lernzeit in der Schule und eine bessere Vereinbarkeit von Familie und Berufstätigkeit für die Eltern. Zwischen 2006 und 2016 haben sich beispielsweise die Anzahlen der ganztägigen Grundschulen, Realschulen, Gymnasien und Gesamtschulen jeweils mehr als verdoppelt (Autorengruppe Bildungsberichterstattung 2018). Die Mehrheit der Schulen sind inzwischen Ganztagsschulen, jedoch mit unterschiedlichen Modellen, d.h. entweder offen (freiwillig) – oder wie es heißt: teilweise gebunden oder voll gebunden. Unterschiedlich ist auch die Dauer (in Tagen und Stunden), die das Ganztagsschulangebot abdeckt. Im vollgebundenen Modell variierte zum Beispiel die tägliche Stundenzahl zwischen den Bundesländern von 6,8 bis 12 (Kultusministerkonferenz 2015).

---

38 https://www.sozialpolitik-aktuell.de/files/sozialpolitik-aktuell/_Politikfelder/Familienpolitik/Datensammlung/PDF-Dateien/abbVII26.pdf, Zugriff am 22.06.2022.

Dem Bereich des Inputs von Bildungssystemen kann auch die sogenannte G8-Reform zugeordnet werden. Ab dem Jahr 2001 haben viele Bundesländer die Anzahl der Schuljahre bis zum Abitur von 13 auf 12 Jahre reduziert. Die Reform hatte die Absicht, einen früheren Eintritt in den Arbeitsmarkt zu ermöglichen und damit auch dem Mangel an Fachkräften und den Folgen des demographischen Wandels für die Sozialversicherungssysteme zu begegnen. Da die Lernzeit und die Curricula allerdings beibehalten wurden, führte die Reformen zu einer deutlich höheren Anforderung für die SchülerInnen, so dass die Reform stark umstritten war und einige Bundesländer bereits teilweise oder flächendeckend zum neunjährigen Gymnasium zurückgekehrt sind (Baden-Württemberg, Hessen, Nordrhein-Westfalen, Schleswig-Holstein, Niedersachsen, Bayern) (Marcus/Zambre 2017).

Im Bereich der Hochschulbildung haben verschiedene Förderlinien und Projekte unter anderem dazu geführt, dass die Zahl der StudienanfängerInnen zwischen 2003 und 2020 um mehr als 100.000 angestiegen ist.[39] Dieser Ausbau geht unter anderem auf die Bestrebungen zur Umsetzung der Lissabon-Strategie der EU zurück, die im Jahr 2000 verabschiedet wurde, um auf den technologischen Wandel und die Globalisierung zu reagieren. Die Stärkung der Bildung für die Teilhabe an den Wissensgesellschaften (siehe Kapitel 3) war Bestandteil dieser Strategie. Im Bereich der Hochschulbildung haben sich weitere Inputveränderungen vor allem durch die Exzellenzinitiative ergeben. Diese Förderinitiative lief zwischen 2005 und 2017 und hatte die Stärkung des Wissenschaftsstandortes zum Ziel. Knapp 2 Milliarden Euro wurden unter anderem für Graduiertenschulen und sogenannte Exzellenzcluster zur Förderung von wissenschaftlichem Nachwuchs und Spitzenforschung investiert. Eine weitere Reform, die auch zur Steigerung der Studierendenzahlen beigetragen hat, die jedoch eher dem Bereich Struktur und Differenzierung von Bildungssystemen zuzuordnen ist, ist der Bologna-Prozess. Dieser wurde 1998 mit der sogenannten Sorbonne-Erklärung durch Italien, Frankreich, Deutschland und Großbritannien initialisiert und hatte zum Ziel, einen Europäischen Hochschulraum zu etablieren, in dem Hochschulbildung, d.h. Studiengänge und Abschlüsse europaweit vergleichbar sind (Nagel et al. 2010). Diese Absicht wurde in der Bologna-Erklärung 1999 vertieft, mittlerweile haben sich 49 Staaten diesem Abkommen angeschlossen. Die Vergleichbarkeit der Hochschulabschlüsse wurde unter anderem durch die allgemeine Einführung einer dreistufigen akademischen Ausbildung (Bachelor, Master, Ph.D./Promotion) vorangetrieben. Mit der deutlich gestuften und zeitlich eingegrenzten Struktur wurde auch eine stärkere Berufsorientierung angestrebt. Mit der Vereinheitlichung der Abschlüsse sollten die internationale Mobilität und die Anerkennung von Abschlüssen und damit die Beschäftigungsfähigkeit auf den internationalen Arbeitsmärkten verbessert werden. Am Bologna-Prozess sind weit mehr Länder als EU-Staaten beteiligt, die EU unterstützt den Prozess jedoch als Teil der Lissabon-Strategie.

Der Bologna-Prozess ist auch ein Beispiel dafür, wie Bildungspolitik und Reformen im Bildungsbereich in den vergangenen Jahrzehnten internationaler geworden sind. Die PISA-Studie ist ein weiteres Beispiel, das zeigt, dass sich Staaten

---

39 https://www-genesis.destatis.de/genesis/online?sequenz=tabelleErgebnis&selectionname=21311-0010#a breadcrumb, Zugriff am 22.06.2022.

mehr und mehr auch mit Blick auf die Qualitätssicherung und die Suche nach „best practices", also vielversprechenden Politikmodellen, an anderen Ländern orientieren (Martens et al. 2014).

Weitere Strukturveränderungen in den deutschen Bildungssystemen lassen sich im sekundären Schulbereich nachzeichnen. In Kapitel 5 und 6 wurde gezeigt, dass die soziale Bildungsungleichheit in Deutschland vergleichsweise stark ausgeprägt ist. Nicht erst seit Veröffentlichung der ersten PISA-Ergebnisse im Jahr 2001 ist die traditionelle Gliederung des weiterführenden Schulsystems die „Hauptverdächtige" unter den möglichen Ursachen für die Bildungsungleichheit. Entsprechend haben sich viele Reformideen auf eine Änderung der Dreigliedrigkeit gerichtet. Als Reaktion auf die mehrfachen Benachteiligungen, die sich für die SchülerInnenschaft an vielen Hauptschulen zeigten, hat die Mehrzahl der Bundesländer diese Schulform inzwischen abgeschafft und Schulen mit mehreren Bildungsgängen (Gesamtschulen) ausgebaut. In mehreren Bundesländern, unter anderem den Stadtstaaten sind zwei Schulformen (Zweigliedrigkeit) nun die Regel, neben dem Gymnasium kann auch an den integrierten Schulformen das Abitur erreicht werden (Helbig/Nikolai 2015, S. 310). Im Gegenzug blieb das Gymnasium als eigene Schulform bislang in jedem Bundesland unangetastet (siehe dazu auch Kapitel 6, in dem Chancen zur Verringerung sozialer Bildungsungleichheit diskutiert werden). Die Unterschiede zwischen den Bundesländern in Bezug auf die Gliederung des Schulsystems sind allerdings weiterhin sehr ausgeprägt. Neben der Strukturreform richteten sich auch viele Bemühungen auf eine Beseitigung der Mängel der bestehenden dreigliedrigen Struktur, zum Beispiel auf leistungsgerechtere Übergangsempfehlungen, bessere Möglichkeiten des Wechsels zwischen Schulformen, oder eine Verringerung von Nichtversetzungen. Die deutschen Schulsysteme sind zwar bislang nicht auf dem Weg zur Einheitsschule, doch es haben sich deutliche Strukturveränderungen in den vergangenen 15 Jahren gezeigt – vor allem in Bezug auf die Wege zum Abitur, das schon lange nicht mehr nur am Gymnasium vergeben wird.

Da Reformen im Bildungssystem immer mit hohem Aufwand verbunden sind, besteht der Anspruch, dass sie begründet (notwendig) sind, und effektiv (wirksam) und effizient (mit optimalem Verhältnis aus eingesetzten Mitteln und erreichten Zwecken) eingeführt werden. Das erfordert wiederum eine Überprüfung der durch die Reform anvisierten Ziele, so dass zum einen der Bedarf an Wissen über wirksame Maßnahmen gestiegen ist, zum anderen das Bedürfnis, eingeführte Maßnahmen hinsichtlich ihrer Ziele und Wirkungen zu überprüfen. Aus diesen Bedarfen und einer entsprechenden finanziellen Förderung der universitären Forschung zu wirksamen Maßnahmen und zur Evaluation von Maßnahmen hat sich in Deutschland ein erheblicher Bedeutungszuwachs eines bestimmten Forschungsfeldes, nämlich der sogenannten empirischen Bildungsforschung, ergeben. Dieser Bedeutungszuwachs, der sich unter anderem in einer Zunahme an Professuren und neugegründeten Forschungseinrichtungen gezeigt hat, ist seinerseits bereits zu einem Forschungsgegenstand geworden (Aljets 2015).

Auch im Bereich „Organisation" von Bildungssystemen hat es umfassende Veränderungen gegeben. Ein besonders deutliches Beispiel ist der Ausbau der Handlungsbefugnisse (Autonomie) von Schulen in verschiedenen Bereichen. Dieser Ausbau ist geleitet durch die Annahme, dass eine stärker dezentrale, also an den Schulen verortete, Handlungsbefugnis effizienter sei, da die Schulen besser auf die Bedürfnisse und Voraussetzungen ihrer SchülerInnen reagieren können und ihr lokales Wissen und gegebene Ressourcen eigenständig wirkungsvoller einsetzen können (Altrichter 2015, S. 33). Ziel dieser Reformen ist es also, durch neue Formen der Steuerung und geänderter Verantwortlichkeiten im Bildungssystem die Qualität der Bildungsproduktion zu verbessern und den gesellschaftlichen Anforderungen (z.B. an Inklusion) zu begegnen. Mit Steuerung ist hier gemeint, dass durch das Schaffen von handlungsleitenden Regeln (z.B. Gesetzen und Verordnungen) das Handeln in einem Bereich (wie dem Bildungssystem) so zu lenken oder zu verändern, dass ein bestimmtes Ziel erreicht werden kann (z.B. ein höheres Bildungsniveau oder Inklusion). Schulautonomie kann sich auf unterschiedliche Bereiche der Organisation von Schule beziehen, zum Beispiel auf die Beteiligung der Schule bei der Einstellung, Bezahlung und Entlassung der Lehrkräfte, der Festlegung der angebotenen Fächer und verwendeten Lehrmaterialien oder die durchgeführten Prüfungen.

Ausgehend von einem relativ niedrigen Niveau der Schulautonomie zu Beginn des neuen Jahrtausends wurde in Deutschland in verschiedenen Bereichen die Eigenständigkeit der Schulen ausgebaut, wobei Deutschland jedoch in den meisten Bereichen der Schulautonomie weiterhin unter den Durchschnittswerten der OECD bleibt. In Bezug auf die Einstellung von Lehrpersonal besuchten zum Beispiel in Deutschland im Jahr 2000 etwa 20 Prozent der SchülerInnen Schulen, die zumindest Teilverantwortung in diesem Bereich hatten. Damit lag Deutschland deutlich unter dem OECD-Durchschnitt von 63 Prozent. Bis zum Jahr 2015 hatte sich dieser Anteil auf 63 Prozent erhöht (OECD-Durchschnitt: 72 Prozent, jeweils eigene Berechnungen auf Basis der OECD PISA 2000 und 2015 Datenbanken).

Eine Ausweitung der Handlungsbefugnisse von Schulen erfordert in der Regel auch eine Ausweitung von Kontrollinstrumenten – denn es muss ja sichergestellt werden, dass die für alle SchülerInnen geltenden Lehrpläne und Leistungsstandards erreicht werden. Daher geht der Trend der Erhöhung der Schulautonomie in der Regel einher mit einem Ausbau unterschiedlicher Instrumente der Qualitätskontrolle, der Evaluation und des Monitorings, also der Berichterstattung. Diese Instrumente werden häufig mit dem englischen Begriff der „Accountability" (Rechenschaftslegung, Verantwortbarkeit) beschrieben. Veränderungen im Bereich Accountability haben sich in den letzten beiden Jahrzehnten in den deutschen Bildungssystemen auf verschiedenen Ebenen gezeigt (Teltemann/Jude 2019). Auf der Systemebene gehört die Einrichtung einer zentralen, regelmäßigen Bildungsberichterstattung (Bildungsmonitoring) im Jahr 2006 dazu (Kultusministerkonferenz 2006). Mit dem systematisch gesammelten Wissen über Bildungsergebnisse und organisationale Ausgestaltungen des Bildungssystems sollen informierte Entscheidungen getroffen werden können, um die Qualität von Bildung – im Sinne eines höheren Niveaus, einer geringeren Streuung und geringeren Kopplung von Bildung an Herkunftsmerkmale – zu erhöhen. Zu der „Gesamtstrategie Bildungsmonitoring" gehört die regelmäßige Teilnahme Deutschlands an den internationalen

Schulleistungsstudien (PISA, TIMSS und IGLU), die Formulierung von Bildungsstandards für die einzelnen Fächer, Altersstufen und Schularten, Vergleichsarbeiten zur Überprüfung der Standards und eine regelmäßige Veröffentlichung der Ergebnisse in Form eines Berichts („Bildung in Deutschland"). Mit den Bildungsstandards sollen verbindliche Anforderungen an das Lehren und Lernen in der Schule formuliert werden (Klieme et al. 2007), ihre Einführung wird durch die Überarbeitung von Lehrplänen und die Formulierung von Kerncurricula und entsprechende Fortbildungen der Lehrkräfte umgesetzt. Seit dem Jahr 2009 werden die Bildungsstandards mithilfe von Vergleichsarbeiten und Tests überprüft. Die Entwicklung und Überprüfung der Bildungsstandards werden maßgeblich vom 2004 gegründeten, zur Humboldt-Universität in Berlin gehörenden „Institut zur Qualitätsentwicklung im Bildungswesen IQB" übernommen.

Auf der Ebene der Schulen haben sich Neuerungen im Bereich „Accountability" zum Beispiel durch eine Erhöhung von landesweiten oder nationalen Tests und Veränderungen im Umgang mit Testdaten ergeben. Mithilfe der PISA-Daten lässt sich zum Beispiel zeigen, dass im Jahr 2000 nur 19 Prozent der 15-jährigen SchülerInnen in Deutschland Schulen besuchten, an denen ein bis zweimal im Jahr standardisierte (also vorgegebene und vergleichbare) Tests durchgeführt wurden. Dieser Anteil stieg bis zum Jahr 2015 auf 53 Prozent an, liegt aber weiterhin unter dem internationalen Durchschnitt (Teltemann/Jude 2019). Die Einführung von standardisierten Tests und anderen Instrumenten der Verantwortbarkeit lässt sich als ein Bemühen um eine stärkere „Kopplung" (siehe Kapitel 4) von Schulen und ihren politischen Umwelten (Bildungssystem) verstehen (Muslic/Ramsteck 2016). Anders gesagt: es geht um eine Erhöhung der Kontrolle (bei gleichzeitiger Ausweitung der Verantwortlichkeiten und Freiheiten der Schulen).

Sowohl die Ausweitung der Schulautonomie als auch die Bemühungen um mehr Acccountability repräsentieren Elemente von umfassenderen Perspektiven auf die Ausgestaltung von Organisationen und Verwaltung, die in vielen Ländern in den vergangenen Jahrzehnten zur Anwendung gekommen sind. Eine solche umfassende Perspektive ist das sogenannte „New Public Management-Paradigma", aber auch die Idee der „evidenzbasierten" Steuerung, die insbesondere auf die empirisch erwiesene Wirksamkeit von Maßnahmen abzielt. Die aus diesen Perspektiven resultierenden Veränderungen im Bildungssystem werden auch als „Neue Steuerungsinstrumente" bezeichnet.

Der mehr oder weniger ausgeprägte Einfluss von solchen übergreifenden Perspektiven auf nationale Reformideen ergibt sich aus ihrer „Anerkanntheit" (Legitimität): wenn sie als rational, modern und effizient wahrgenommen werden, wird auch von (öffentlich finanzierten) Einrichtungen (wie Schulen) erwartet, dass sie diese Ideen übernehmen. Ob die neuen Steuerungsinstrumente im Bildungssystem tatsächlich effizient und effektiv sind, ist dann unter Umständen gar nicht ausschlaggebend. Die Ideen hinter den Steuerungsinstrumenten können also mit der neo-institutionalistischen Theorie (siehe Kapitel 4) als „Rationalitätsmythen" bezeichnet werden – ihre Gültigkeit und Begründetheit wird nicht hinterfragt. Die deutschen Bildungssysteme, die mit den schlechten Ergebnissen in der ersten PISA-Studie in eine „Legitimitätskrise" geraten sind, da sie den gesellschaftlichen

Erwartungen nicht gerecht wurden, konnten sich also durch die Übernahme dieser neuen Steuerungsideen wieder mehr Anerkennung sichern (Schaefers 2002, S. 848). Insgesamt bilden die Reformen einen Wandel der Art der Organisation von Bildungssystemen ab: von einer Regelung des Inputs (also dem Fokus auf z.B. Bildungsausgaben) zu einer Regelung (Steuerung), die sich am Output (also dem Niveau und dem Grad der Ungleichheit von Bildung) orientiert.

9.2 Bewertung und Analyse des Wandels

Betrachtet man die Vielzahl der Reformen, die im vorangegangenen Abschnitt nur schlaglichtartig dargestellt sind, stellt sich die Frage, zu welchen Ergebnissen die Reformen geführt haben und ob die mit ihnen verbundenen Erwartungen erfüllt wurden. Aber neben der Frage nach der Effektivität, also den beabsichtigten Folgen, stellen sich noch weitere Fragen mit Blick auf die Reformtätigkeit: wie wurden die Reformen umgesetzt, warum wurden sie in dieser Form umgesetzt, wie sind die Triebkräfte und Begründungen zu bewerten und wie können die Reformen in Bezug gesetzt werden zu Reformen in anderen gesellschaftlichen Teilsystemen? Daran schließt sich die Frage an, wie der Wandel von Bildungssystemen abstrakter beschrieben und verstanden werden kann. Dies sind Fragen, die sich unter anderem die „Educational Governance"-Forschung stellt. Diese interdisziplinäre Forschungsperspektive betrachtet zum Beispiel die jüngeren Reformen in Bezug zu früheren Reformen und im internationalen Vergleich und versucht allgemeine, theoretische Erklärungen für den Wandel zu formulieren. „Im Fokus stehen die Interventionen nationaler und internationaler, staatlicher und zivilgesellschaftlicher Gruppen und deren Wirkungen und Nebenwirkungen auf Strukturen, Prozesse und Ergebnisse von Bildungsphänomenen" (Amos et al. 2015, S. 7). Es geht der „Educational Governance"-Forschung also darum, die soziale Ordnung und ihre Veränderung im Bildungsbereich zu analysieren. Dabei wird vor allem dem Umstand Rechnung getragen, dass sich im Bildungssystem verschiedene Gruppen auf verschiedenen Ebenen miteinander koordinieren müssen, um die Aufgaben, die an das Bildungssystem gestellt werden, zu erfüllen (Maag Merki et al. 2014).

Der „Educational Governance" Ansatz nimmt entsprechend mehrere Elemente in den Blick (Brüsemeister 2012, S. 30):

(1) Handelnde Gruppen und ihre Interessen und Konstellationen, in denen sie sich befinden (z.B. durch Weisungsbefugnisse),
(2) gegenseitige Abhängigkeiten der Handelnden (z.B. sind die Lehrkräfte auf die grundsätzliche Lernbereitschaft der SchülerInnen angewiesen),
(3) die „Nebenwirkungen" die sich aus bestimmten Handlungsregulationen (Verordnungen, Gesetze) ergeben können,
(4) die Bedingungen des Mehrebenensystems: Die Koordination von verschiedenen Gruppen und deren Handlungen muss verschiedene Ebenen überbrücken.

Der Begriff Governance ersetzt dabei die Begriffe „Regieren" und „Steuern" und wird verwendet, um zu verdeutlichen, was in Kapitel 3 und 4 beschrieben wurde:

dass die Leistungserfüllung und Problemlösung in Bildungssystemen meist nicht gradlinig, rational und ungestört hierarchisch „regierend" verläuft, sondern dass unterschiedliche Handelnde auf verschiedenen Ebenen miteinander agieren müssen (vgl. die Idee der Rekontextualisierung in Kapitel 3). Wenn also eine Veränderung politisch, d.h. durch Gesetzgebung initiiert wird, hängt ihre tatsächliche Umsetzung davon ab, dass SchulleiterInnen und LehrerInnen die neue Setzung annehmen und umsetzen. Nicht nur das, auch die SchülerInnen und Eltern müssen „mitziehen" und die Ausbildung der Lehrkräfte an den Universitäten und Lehrbücher müssen ggf. angepasst werden (Altrichter 2015, S. 26). So kommt es in der Regel zu Unterschieden zwischen dem „intendierten Curriculum", dem „implementierten Curriculum" und dem „erreichten Curriculum" (Baumert et al. 2000).

Auch die (teilweise unbeabsichtigten) Folgen von und Reaktionen auf Bildungsreformen sind Gegenstand der „Educational Governance"-Forschung. Zu unbeabsichtigten Folgen gehört zum Beispiel die Erfahrung, dass das „Abgucken" und die Übernahme einzelner Regelungen von erfolgreichen Bildungssystemen wie Finnland nicht notwendigerweise zum Erfolg führen muss (Fend 2011, S. 39). Die ausbleibenden Erfolge können zum Beispiel mit den schon bekannten Konzepten der Rekontextualisierung (Kapitel 3) und der zeremoniellen Entkopplung von Formal- und Aktivitätsstruktur von Organisationen (Kapitel 4) erklärt werden. Wenn zum Beispiel Vergleichsarbeiten zwar mitgeschrieben, deren Ergebnisse aber von den Schulen nicht weiter zur Kenntnis genommen werden und mit etwaigen Ursachen auf Ebene der Schule in Verbindung gebracht werden, so wird die bloße Überprüfung von Lernständen (Formalstruktur) auch nicht zu einer Verbesserung der Unterrichtsqualität (Aktivitätsstruktur) – und entsprechend nicht zu einer Verbesserung der Ergebnisse führen.

Eine weitere Fragestellung der Educational Governance-Forschung richtet sich auf Ähnlichkeiten und Unterschiede in Steuerungsformen und Reformbewegungen zwischen Ländern. Daraus können dann zum Beispiel Typologien von Bildungssystemen hinsichtlich ihrer Steuerungsweisen gebildet werden (Schmid et al. 2007; Windzio et al. 2005).

In den Kapiteln 3 und 4 wurde schon deutlich, dass das Ziel von Bildungssystemen – die Initiierung erfolgreicher Lernprozesse – nicht mechanisch erreichbar ist, sondern Kooperation von Handelnden auf unterschiedlichen Ebenen erfordert, deren Handlungen und Kommunikationen jeweils aneinander anschlussfähig sein müssen – vor allem, wenn eine Änderung bisheriger Handlungen beabsichtigt wird. Erfolgreich und durchsetzbar sind dann immer eher solche Reformen, die möglichst viele Handelnde „ansprechen" und überzeugen. Entsprechend verlaufen Reformen in der Regel nicht reibungslos. Sie sind vielmehr Ergebnis von Aushandlungsprozessen und geprägt durch (politische) Machtverhältnisse. Die jüngeren „Nach-PISA"-Reformen haben zum Beispiel intensive Diskussionen über eine wahrgenommene gestiegene Kontrolle und Leistungsdruck für SchülerInnen und Lehrkräfte ausgelöst. Ebenfalls wurde kritisch beleuchtet, dass vermehrt internationale und teilweise auch nicht-staatliche Organe wie die OECD oder große internationale Verlage Einfluss auf Bildungspolitik nehmen. Bei der Kritik geht es zum einen um die Frage, inwieweit nicht-staatliche Organe legitimiert (z.B. durch demokratische Wahlen) seien, Bildungspolitik zu betreiben oder zu beeinflussen. Zum anderen wird befürchtet, dass sich die Ziele von Bildung verengen, zum Beispiel weil mit der Ausrichtung auf Kompetenzen vor allem ökonomisch verwertbare Bildung in den Vordergrund gestellt wird, und weil es zu einer Konzentration auf mess- und überprüfbare Bildungsinhalte kommt. Dabei drohen weniger konkretisierbare Kompetenzen wie soziale oder kulturelle Fähigkeiten aus dem Blick zu geraten (Fend 2011, S. 43).

Eine Fragestellung der „Educational Governance"-Forschung richtet sich entsprechend auf die Strategien der Legitimierung von Bildungsreformen. Je legitimer, also anerkannter, eine Reform ist, desto erfolgreicher wird sie sein. Verschiedene Forschungsarbeiten haben gezeigt, wie etwa PISA-Ergebnisse strategisch zur Rechtfertigung von Veränderungen im Bildungssystem herangezogen werden (Bieber/Martens 2011,S. 111). Diese Strategie hängt wiederum davon ab, dass die PISA-Ergebnisse als „gültig" und geeignet zur Messung der Qualität von Bildungssystemen angesehen werden, also die PISA-Studie ihrerseits legitimiert ist.

Die Governance-Perspektive verfolgt dabei nicht nur eine theoretische Sichtweise, sie hält vielmehr unterschiedliche Deutungen des Wandels von Bildungssystemen bereit. Eine Perspektive wird von VertreterInnen des sogenannten Neo-Institutionalismus eingenommen (vgl. Kapitel 4). Deren „world polity" (Weltkultur)-These geht davon aus, dass Reformprojekte in Bildungssystemen einem weltweiten Trend folgen, der dazu führt, dass sich nationale Bildungssysteme immer ähnlicher werden. Als Triebkräfte dieser Entwicklung werden übergeordnete Ideen gesehen, die in Zusammenhang mit Demokratisierung, Individualisierung und Verwissenschaftlichung stehen (Helbig/Nikolai, S. 296). Diese Ideen und Prinzipien bilden die Grundlage einer globalen kulturellen Ordnung (Weltkultur), an die sich Bildungssysteme anpassen. Die kulturelle Ordnung wird unter anderem von internationalen Organisationen (im Bildungsbereich z. B. die UNESCO und die OECD) kommuniziert und vorangetrieben. Zum Beispiel hat die OECD nach der ersten PISA-Studie das finnische Bildungssystem als Modell präsentiert, an dem sich andere Bildungssysteme orientieren konnten.

Auch bei der Analyse des Wandels von Bildungssystemen zeigt sich wieder, dass unterschiedliche Theorien jeweils eigenständige Beiträge zum Verständnis der komplexen Prozesse leisten. Aus konflikttheoretischer Perspektive kann zum Beispiel nachvollzogen werden, warum das in der Kritik stehende gegliederte Schulsystem eine so hohe Stabilität aufweist und das Gymnasium als Schulform nicht zur Disposition steht. Helbig und Nikolai haben darauf hingewiesen, dass sich aus konflikttheoretischer Perspektive Reformen zur Verringerung von Bildungsungleichheiten nur dann durchsetzen lassen, wenn die herrschenden Klassen „eine gesetzlich verankerte Hintertür für ihre Statusreproduktion" gewährt bekämen, wie etwa die Möglichkeit, die sechsjährige Grundschule durch einen vorgezogenen Übergang auf grundständige Gymnasien zu vermeiden (Helbig/Nikolai 2015, S. 294). Andere Ansätze verweisen hier eher auf die historische Pfadabhängigkeit, die eine Veränderung der Mehrgliedrigkeit der deutschen Schulsysteme erschwert (Mahoney 2000).

Bislang ist die „Educational Governance"-Forschung überwiegend auf die konkreten Reformprojekte, ihre Ursachen und Reaktionen ausgerichtet und nimmt dabei weniger die Folgen für die Gesamtgesellschaft und Ungleichheitsstrukturen in den Blick. Langer (2015, S. 48) kritisiert auch, dass die Effekte auf gesellschaftliche Machtverhältnisse bislang unterbelichtet blieben. Zum Beispiel wird die Bedeutung der Eltern als Handelnde (NachfragerInnen) im Bildungssystem von der Educational Governance-Forschung nur selten beleuchtet. Eltern verfolgen eigene, nicht „gemeinnützige", Interessen und werden sich immer organisieren, wenn sie ihre Interessen in Gefahr sehen (Fend 2011, S. 44). Mit diesem Befund lässt sich abschließend auf die Bedeutung und Verantwortung der Bildungssoziologie verweisen. Mit ihrer grundlegenden Ausrichtung auf Ungleichheitsverhältnisse und gesamtgesellschaftliche Eingebettetheit bietet sie ein breites Repertoire zur Analyse des Gelingens und Scheiterns von Reformprojekten im Bildungsbereich – inklusive ihrer unbeabsichtigten Wirkungen.

> **Fragen und Aufgaben zur Wiederholung**
>
> - Welche Veränderungen haben sich im Schul- und Hochschulsystem in Deutschland seit der Jahrtausendwende ergeben?
> - Was waren und sind Gründe für die umfassenden und anhaltenden Reformmaßnahmen (nicht nur) im deutschen Bildungssystem?
> - Womit befasst sich die Educational Governance-Forschung?

Literaturempfehlung

Brüsemeister, T. (2012): Educational Governance: Entwicklungstrends im Bildungssystem. In: Ratermann, M./Stöbe-Blossey, S. (Hrsg.): Governance von Schul- und Elementarbildung. Wiesbaden: VS Verlag für Sozialwissenschaften, S. 27–44.
Cortina, Kai S./Baumert, J./Leschinsky, A./Mayer, K. U./Trommer, Luitgard (Hrsg.) (2008): Das Bildungswesen in der Bundesrepublik Deutschland. Strukturen und Entwicklungen im Überblick. Reinbek bei Hamburg: Rowohlt Verlag.
Maag Merki, K./Langer, R./Altrichter, H. (Hrsg.) (2014): Educational Governance als Forschungsperspektive. Wiesbaden: Springer Fachmedien.
Schrader, J./Schmid, J./Amos, K./Thiel, A. (Hrsg.) (2015): Governance von Bildung im Wandel. Wiesbaden: Springer Fachmedien.

10. Auswirkungen der Corona-Pandemie im Bildungsbereich

> **Zusammenfassung**
>
> In diesem Kapitel werden die Auswirkungen der Corona-Pandemie, vor allem der sogenannten „Lockdowns" im Frühjahr 2020 und zu Beginn des Jahres 2021, auf den Bildungsbereich und die Entwicklung von Kindern und Jugendlichen beleuchtet. Im Fokus steht auch hier wieder die Bedeutung der Ressourcenausstattung des Elternhauses für die Belastungen und Benachteiligungen während der Pandemie. Das Kapitel beleuchtet auch die Folgen der Pandemie für Studierende und die typischen Herausforderungen von Wissensgesellschaften, die sich in der Pandemie deutlich gezeigt haben, wie den Umgang mit sich stetig wandelndem Wissen und den Einfluss von ExpertInnen auf politische Entscheidungen.

Die Corona-Pandemie in den Jahren 2020 und 2021 hat ungekannte Herausforderungen für Bildungssysteme weltweit mit sich gebracht. Auch wenn die direkten Gefahren einer Infektion mit dem Corona-Virus für Kinder und Jugendliche relativ gering waren, so haben sich für diese Gruppe durchaus schwerwiegende und langfristige Auswirkungen aus den Pandemie-Maßnahmen ergeben. Die drastischsten Folgen gehen auf die wiederholten und länger andauernden Schul- und Kitaschließungen zurück. In Deutschland wurde der erste Corona-Infektionsfall Ende Januar 2020 bekannt. Ab Mitte März wurden bundesweit alle Schulen geschlossen, lediglich für junge Kinder von Eltern in sogenannten „systemrelevanten" Berufen stand eine Notbetreuung zur Verfügung. Weit über Deutschland hinaus wurden in den meisten Ländern im ersten halben Jahr der Pandemie die Schulen geschlossen, 90 Prozent der Schulkinder weltweit waren davon betroffen (etwa 1,5 Mrd.). Ab Ende April 2020 wurde in Deutschland zwar eine schrittweise Öffnung der Schulen diskutiert und umgesetzt, letztendlich hatten aber, je nach Alter, in diesem ersten „Lockdown" einige Schülergruppen bis zu einem Drittel des „Regelunterricht" eines Schuljahres versäumt (Grewenig et al. 2021). Zu Beginn des Jahres 2021 kam es in Deutschland und vielen weiteren Ländern zu erneuten flächendeckenden und noch länger anhaltenden Schulschließungen[40]. Zusätzlich zu den flächendeckenden Schließungen kam es zu regionalen oder einzelnen Schulschließungen und regelmäßig hohen Zahlen an SchülerInnen und Lehrkräften in Quarantäne. Insgesamt ergibt sich ein regional sehr uneinheitliches und kaum zusammenfassend darstellbares Bild der Beschulung in den ersten beiden Jahren der Pandemie. Insgesamt summierten sich die Tage ohne reguläre Präsenzunterricht (inkl. Beschulung im Wechselmodell) im ersten und zweiten „Lockdown" auf 273 Tage (Bujard et al. 2021).

Sicher ist, dass es so flächendeckende und lange anhaltende Schulschließungen wie während der Corona-Pandemie bislang (in Deutschland) nicht gegeben hat, entsprechend lagen zu Beginn der ersten Schließungen keinerlei Konzepte zum Umgang mit einer solchen Situation vor. Infolgedessen variierte die Art der (alternativen) Beschulung während des ersten „Lockdowns" drastisch. Die Ausgestaltung

---

[40] https://en.unesco.org/covid19/educationresponse (Zugriff 22.06.2022)

des Distanzlernens hing häufig weniger von formalen Rahmenbedingungen als von den persönlichen technischen Ausstattungen und Kompetenzen der Familien und Lehrkräfte ab. Lehrkräfte mussten damit zurechtkommen, dass sie Unterricht ohne die übliche Präsenzsituation gestalten mussten, SchülerInnen mussten deutlich mehr als sonst selbstgesteuert lernen und Eltern mussten ebenfalls deutlich mehr als sonst ihre Kinder unterstützen.

Beschulung während der „Lockdowns" fand in einer ganzen Bandbreite von Video-Unterricht, selbstreguliertem Lernen mit bereitgestellten Arbeitsmaterialien bis hin zum vollständigen Ausfall statt. In Studien, die die Art des Lernens und der Beschulung während der Schließungen untersucht haben, hat sich gezeigt, dass der synchrone Video-Unterricht deutlich seltener stattfand als die einfache Bereitstellung von Arbeitsmaterialien, z.B. per E-Mail oder auf Lernplattformen. In einer Befragung von gut 1.000 SchülerInnen aus acht Bundesländern wurde deutlich, dass etwa ein Drittel der SchülerInnen täglich, weitere 50 Prozent mindestens wöchentlich von Lehrkräften kontaktiert wurden und mit Aufgaben versorgt wurden. Jedoch haben nur 15 Prozent täglichen Online-Unterricht erhalten. Ein Drittel der SchülerInnen hat zumindest einmal in der Woche Online-Unterricht erhalten (Anger et al. 2020). In einer weiteren Übersichtsstudie über Beschulung und Auswirkungen des ersten „Lockdowns" im Frühjahr 2020 berichten Helm et al. (2021, S. 298), dass nur ein Fünftel bis rund die Hälfte der SchülerInnen angegeben hatte, regelmäßigen Kontakt zu ihren Lehrkräften zu haben. Etwa die Hälfte der Eltern gab zudem an, dass ihr Kind während der Schulschließung nie persönlichen Kontakt mit einer Lehrkraft hatte. Diese Befunde werden durch Aussagen der Lehrkräfte bestätigt, hier gaben nur 38 Prozent an, während des „Lockdowns" 2020 regelmäßig mit fast allen SchülerInnen Kontakt gehabt zu haben (Autorengruppe Bildungsberichterstattung 2022, S. 126)

In Deutschland hat die Umstellung auf Online-Unterricht auch deshalb schlechter geklappt als in anderen Ländern, weil die Ausstattung mit technischer Infrastruktur, aber auch die digitalisierungsbezogenen professionellen Kompetenzen der Lehrkräfte zu Beginn der Corona-Pandemie noch unzureichend vorhanden waren (vgl. auch Kapitel 11 sowie Ludewig et al. 2022). Entsprechend hat durchschnittlich mehr als die Hälfte der Lehrkräfte in Befragungen angegeben, dass sie nicht oder schlecht auf das Homeschooling vorbereitet gewesen seien (Helm et al. 2021, S. 300). Während des zweiten „Lockdowns" wurden Elternbefragungen zufolge immerhin 25 Prozent der SchülerInnen täglich per Video unterrichtet (Werner/Wößmann 2021). Es haben sich zudem Unterschiede nach Schulform gezeigt: Der Zugang zu Lernmaterialien per Videokonferenz stand für SchülerInnen auf Gymnasien deutlich häufiger zur Verfügung als für SchülerInnen auf Haupt-/Real- oder Gesamtschulen (Huebener et al. 2020). Auch für SchülerInnen auf Privatschulen wurden bessere Lerngelegenheiten während der Schulschließungen bereitgestellt. In Grundschulen haben nur 17 Prozent der SchülerInnen während des „Lockdowns" Online-Unterricht erhalten, was teilweise auf das jüngere Alter zurückzuführen ist (Huebener et al. 2020).

Auch wenn große Anstrengungen zur Anpassung an Schulschließungen durch Online-Unterricht und digitale Lernplattformen während der Corona-Maßnahmen unternommen wurden und damit negative Auswirkungen teilweise aufgefangen und kompensiert werden konnten, kann festgehalten werden, dass die Qualität des Fernunterrichts immer eingeschränkt ist, da etwa die Möglichkeiten des sozialen Lernens nicht ausgeschöpft werden können und die Interaktion (bei Nachfragen, benötigten Hilfestellungen etc.) durch die technische Vermittlung eingeschränkt ist. Gerade für jüngere Altersgruppen hat es sich als schwierig gestaltet, Bildungsangebote online umzusetzen, was wiederum höhere Anforderungen an das familiäre Umfeld jüngerer Kinder gestellt hat. Im Elementar- und Primarbereich haben sich die Maßnahmen entsprechend auch deshalb stark ausgewirkt, weil hier die Schutzmaßnahmen die übliche pädagogische Arbeit sehr eingeschränkt haben (so ist zum Beispiel Sprachförderung mit Masken kaum möglich, Autorengruppe Bildungsberichterstattung 2022, S. 18).

Aus der holprigen Anpassung an die Corona-Bedingungen und die Einschränkungen des Online-Unterrichts resultierten entsprechend weitreichende Folgen, deren Ausmaß und Bedeutung zwei Jahre nach Beginn der Pandemie nicht vollständig abschätzbar sind. Eine der ersten konkreten Auswirkungen, die in Studien untersucht werden konnte, war die Zeitverwendung der SchülerInnen. Dabei hat sich gezeigt, dass die aufgewendete Lernzeit gegenüber der regulären Beschulung im „Lockdown" durchschnittlich zurückgegangen ist. In Deutschland sind die Lernaktivitäten im ersten „Lockdown" um 62 Prozent zurückgegangen, auch im zweiten „Lockdown" im Winter 2020/2021 ist die Lernzeit noch einmal um 42 Prozent gesunken (Wößmann et al. 2020; Werner/Wößmann 2021). Zugleich ist die Zeit, die Kinder und Jugendliche mit Fernsehen, PC-Spielen und sozialen Medien verbracht haben deutlich gestiegen (um 21 Prozent im ersten „Lockdown", bzw. 34 Prozent im zweiten (Wößmann et al. 2020)). Auch eine Zusatzbefragung des nationalen Bildungspanels NEPS konnte einen deutlichen Rückgang der Lernzeit im ersten „Lockdown" nachweisen (von durchschnittlich 30 auf 16 Stunden (Bujard et al. 2021, S. 16)).

Die eingeschränkte Qualität des Fernunterrichts und die Veränderungen in den Zeitverwendungen schlagen sich unweigerlich in den Lernzuwächsen und erworbenen Kompetenzen nieder, wobei eine verlässliche Erfassung der Auswirkungen der Schulschließungen auf die schulischen Fähigkeiten methodisch anspruchsvoll ist. Gerade weil die Durchführung von Vergleichsarbeiten und anderer Kompetenztests 2020 zunächst ausgesetzt wurde (Abitur- und Abschlussprüfungen fanden jedoch regulär statt), standen zunächst keine flächendeckenden Daten über die Veränderung der Kompetenzen der SchülerInnen zur Verfügung, so dass für die Abschätzung der Folgen auf kleinere Studien und auf Befunde aus vergleichbaren Ländern zurückgegriffen werden muss.

10.1 Auswirkungen auf Lernzuwächse und Kompetenzen

Bereits ab April 2020 wurden erste Forschungsbefunde zu den Auswirkungen der Schulschließungen veröffentlicht (Huber et al. 2020). Seitdem ist eine größere Zahl von Forschungsarbeiten entstanden, die sich mit Folgen und ursächlichen Faktoren für spezifische Auswirkungen auf unterschiedliche Ergebnisse (Leistungen, Kompetenzen, Belastungserfahrungen, Motivation usw.) beschäftigt haben. In kurzer Zeit wurden zwar zahlreiche Studien durchgeführt (vgl. Helm et al. 2021), wobei ein Teil jedoch nicht umfänglich den Standards verallgemeinerbarer wissenschaftlicher Erhebungen gerecht werden konnte. So handelte es sich oft um Online-Studien (mit kleinerer Zahl an Befragten), in denen eine zufällige Stichprobenzusammensetzung als Voraussetzung für eine Generalisierbarkeit schwerer zu gewährleisten ist. Um die Auswirkungen der Schulschließungen ursächlich nachweisen zu können, braucht es zudem den Vergleich des interessierenden Zustandes (z.B. Lernzuwächse, psychische Belastungen) zwischen der Situation mit und ohne Schulschließung. Da alle Kinder in Deutschland (und zumindest im Frühjahr 2020 in allen vergleichbaren Ländern) vom „Lockdown" betroffen waren, konnte man entsprechend nicht die von Schließung betroffenen Kinder mit denen ohne Schulschließungen vergleichen, um Unterschiede festzustellen. Eine Möglichkeit, die Differenzen trotzdem zu erfassen, ergibt sich durch Studien, in denen Kinder wiederholt (z.B. jährlich) befragt werden. Auf Basis solcher Daten kann man beobachten, wie sich Veränderungen in Lernzuwächsen oder Belastungserfahrungen in dem Zeitraum der „Lockdowns" zu ähnlichen Veränderungen in Zeiträumen ohne Pandemie verhalten. Die Erhebung sollte dann jedoch zeitnah nach oder während des „Lockdowns" stattgefunden haben, da bei längerem Abstand zu den Schulschließungen bereits wieder Anpassungen und Kompensationen stattgefunden haben können. Eine weitere Möglichkeit besteht im Vergleich unterschiedlicher Geburtsjahrgänge, die jeweils im gleichen Alter bzw. zu ähnlichen Zeitpunkten im Schuljahr befragt oder getestet wurden. Auch hier besteht aber das Problem, dass Unterschiede zwischen Geburtsjahrgängen auch durch andere Faktoren als die pandemiebedingten Schulschließungen entstehen können. Nur wenige Studien konnten daher die Auswirkungen der „Lockdowns" einigermaßen belastbar untersuchen, dennoch bieten auch die zahlreichen weiteren Studien wichtige Eindrücke, vor allem über die von Familien und Kindern persönlich wahrgenommenen Auswirkungen. Zwei große Bereiche, in denen Folgen untersucht werden wurden, sind (1) Kompetenzentwicklung und Lernzuwächse und (2) Wohlbefinden und mentale Gesundheit. Beide Bereiche sind elementar für die Herausbildung von Fähigkeiten zur Lebensbewältigung und können entsprechend langfristige Auswirkungen auf Lebenschancen haben.

10.1.1 Kompetenzentwicklung und Lernzuwächse

In diesem Bereich wurden vor allem die klassischen Kompetenzen wie Lese- oder Mathematikfähigkeiten, in denen regelmäßig standardisierte Tests und Vergleichsarbeiten stattfinden, untersucht. Seltener wurden weitere Dimensionen wie digitalisierungsbezogene Kompetenzen oder Lernstrategien sowie soziale Kompetenzen (Fähigkeiten zur Interaktion und zur Aufnahme von Beziehungen) in den Blick genommen.

Eine der aussagekräftigeren internationalen Studien zu den Auswirkungen von Schulschließungen auf Lernzuwächse ist die Untersuchung von Engzell et al. (2021) mit umfangreichen Daten aus den Niederlanden. In der Studie konnte relativ verlässlich nachgewiesen werden, dass durch die Schulschließungen geringere

Lernzuwächse als in Vorjahren zu verzeichnen waren. Die Schülerinnen haben im Zeitraum des „Lockdowns" etwa 20 Prozent weniger gelernt als SchülerInnen früherer Geburtsjahrgänge ohne Schulschließungen (wobei weitere Unterschiede zwischen den Kohorten berücksichtigt wurden). Das entspricht auch in etwa der Zeit, die die Schulen geschlossen waren, so dass geschlussfolgert werden kann, dass die Kinder kaum Lernzuwachs während der Schulschließungen erzielen konnten. Da die Niederlande über eine sehr gute Internetabdeckung und ein gut und vergleichsweise „gerecht" finanziertes Bildungssystem verfügen und zudem die Schulschließungen dort relativ kurz waren, ist davon auszugehen, dass die Lernrückstände in Deutschland und vielen anderen Staaten noch höher lagen.

Der ausbleibende Lernzuwachs während der Schulschließung kann teilweise dadurch erklärt werden, dass die Teilnahme am Präsenzunterricht mit mindestens einer anwesenden Lehrkraft eine spezifische, besonders effiziente Lerngelegenheit darstellt, da die (qualifizierte) Lehrkraft spontan und gegebenenfalls individuell auf die jeweiligen Lernstände der SchülerInnen reagieren und Unterstützung und neue Lernangebote bereitstellen kann.

Schließlich hängt es aber auch von den spezifischen Merkmalen und Eigenschaften des/der jeweiligen SchülerIn ab, inwieweit sich Schulschließungen auf Lernzuwächse und auswirken. Manche SchülerInnen sind weniger auf Kontakt mit unterschiedlichen MitschülerInnen angewiesen, manche Kinder sind in der Schule abgelenkt oder leiden unter sozialen Ängsten, Mobbing oder ähnlichen Gruppendynamiken. Zudem haben SchülerInnen unterschiedliche Möglichkeiten und Neigungen, die freigewordene Zeit mit anderen Aktivitäten zu füllen. Diese Aktivitäten (Fernsehen, PC-Spiele, Lesen, usw.) können sich wiederum unterschiedlich auf die Entwicklung von kognitiven und sozialen Kompetenzen auswirken. Die Abwesenheit von Schule kann daher durchaus unterschiedliche Folgen haben (Werner/Wößmann 2021). Hinzu kommt, dass die Schulschließungen die Kinder und Jugendlichen in unterschiedlichen Altersspannen und Entwicklungsstufen trafen. Für die Entwicklung bestimmter Fähigkeiten gibt es mehr oder weniger „kritische" Phasen, ebenso wie es einen Unterschied macht, ob ein Kind sich zu Beginn der Schulaufbahn noch im Schulalltag zurechtfinden muss, oder ob sich eine Jugendliche am Ende der Schullaufbahn um ihre Zukunft Gedanken machen muss. So ist etwa Schriftspracherwerb eine kritische Kompetenz für die weitere Schullaufbahn, ein Lernrückstand hier muss anders bewertet werden, als Lernrückstände, die in der Mittelstufe entstanden sind (Helbig 2021). Gerade für Kinder mit fremdsprachlichem Hintergrund sind deshalb die Folgen von Kita- und Schulschließungen unter Umständen schwerwiegend. Für Deutschland sind die Befunde verschiedener Studien zwar gemischt, es konnten aber insgesamt Lernrückstände in vergleichsweise geringem Umfang durch die Corona-Maßnahmen nachgewiesen werden. In einer Studie mit Daten aus Baden-Württemberg wurde etwa ein Monat Rückstand in Lesen und Mathematik nach dem ersten „Lockdown" 2020 festgestellt (Schult et al. 2022). Auch die Analysen der IFS-Schulpanelstudie mit gut 4.000 ViertklässlerInnen konnte deutlich schlechtere Lesekompetenzen 2021 im Vergleich zu ViertklässlerInnen 2016 feststellen, der Unterschied ist auch größer als vergleichbare Unterschiede zwischen Geburtskohorten zu anderen Zeitpunkten (Ludewig et al. 2022). Neben den Leistungstests können repräsentative Befragungen von Lehrkräften und Eltern zu den eingeschätzten Leistungen der Kinder Einschätzungen der Auswirkungen der Corona-Maßnahmen ermöglichen. „So geben in einer von der Robert Bosch Stiftung in Auftrag gegebenen und für Lehrkräfte an allgemeinbildenden Schulen repräsentativen Umfrage 71 % der Lehrenden an, dass deutlich weniger Schüler:innen als in den beiden Vorjahren ihre Lernziele erreicht haben; 33 % der Schüler:innen würden deutliche Lernrückstände aufweisen" (Autorengruppe Bildungsberichterstattung 2022, S. 154).

Auch weitere internationale Studien haben überwiegend negative Effekte der ersten Welle von Schulschließungen auf Leistungen nachgewiesen (König/Frey 2022; Maldonado/De Witte 2022). Eine Übersichtsstudie über 34 Untersuchungen aus zwölf Ländern, davon sechs aus Deutschland, hat gezeigt, dass SchülerInnen im Durchschnitt 42 Prozent des Lernzuwachses eines Schuljahres nicht erwerben konnten bzw. wieder verloren haben (Betthäuser et al. 2022). Die Defizite waren dabei im Fach Mathematik größer als im Bereich Lesen, da hier Kompetenzen offenbar einfacher selbständig erworben werden können. Länder mit längeren Schulschließungen weisen größere Defizite auf, ebenso Länder mit höherer Übersterblichkeit und schwererem Verlauf der Pandemie. In Ländern, in denen Lehrkräfte eine bessere Ausstattung mit technischer Infrastruktur und digitalisierten Lernangeboten berichteten, waren die Lerndefizite geringer. Unterschiede zwischen SchülerInnen unterschiedlicher Klassenstufen konnten nicht gefunden werden, obwohl man erwarten könnte, dass ältere SchülerInnen effizienter im eigenständigen Lernen sind. Da sie jedoch unter Umständen länger von Schulschließungen betroffen waren, könnte sich dieser Vorteil aufgehoben haben (Betthäuser et al. 2022, S. 5). Die Auswirkungen durch den ersten „Lockdown" waren durchgehend schwerwiegender als weitere Schließungen, da in späteren Maßnahmen bereits auf Erfahrungen und Formate aus dem ersten „Lockdown" zurückgegriffen werden konnte (König/Frey 2022).

10.1.2 Ungleichheit

Durch die Schulschließungen wurden Lernprozesse ausgebremst und bereits Gelerntes konnte nicht gefestigt werden, wobei jedoch nicht alle Kinder und Jugendlichen gleichermaßen von diesen negativen Auswirkungen betroffen waren. Durch die fehlende Unterstützung der Lehrkräfte waren die SchülerInnen auf ihre eigenen Lernstrategien und -kapazitäten verwiesen. Sie mussten ihre Aufgaben vermehrt autonom erledigen und eigenständig ihre Lernzeit strukturieren (selbstreguliertes Lernen). Die Fähigkeiten dazu hängen zusammen mit den allgemeinen, fachbezogenen Kompetenzen und verstärken sich jeweils. In Untersuchungen konnte beispielsweise festgestellt werden, dass leistungsschwächere Schülerinnen während der Corona-Maßnahmen häufiger auf weniger anregende, lernförderliche Beschäftigungen wie Fernsehen und PC-Spiele ausgewichen sind (Grewenig et al. 2021).

Selbstreguliertes Lernen kann aber auch durch Eltern und andere Unterstützungsgelegenheiten in der Familie befördert werden. Die Möglichkeiten dazu hängen jedoch von der sozioökonomischen Lage der Familie ab. Wie in Kapitel 6 dargestellt wurde, gibt es einen engen Zusammenhang zwischen schulischen Leistungen und der Ressourcenausstattung der Familie („primäre Effekte", Boudon 1976). Durch mehr Anleitung und Unterstützung und höhere Ambitionen in Elternhäusern mit höherer Bildung können Kinder bessere Fähigkeiten zum eigenständigen Lernen entwickeln. Ebenso hilft es, wenn mehr Wohnraum (z.B. ein eigenes Zimmer) und eine bessere Ausstattung mit Lernmaterialien (nicht zuletzt gut funktionierenden internetfähigen Endgeräten und Datenvolumen) vorhanden ist.

Laut der Übersichtsstudie von Helm et al. (2021) haben 30 bis 70 Prozent der Lehrkräfte die technische Ausstattungssituation der Schülerinnen während des ersten „Lockdowns" bemängelt. Die Mängel sind erwartbarerweise in sozioökonomisch schwächeren Familien häufiger: So schätzten 15 Prozent der Eltern ohne Hochschulabschluss die technische Ausstattung als eher nicht bis überhaupt nicht ausreichend für das Homeschooling ein. In den unterschiedlichen Befragungen haben zudem ein Viertel bis zwei Drittel der Eltern angegeben, dass sie während der Schulschließungen zu wenig Zeit hatten, ihre Kinder ausreichend beim Lernen zu unterstützen. Von den SchülerInnen wiederum haben je nach Befragung zwischen 20 und mehr als 30 Prozent angegeben, zuhause nicht die notwendige Unterstützung von ihren Eltern bekommen zu haben (Helm et al. 2021, S. 398). Mehrere Studien aus verschiedenen Ländern haben entsprechend zeigen können, dass sich die Schulschließungen unterschiedlich für leistungsstarke und leistungsschwache Schülerinnen ausgewirkt haben. Die Lerndefizite waren dabei in den meisten Studien höher für SchülerInnen aus schwächeren sozioökonomischen Elternhäusern (Betthäuser et al. 2022, S. 4; Engzell et al. 2021; Pensiero et al. 2020; Maldonado/De Witte 2022; Blaskó et al. 2022; Grewenig et al. 2020; Bailey et al. 2021).

Ungleichheit in den Auswirkungen der Corona-Maßnahmen ergab sich jedoch nicht nur aus der unterschiedlichen Schichtzugehörigkeit, Ressourcenausstattung und den vorherigen Kompetenzen und Lernfähigkeiten, sie ergab sich auch regional: Zum einen ist die Abdeckung mit Breitbandinternetverbindungen, die störungsfreien Online-Unterricht ermöglichen, höchst unterschiedlich verteilt in Deutschland. Zum anderen haben die Bundesländer die Corona-Maßnahmen teilweise deutlich unterschiedlich gehandhabt, so wurden Schulen und Kitas unterschiedlich lange geschlossen, oder die Kriterien für die Berechtigung zur Notbetreuung wurden unterschiedlich gehandhabt.

Schließlich hat sich während der Corona-Maßnahmen eine weitere Ungleichheitsdimension verstärkt: Die pandemiebedingten Belastungen und Anforderungen wurden zu großen Teilen von den Müttern übernommen (Helm et al. 2021, S. 298). Schon früh in der Pandemie wurde deshalb insbesondere von Forscherinnen auf die Gefahr der Retraditionalisierung von Rollenbildern durch Corona verwiesen (Allmendinger 2022). Zusätzlich zur übermäßigen Belastung durch die häuslichen Anforderungen waren Frauen auch überproportional in systemrelevanten Berufen, insbesondere in der Pflege, beschäftigt und damit einem höheren Risiko für Erkrankungen und weniger Möglichkeiten zur Heimarbeit ausgesetzt. Besonders belastend war die Situation auch für alleinerziehende Elternteile.

10.2 Auswirkungen auf Wohlbefinden und mentale Gesundheit

Viele Studien zu den Corona-Auswirkungen haben sich auf die Folgen für (ungleiche) Lernzuwächse und Kompetenzen und auf die Zeitverwendung, insbesondere Lernzeit, konzentriert. Eine wichtige Voraussetzung für erfolgreiches eigenständiges Lernen während der Pandemie sind jedoch das Wohlbefinden und die mentale Gesundheit, die stark mit Konzentrationsfähigkeit und Motivation zusammenhängen. Abgesehen von Folgen für Lernen und Kompetenzerwerb können Einschränkungen des Wohlbefindens und der seelischen und physischen Gesundheit möglicherweise langfristige Folgen auf Lebensqualität, etwa durch Gewichtsveränderungen oder wiederkehrende Verstimmungen oder Ängste, haben. Auch bei der Erfassung von Effekten auf das Wohlbefinden stellt sich das Problem, dass für verlässliche Aussagen Vergleiche mit entweder nicht von Maßnahmen betroffenen Kindern und Jugendlichen oder mit Angaben aus vorherigen Zeitpunkten von möglichst den gleichen Personen notwendig sind. Andernfalls besteht das Risiko, dass befragte Personen ihr Wohlbefinden vor der Pandemie im Rückblick zum Beispiel überschätzen.

Insgesamt lassen die Corona-Maßnahmen überwiegend nachteilige Auswirkungen auf das Wohlbefinden und die sozio-emotionale Entwicklung von Kindern und Jugendlichen erwarten. Durch die stark eingeschränkten sozialen Kontakte fehlten nicht nur die Gelegenheiten zum sozialen Lernen, sondern auch Möglichkeiten zum gemeinsamen (ablenkenden) Spielen und zur entlastenden Kommunikation mit Peers. Das gemeinsame Lernen und das Klassenklima sind wiederum auch wichtige Voraussetzungen für Lernerfolge. Interaktionen im Klassenraum ermöglichen den Kindern, voneinander Lernstrategien und förderliche Verhaltensweisen zu erlernen. Die Erfahrung von Teilhabe und Zugehörigkeit im Klassen- und Schulverband wirken sich zudem auf Selbstwirksamkeitserfahrungen und Motivation aus (Osterman 2000).

Die häufig eingeschränkten Möglichkeiten im Bereich Sport und Bewegung durch geschlossene Sportvereine und gesperrte Spielplätze haben eigene Effekte nach sich gezogen. Besonders markant sind diese Folgen zum Beispiel beim Schwimmenlernen: für ganze Jahrgänge konnten Schwimmkurse im vorschulischen Bereich nicht stattfinden.

Auch in diesem Bereich sind nicht alle Kinder und Jugendliche gleichermaßen betroffen, Geschwisterkinder hatten mehr Gelegenheiten zum gemeinsamen Spiel, Kinder aus sozioökonomisch privilegierteren Familien oder in ländlichen Regionen möglicherweise mehr Gelegenheit zu Bewegung und Aktivitäten im Freien. Andererseits waren Kinder, die in der Schule eher belastenden Peer-Beziehungen erlebt haben (z.B. durch Mobbing), während der Corona-Maßnahmen vielleicht seltener negativen Situationen ausgesetzt, und andere Kinder konnten aufgrund ihrer Persönlichkeitsmerkmale eventuell besser alleine zurechtkommen.

Verschiedene Studien haben gezeigt, dass Kinder und Jugendliche während der Pandemie unter psychischen Belastungen und geringerer gesundheitsbezogener Lebensqualität litten, besonders betroffen waren auch hier Kinder aus unteren sozialen Schichten. Die psychischen Belastungen haben sich durch die wiederholten

Schulschließungen eher erhöht. Je nach Studie haben Eltern zu unterschiedlichen Anteilen angegeben, dass die Corona-Maßnahmen aus ihrer Sicht eine Belastung für die Kinder darstellten. In einer im Frühjahr 2020 in Deutschland durchgeführten Befragung mit über 12.000 TeilnehmerInnen des DJI hat beispielsweise ein Drittel der Eltern angegeben, dass ihr/e Kind/er gar nicht gut oder eher nicht gut mit der Situation zurechtkäme (Langmeyer et al. 2020).

Auf Basis des Beziehungs- und Familienpanels pairfam kommen Bujard et al. (2021, S. 25) zu dem Befund, dass sich die befragten Jugendlichen im Mai und Juni 2020 weniger tatkräftig, aktiv und energiegeladen sowie häufiger allein als im Vorjahr fühlten. Es wurde außerdem eine Verdopplung des Anteils Jugendlicher mit klinisch relevanten depressiven Symptomen festgestellt (ebd., S. 26). Besonders starke Zuwächse depressiver Symptomatiken zeigten weibliche Jugendliche und Jugendliche mit Migrationshintergrund.

Aufgrund des Wegfalls sportlicher Angebote und eines geregelten Tagesablaufs haben zudem rund 10 Prozent der Kinder während des ersten „Lockdowns" zugenommen. Kinder von NichtakademikerInnen hatten dabei ein um den Faktor 2,5 höheres Risiko (Bujard et al, 2021, S. 39).

In der Copsy-Studie des Universitätsklinikums Eppendorf konnte nachgewiesen werden, dass Kinder und Jugendliche im Frühjahr 2020 deutlich schlechtere Werte im Bereich Wohlbefinden, psychosomatische Beschwerden und mentale Gesundheit (Selbsteinschätzungen) zeigten. 71 Prozent der 11-17-jährigen fühlten sich durch die Pandemie und die damit verbundenen Einschränkungen belastet. In einer weiteren Studie, die den Zeitraum des zweiten „Lockdowns" einbeziehen konnte, zeigte sich, dass das Wohlbefinden und weitere Indikatoren der sozio-emotionalen Belastung weiter zurückgingen bzw. zunahmen. Dabei waren wiederum Kinder aus niedrigeren sozio-ökonomischen Schichten stärker betroffen (Ravens-Sieberer et al. 2021).

Eine Studie aus Norwegen hat gezeigt, dass es Wechselwirkungen zwischen den Erfahrungen im Fernunterricht und dem Wohlbefinden wie auch den emotionalen Reaktionen von SchülerInnen gab. Positivere Erfahrungen und Bewältigungen der Anforderungen des Homeschooling standen mit weniger negativen Reaktionen in Zusammenhang (Larsen et al. 2021).

Grund für die Belastungen waren unter anderem der fehlende Kontakt zu Gleichaltrigen und die fehlenden Gelegenheiten sozialen Lernens, sozialer Unterstützung und Bestätigung. Für die jüngeren Kinder kam oft hinzu, dass ihre Eltern trotz geschlossenen Betreuungseinrichtungen Arbeitsanforderungen (z.B. im Homeoffice) weiter nachkommen mussten, so dass sich innerfamiliäre Belastungen erhöht haben. Eltern haben zum Beispiel in der KiCo-Studie angegeben, dass sie ihre Kinder vor der Pandemie als deutlich zufriedener wahrgenommen haben, wobei die Eltern ihre eigenen Zufriedenheitswerte noch unter denen der Kinder berichteten (Andresen et al. 2020). Die Unzufriedenheit ergab sich auch aus der häufig empfundenen unzureichenden politischen Unterstützung und die mangelnde öffentliche Anerkennung der Belastung der Familien in der Pandemie. Die Stresserfahrungen haben in vielen Familien zu einer Zunahme von Konflikten geführt.

Daten über Gewalterfahrungen von Kindern und Jugendlichen während Corona sind rar, jedoch wurde für das Jahr ein Anstieg der Kindeswohlgefährdungen um 9 Prozent gemeldet (Bujard et al. 2021, S. 40).

Zwar konnten Jugendliche durch ihre längere Schulerfahrung und größere Selbständigkeit einige der Herausforderungen grundsätzlich besser abfedern und zudem soziale Kontakte mithilfe von sozialen Medien und entsprechenden Kommunikationsmedien einfacher aufrechterhalten als kleinere Kinder, dafür waren sie häufiger von Sorgen um die Auswirkungen der Pandemie für ihre weiteren Lebensverläufe betroffen. Für Jugendliche am Ende der Schulpflicht sind durch die Pandemie und die Schulschließungen Zukunftssorgen gestiegen.[41]

Die Vereinbarkeit von Homeschooling und Homeoffice und die Möglichkeiten der Kompensation des Wegfalls zahlreicher sonst alltäglicher familiärer Freizeitaktivitäten (Sportvereine, Musikschulen, Ausflugsziele, etc.) unterscheiden sich wiederum nach sozialem Hintergrund – und damit auch die negativen Folgen, die sich durch familiäre Konflikte, Bewegungs- und Anregungsmangel u.ä. ergeben (Vogelbacher/Attig 2022). Besonders gravierend waren die Belastungen für Kinder mit Beeinträchtigungen oder Förderbedarfen und ihre Familien. Neben dem regulären Unterricht sind für sie sehr häufig Therapieangebote weggefallen. Insbesondere wenn sie aufgrund gesundheitlicher Belastungen zur Risikogruppe gehörten, konnten diese Kinder und ihre Familien auch nach der Zeit des „Lockdowns" entgangene Erlebnisse und Entwicklungsmöglichkeiten nicht nachholen (Bujard et al 2021, S. 33).

10.3 Folgen für Studierende

Auch für Studierende brachte die Corona-Pandemie erhebliche Einschränkungen. Auf der einen Seite gelang es den Universitäten insgesamt vergleichsweise gut, den Lehrbetrieb auf digitale Formate umzustellen. Immerhin 74 Prozent der Studierenden berichteten, dass im ersten Corona-Semester 2020 keine Lehrveranstaltungen ausgefallen seien (Autorengruppe Bildungsberichterstattung 2022, S. 199). Dennoch haben viele Studierende Verzögerungen ihres Studiums in Kauf nehmen müssen. Insbesondere bei Praktika und Praxisphasen haben sich durch die Pandemie Nachteile für Studierende ergeben (Schwabl/Vogelsang 2021).

Der Wegfall des sozialen Lebens und gemeinsamen Lernens hat viele Studierende in einer sensiblen Lebensphase getroffen: meistens bedeutet die Aufnahme des Studiums den Auszug aus dem Elternhaus, der viele Verunsicherungen und neue Verantwortung mit sich bringt, die im „Normalfall" durch das gemeinsame Erleben dieser Phase bewältigt werden können[42].

Deutliche Einschränkungen gab es auch bei der internationalen Mobilität: „Die Zahl der mit Erasmus+ ins Ausland gehenden Studierenden war im Wintersemes-

---

41 https://www.iab-forum.de/der-abiturjahrgang-2021-in-zeiten-von-corona-zukunftssorgen-und-psychische-belastungen-nehmen-zu/, Zugriff am 22. Juni 2022.
42 https://coronasoziologie.blog.wzb.eu/podcast/michael-corsten-und-hanna-haag-was-soll-das-gerede-von-der-generation-corona/, Zugriff am 22. Juni 2022.

ter 2020/21 nur etwa halb so hoch wie vor der Corona-Pandemie. Analog sank im Studienjahr 2020 die Zahl internationaler Studienanfänger:innen in Deutschland mit –22 % so deutlich, dass hierzulande die Studiennachfrage insgesamt um 3,6 % zurückging" (Autorengruppe Bildungsberichterstattung 2022, S. 23).

Zudem sind viele klassische Studierenden-Jobs (etwa in der Gastronomie) weggefallen, was wiederum Studierende aus finanziell schwächerem Elternhaus mehr belastet hat, da diese häufiger auf eigenen Verdienst bei der Bestreitung der Lebenshaltungskosten angewiesen sind (Berkes et al. 2020). Wenn die finanziellen Belastungen steigen, steigt auch das Risiko für einen Studienabbruch. Mit Unterstützungsprogrammen wie temporär zinsfreien Darlehen wurde versucht, diese negativen Folgen abzufedern. 13 Prozent der Studierenden hatten im Sommersemester 2020 angegeben, finanzielle Schwierigkeiten zu haben und 37 Prozent der erwerbstätigen Studierenden gaben an, dass die Erwerbssituation schwieriger wurde durch Corona (Becker/Lörz 2020).

Entsprechend hat sich die Pandemie nachteilig auf Belastungs- und Stresserfahrungen insbesondere von vulnerableren Studierenden ausgewirkt (Zimmer et al. 2021). So gaben in einer Befragung von 2.500 Studierenden im Sommer 2021 65 Prozent an, dass bei ihnen aufgrund der Pandemie seelische Beschwerden aufgetreten seien. Studierende, bei denen kein Elternteil einen Hochschulabschluss hatte, äußerten häufiger Sorgen, ihr Studium könne sich verzögern und dachten häufiger über Abbruch nach (Besa et al. 2021). Auch hier sind die langfristigen Folgen für Abbrüche und Studiendauern noch nicht umfassend abzusehen. Auch wenn die Fortführung von Lehrveranstaltungen und Prüfungen vergleichsweise gut gelang, haben Studierende in den (an vielen Standorten) vier Online-Semestern wichtige Bestandteile und Lernerfahrungen ihres Studiums nicht erleben können.

10.4 Gesamtgesellschaftliche Folgen und Ausblick

Zwei Jahre nach Beginn der Pandemie sind weder die zukünftige Entwicklung noch die Folgen der Maßnahmen der ersten zwei Jahre vollständig absehbar. Zwar gibt es politische Bemühungen, Lernrückstände und Ungleichheiten in diesen durch Programme zu kompensieren; da die Auswirkungen jedoch so vielfältig sind, kann eine Konzentration auf das Nachholen von Lernaktivitäten in den Hauptfächern nicht ausgleichen, was insbesondere im psycho-sozialen Bereich an Erfahrungen und Möglichkeiten durch die Corona-Maßnahmen weggefallen ist. Die Schulschließungen der ersten beiden Pandemiejahre waren harte Eingriffe, die substantielle Nachwirkungen durch fehlende Lernzuwächse und Lernverluste zeigen werden. Vorhersagen von Bildungsökonomen gehen von lebenslangen Einkommens- und Wachstumsverlusten durch die Folgen der Schulschließungen aus. Hanushek und Wößmann (2020) schätzen, dass SchülerInnen, die den Lernzuwachs eines Drittel Schuljahres nicht realisieren können, im Laufe ihres Lebens 2,6 Prozent weniger verdienen. Weitere Schulschließungen sollten daher unbedingt vermieden werden und, falls nicht verzichtbar, aber durch täglichen Distanzunterricht kompensiert werden.

Im Bildungssystem haben sich ungekannte Herausforderungen ergeben, die neben praktischen Fragen der Organisation von Distanzlernen auch dienst- und sozialrechtliche Fragen nach sich zogen. Wenn etwa der Zugang zu digitalen Endgeräten eine Voraussetzung für die Teilhabe am Bildungsangebot ist, dann muss der Staat aufgrund seines Bildungsauftrags die Versorgung mit diesen Endgeräten sicherstellen (Wrase 2020). Die gleiche Aufgabe der Versorgung mit den entsprechenden digitalen Geräten stellt sich für die Lehrkräfte.

Aus bildungssoziologischer Perspektive hat die Pandemie neben der Frage nach Folgen für (ungleichen) Bildungserwerb weitere relevante Phänomene aufgezeigt. So lassen zum Beispiel die öffentlichen Debatten und politischen Entscheidungen zur Reihenfolge der Lockerung von Maßnahmen (Beispiel Öffnung der Baumärkte vor Öffnung der Spielplätze) oder finanziellen Unterstützung bestimmter Wirtschaftsbranchen und -unternehmen Rückschlüsse auf den gesellschaftlichen Stellenwert von Bildung und Familien zu. Die Belastungen, die Kindern und jungen Menschen und ihren Familien während der Pandemie zugemutet wurden, waren hoch. Forderungen nach Solidarität richteten sich überwiegend auf die Rücksichtnahme auf ältere, durch Infektionen stärker gefährdete Personengruppen – nicht aber auf die Bedürfnisse von Kindern, Jugendlichen und Familien. Zum anderen haben sich in der Pandemie deutlich die Risiken und Herausforderungen von Wissensgesellschaften offenbart (siehe Kapitel 2). Das unbekannte Virus hat gezeigt, wie schwierig der gesellschaftliche Umgang mit unsicherem und sich wandelndem Wissen ist. Plötzlich wurden in den Medien Auseinandersetzungen um die Glaubwürdigkeit einzelner WissenschaftlerInnen oder ihrer Veröffentlichungen und um wissenschaftliche Standards geführt. Die starke politische Orientierung auf ExpertInnen (vorrangig VirologInnen und ImmunologInnen) führte zwar in Deutschland zu einer vergleichsweise guten Bewältigung der Pandemie (in Bezug auf Sterberaten, schwere Verläufe und Aufrechterhaltung einer kritischen Infrastruktur), hat aber auch Irritationen (z.B. von ExpertInnen aus anderen gesellschaftlichen Bereichen) und Konflikte nach sich gezogen. Die Verbreitung von Verschwörungserzählungen, erleichtert durch digitale Medien und soziale Netzwerke, und die Zunahme von öffentlichen Protesten, waren auch eine Folge davon, dass die Herausforderungen durch die Pandemie zunächst vorrangig auf der Basis von Wissen versucht wurden zu lösen, dabei aber die darunterliegenden Wertkonflikte nicht offen verhandelt wurden. Ein Beispiel für einen solchen Wertkonflikt ist die Abwägung von Lebensschutz (vulnerabler gesellschaftlicher Gruppen) und individuellen Freiheitsrechten oder Teilhabemöglichkeiten (Bogner 2020a). Eine weitere Ursache für die Widerstände gegen Maßnahmen und Wissenschaftsorientierung ist die tendenzielle Überforderung, die sich ergibt, wenn Konflikte und Probleme wissensbasiert gelöst werden wollen. Eine wissensbasierte, rationale Auseinandersetzung erfordert, die eigenen (häufig wertgeleiteten) Positionen durch wissenschaftliche Befunde abzusichern. Das kann, gerade wenn es um neues, ständig im Wandel begriffenes Wissen geht, sehr hohe Anforderungen an die DiskursteilnehmerInnen stellen. Einfacher dagegen ist es unter Umständen, die wissenschaftlich etablierten Fakten abzustreiten und eine alternative Erzählung dagegenzustellen (ebd.). Zudem ist eine wissensbasierte Politik eine wahrheitsbasierte Politik, und damit erscheint sie alternativlos – sie kann sich nur an der wahren, wissenschaftlichen Erkenntnis orientieren. Diese (scheinbare) Alternativlosigkeit[43] erzeugt natürlicherweise Ohnmachtsgefühle und Widerstand, die zu entsprechenden Konflikten führen können (ebd.). Aber auch diese Konflikte müssen nicht unbedingt nur schädlich oder lästig sein, sondern können gesellschaftliche Entwicklung voranbringen. Denn, wie Alexander Bogner deutlich macht, sie erinnern uns daran, „dass selbst dann, wenn alle politischen Probleme sich erfolgreich in Wissensfragen übersetzen lassen, die eigentlichen Probleme auch bei richtiger Beantwortung dieser Wissensfragen noch ungelöst sein werden. Schließlich geht es im Streit um die richtigen Klima- oder Corona-Maßnahmen letztlich nicht einfach nur darum, welche Daten, Zahlen und Fakten denn nun wirklich stimmen. Solche Wissenskonflikte werden vielmehr stets durch divergierende Ansichten darüber angeheizt, was wir als gutes Leben begreifen, welche Zukunft wir wollen und welche Einschränkungen wir dafür in Kauf zu nehmen bereit sind." (Bogner 2020b, S. 8).

Fragen und Aufgaben zur Wiederholung

- Worauf haben sich die Corona-Maßnahmen im Bildungsbereich vor allem ausgewirkt?
- Wie haben sich in der Corona-Pandemie die Herausforderungen von Wissensgesellschaften gezeigt?

Literaturempfehlung

Helm, C./Huber, S./Loisinger, T. (2021): Was wissen wir über schulische Lehr-Lern-Prozesse im Distanzunterricht während der Corona-Pandemie? – Evidenz aus Deutschland, Österreich und der Schweiz. In: Zeitschrift für Erziehungswissenschaft, 24. Jg., H. 2, S. 237–311.

Fickermann, D. /Edelstein, B./Gerick, J./Racherbäumer, K. (Hrsg.): Schule und Schulpolitik während der Corona-Pandemie. Nichts gelernt? Münster: Waxmann, S. 59–89.

Bujard, M./Driesch, E. von den/Ruckdeschel, K./Laß, I./Thönnissen, C./Schumann, A./Schneider, N. F. (2021): Belastungen von Kindern, Jugendlichen und Eltern in der Corona-Pandemie. BIB.Bevölkerungsstudien 2 | 2021.

---

43 Tatsächlich zeigen die politischen Entscheidungen im Zuge der Pandemie oder aber auch in Bezug auf den Umgang mit dem Klimawandel, dass die Orientierung eben nicht ausschließlich an wissenschaftlichen Erkenntnissen erfolgt, sondern vielfältige – z.B. wirtschaftliche – Interessen widerspiegelt.

11. Bildung im digitalen Wandel

> **Zusammenfassung**
>
> In diesem letzten Kapitel werden die Auswirkungen der Digitalisierung im Bildungsbereich thematisiert. Neben der Veränderung von Bildungszielen und für soziale Teilhabe erforderlichen Kompetenzen wird ein Überblick über die derzeitigen technischen und personalen Voraussetzungen für die Vermittlung digitalisierungsbezogener Kompetenzen in Deutschland gegeben. Bei der Darstellung von Befunden zum Stand der Kompetenzen im Bereich Digitalisierung wird auch hier ein besonderer Fokus auf Ungleichheiten nach Herkunftsmerkmalen gelegt. Ein weiterer Abschnitt widmet sich der Bedeutung der Digitalisierung für Hochschulen.

Bevor die Corona-Pandemie überraschend zum beherrschenden Thema in der Bildungspolitik (und fast überall sonst) wurde, stand vor allem ein Phänomen weit oben auf der Agenda von BildungsforscherInnen und -politikerInnen, nämlich die Digitalisierung. Mit dem digitalen Wandel sind schließlich weitreichende Veränderungen der Lebenswelten und der Organisation von Gesellschaft und damit auch von Bildung verbunden. Aber was beinhaltet die Digitalisierung überhaupt? Dem Wortsinn nach beschreibt Digitalisierung „die Transformation analoger Werte in ein digital nutzbares Format" (Bildungsberichterstattung 2020, S. 231). Im allgemeinen öffentlichen Diskurs um Digitalisierung verstehen wir darunter aber nicht nur die Überführung von Informationen in die digitale Form, sondern auch die Übertragung von ehemals von Menschen übernommenen Aufgaben auf Computer („Automatisierung", Kutscher 2020, S. 2). Wenngleich es sich in diesem Sinne um einen bereits länger andauernden Prozess handelt, so hat dann vor allem die umfassende Verbreitung des Internets und die Entwicklung mobiler Endgeräte im neuen Jahrtausend die Alltagswelten und Kommunikationsformen substantiell verändert. In nahezu jedem deutschen Haushalt (mit Kindern) gibt es einen Internetzugang – wenngleich jedoch mit Unterschieden nach sozioökonomischem Status. Ab dem Alter von 12 Jahren hatten 2018 schon mehr als 95 Prozent der Jugendlichen ein eigenes Smartphone (Bildungsberichterstattung 2020, S. 239).

Nicht nur durch die massive Verbreitung von sozialen Medien und den Aufstieg der Plattformökonomie (vgl. u.a. Pongratz 2022) zeichnet sich die gegenwärtige Digitalisierung aber vor allem auch durch eine Datafizierung aus. Damit ist gemeint, dass die Zahl der Prozesse, bei denen Daten erfasst werden und damit die Menge an erfassbaren Daten – zum Beispiel über menschliches Verhalten – stark angestiegen ist. Wenn Daten einmal gespeichert und zugänglich sind, zum Beispiel in Form von Angaben zu Merkmalen und Verhaltensweisen von Personen (z. B. beim Einkaufen, beim Surfen im Netz oder bei der Nutzung von Lernsoftware), können sie zur Gewinnung von Wissen und Erkenntnissen miteinander vernetzt werden. Daten sind demnach Beschreibungen der realen Welt, die durch Aufbereitung und Verknüpfungen („Analyse") zu Informationen und Wissen werden. „Angewandtes, d.h. sinnvoll interpretiertes und genutztes Wissen, konstituiert Weisheit oder – wie es der französische Philosoph Michel Foucault nennt – Macht" (Schüller et al. 2019, S. 14)

Die Menge der Daten und auch die Möglichkeiten der Auswertung und die entsprechenden Rückschlüsse aus den Ergebnissen haben sich in der Digitalisierung vervielfacht, denn die Digitalisierung generiert unüberschaubare Datenmengen („Big Data"). „Seit 2002 gibt es auf der Erde mehr digital als analog gespeicherte Daten und seit 2009 mehr digital vernetzte Dinge als Menschen" (Gapski 2019, S. 24). In der digitalisierten Gesellschaft werden Daten zur wertvollen, entscheidenden Ressource. Sie sind Grundlage für Wissens- und Wertschöpfungsprozesse und für Entscheidungen (Schüller et al. 2019). „Dabei spielen Algorithmen als Auswahl- und Verarbeitungsmechanismen eine immer größere Rolle. Grundlegend stellt ein Algorithmus ein Berechnungsschema dar, das eine Ausgangsmenge an Daten nutzt, um neue Daten zu produzieren" (Baum/Diefenbach 2018, S. 9).

Auf „Big Data" angewendete Algorithmen bieten also neue Formen der Erkenntnisgewinnung sowie der Steuerung und Bereitstellung von Folgeinformationen (z.B. in Suchmaschinen, Shoppingportalen, Streamingdiensten usw.) und stellen damit Grundlage für Entscheidungen und Steuerung dar. Durch diese Funktion werden sie zu „soziotechnischen Gebilden" (Gapski 2019, S. 24). Schließlich ergibt sich aus der Datafizierung und der wachsenden Bedeutung von Algorithmen nicht weniger als eine neue Form sozialer Ordnungsbildung (Baum/Diefenbach 2018, S. 10) und eine „Kultur der Digitalität" (Stalder 2016).

Auf diese neue Ordnungsbildung und die sich daraus ergebenden Veränderungen und Anforderungen, insbesondere in Bezug auf die „Medienkompetenz" der Bevölkerung, blicken die verschiedenen gesellschaftlichen Teilsysteme aus ihren jeweiligen, spezifischen Perspektiven. In der Wirtschaft werden Medien- beziehungsweise Digitalkompetenzen als Lösung für den drohenden *skills gap* gesehen. In politischen Debatten wird Medienkompetenz als neuer Bestandteil einer Demokratiebildung gefordert. Im Bildungssystem wird Medienkompetenz als neue Voraussetzung für das traditionelle Bildungsziel von Mündigkeit und Persönlichkeitsentwicklung gesehen. Im Bereich Medien werden neue Kompetenzen zum Umgang mit „Fake News" und „Filterblasen" gefordert (Gapski 2019, S. 25f). Aus der Perspektive der Lebenswelten junger Menschen zeigt sich die Digitalisierung vor allem in der Form sozialer Medien und der digitalisierten Kommunikation in diesen Netzwerken. Die sozialen Plattformen und Messengerdienste bieten ungeahnte Dimensionen der Vernetzung und der Selbstpräsentation, aber es stellen sich auch neue Risiken, zum Beispiel durch vermittelte Gewalt und Kommunikationsmacht (wie Cybermobbing oder Hate Speech). Die digitalen Medien können allgemein als „Verstärker" bestehender (Bildungs-)Phänomene begriffen werden: „Wer in der prädigitalen Zeit gerne auf dem Sofa herumhing, kann mit digitalen Medien noch besser auf dem Sofa herumhängen. Wer gerne raus in die Welt geht, sich mit anderen Menschen vernetzt und Neues erkundet, kann dies mit digitalen Medien noch besser tun. Wer anfällig für Manipulation und Bevormundung ist, kann mit digitalen Medien noch besser manipuliert und bevormundet werden. Wer die Welt kritisch hinterfragen und gestalten möchte, kann die Welt mit digitalen Medien noch besser kritisch hinterfragen und gestalten. Wer gerne mit starker Struktur und enger Kontrolle unterrichtet, kann mit digitalen Medien noch besser mit starker Struktur und enger Kontrolle unterrichten. Wer gerne Unterricht gemeinsam mit Kolleg*innen neu entwickelt und sich ständig fortbildet, findet in digitalen Medien hilfreiche Verstärkung" (Muuß-Merholz 2019, S. 7).

Aus den verschiedenen Auswirkungen der Digitalisierung für die Funktionslogiken der gesellschaftlichen Teilbereiche und die individuellen Lebenswelten ergeben sich umfassende neue Anforderungen an die Bildungssysteme – und zugleich neue Möglichkeiten der Gestaltung von Lehr-Lernprozessen. Fest steht: Der zukünftige Umgang mit den Chancen und Risiken der Digitalisierung wird wesentlich durch das Bildungssystem geprägt werden (Blossfeld et al. 2017, S. 71). Um dem zentralen Ziel von Bildung, soziale Teilhabe zu ermöglichen, nachhaltig nachzukommen, ist die umfassende Vermittlung von digitalisierungsbezogenen Kompetenzen und Medienbildung notwendig – denn diese werden zunehmend zur Voraussetzung für gesellschaftliche Partizipation. Das umfasst jedoch nicht nur praktische Kenntnisse im Umgang mit technischen Anwendungen, vielmehr steigen mit dem durch die Digitalisierung erweiterten Zugang zu Wissen und Informationen und den neuen Ordnungsprinzipien durch die Algorithmisierung vor allem die Anforderungen beim kritischen Umgang mit Informationen.

Für das Bildungssystem stellen sich damit vielfältige Herausforderungen. Den Unterricht auf die Vermittlung digitalisierungsbezogener Kompetenzen auszurichten erfordert nicht nur eine technische Infrastruktur, die fortlaufend administriert und gewartet werden muss und davon bedroht ist, schnell zu veralten. Vor allem braucht es kompetente Lehrkräfte, die fortlaufend für die sich verändernden Anforderungen qualifiziert werden. Aus bildungssoziologischer Perspektive sind dabei praktische Fragen über gelingende Infrastrukturausstattung und die Auswahl effektiver digitaler didaktischer Werkzeuge weniger relevant. Vielmehr stellen sich auch hier wieder die schon in Kapitel 2 dargestellten „klassischen" Fragen der Bildungssoziologie: Wie gestaltet sich der Zugang zu digitalisierungsbezogenen Kompetenzen, bieten sich Chancen der Verringerung von Bildungsungleichheiten oder eher Risiken der Reproduktion, wie verändern sich Bildungsziele und welche Interessen sind darin abgebildet?

11.1 Chancen und Herausforderungen der Digitalisierung im Bildungsbereich

Der digitale Wandel bringt nicht nur Herausforderungen und veränderte Bildungsziele mit sich, sondern es verbinden sich auch große Hoffnungen und konkrete Möglichkeiten in Bezug auf die Organisation von Bildung und die Gestaltung von Lehr-Lernprozessen mit ihm. Digitale Technologien können Arbeitsabläufe erleichtern, zum Beispiel, indem Lernmaterialien bereitgestellt und Prüfungen begleitet werden. Ebenso können Technologien Formen selbstorganisierten Lernens unterstützen (Bildungsberichterstattung 2020). Weiterhin können digitale Technologien zur (multimedialen und anschaulichen) Vermittlung konkreter Lerninhalte genutzt werden (z.B. in Form von Onlinevideos). Digitale Technologien können Lernenden erleichtern, „sich eigenständig Inhalte zu erarbeiten oder sie zu vertiefen, ihre Lernprozesse selbst zu steuern und ihren eigenen Lernfortschritt zu kontrollieren. Multimedia, Simulationen, Augmentierte oder Virtuelle Realitäten können den Schülerinnen und Schülern helfen, sich zusätzliche Erfahrungswelten zu erschließen und zu einer vertieften Auseinandersetzung mit dem Lerngegenstand zu kommen" (SWK 2021, S. 11). Digital gestützte Lehr-Lern-Prozesse können individualisierter und kreativer gestaltet werden und das experimentelle und entdeckende Lernen mit digitalen Medien kann die Motivation der Lernenden erhöhen. Möglichkeiten der Zusammenarbeit werden vereinfacht und gestärkt und verschiedene Lernorte können verbunden werden (Kultusministerkonferenz 2021, S. 9). Digitale Technologien können Leistungskontrolle, Diagnostik und Feedback erleichtern und helfen, auf spezifische Fähigkeiten oder heterogene Bedarfe von SchülerInnen zu reagieren. Damit können Lernfortschritte erhöht werden und Herausforderungen der Differenzierung, etwa im Bereich Inklusion und Integration von Zugewanderten, adressiert werden. Diese Chancen ergeben sich jedoch nicht automatisch, sondern erfordern neben der technischen Ausstattung hohe Kompetenzen und eine entsprechende Qualifizierung der Lehrenden.

Zugleich bestehen auch beim Erwerb und der Vermittlung von digitalisierungsbezogenen Kompetenzen Risiken der Reproduktion von Ungleichheiten. Insbesondere da der (Erst-)Kontakt mit digitalen Technologien vorrangig im privaten Bereich stattfindet, werden viele Kompetenzen auch dort primär erlernt – und nicht in den Bildungseinrichtungen. In dem Maße, wie der private Bereich durch Ungleichheiten in soziokultureller und ökonomischer Hinsicht geprägt ist, werden sich diese auch in der Sozialisation mit digitalen Technologien und Kompetenzen wiederfinden (etwa im Nutzungsverhalten, der Auswahl der Inhalte und Anwendungen, usw.). Diese unterschiedlichen Mediensozialisationsprozesse können wiederum unterschiedlich kompetenzfördernd wirken. Für Bildungseinrichtungen besteht also weiterhin die Herausforderung, mit den unterschiedlichen Ausgangsvoraussetzungen bei den Lernenden umzugehen – wenngleich hierfür möglicherweise mehr und innovativere (technische) Lösungen bereitstehen.

Eine der markantesten Folgen der Digitalisierung, die entsprechende Anforderungen an individuelle Fähigkeiten und Fertigkeiten stellt, ist der exponentielle Zuwachs zugänglicher Informationen. Die gesellschaftliche „informationelle Substruktur", also die Art und Weise, wie Wissen überliefert und gespeichert wurde, lässt sich in vier Phasen unterteilen: mündliche Überlieferung, Handschriftlichkeit, Druck und Informationstechnologie (Susskind/Susskind 2015, S. 311). Die Phase des Buchdrucks hat erst die breite Alphabetisierung der Gesellschaft ermöglicht. Mit dem Übergang zur Informationstechnologie werden ähnlich umfassende neue Wissenszugänge ermöglicht, allerdings ist die Menge an zugänglichen Informationen ins Unermessliche gewachsen: „Eine der größten Herausforderungen wird es in Zukunft sein, aus der potentiell unendlichen Informationsflut der digital vernetzten Welt sinnvolles und verwertbares Wissen mit einem adäquaten Zeitaufwand herauszufiltern" (Blossfeld et al. 2017, S. 75f). Hier zeigt sich also eine der zentralen Anforderungen an Bildung in der digitalisierten Welt. Die Veränderung der Lebenswelt und insbesondere der Wandel der Anforderungen auf dem Arbeitsmarkt bringen neue gesellschaftliche Ansprüche an das Bildungssystem mit sich. Das Thema Digitalisierung ist entsprechend insbesondere seit der zweiten Dekade des neuen Jahrtausends weit oben auf der bildungspolitischen Agenda, wie verschiedene groß angelegte Initiativen und Strategien illustrieren. Der Förderschwerpunkt Digitalisierung in der „Qualitätsoffensive Lehrerbildung" des BMBF und die Verwaltungsvereinbarung „DigitalPakt" sind Beispiele für die bildungspolitischen Anstrengungen in diesem Bereich. Vor allem aber die Veröffentlichung des Strategiepapiers der Kultusministerkonferenz zur „Bildung in einer digitalen Welt" (Kultusministerkonferenz 2017) stellte mehrere Jahre einen Bezugspunkt für die bildungspolitischen Aktivitäten im Bereich Digitalisierung dar. In dem Papier wurden erstmals für Deutschland Bildungsziele, Kompetenzbereiche und Handlungsfelder, die für die Teilhabe in der digitalisierten Gesellschaft erforderlich sind, definiert.

Beispiele für grundlegende und übergreifende Zukunftskompetenzen sind demnach:

- gelingend kommunizieren können,
- kreative Lösungen finden können,
- kompetent handeln können,
- kritisch denken können sowie
- zusammenarbeiten können (Kultusministerkonferenz 2021, S. 8).

Kompetenzen in der digitalen Welt umfassen entsprechend der KMK-Strategie die Bereiche „Suchen, Verarbeiten und Aufbewahren", „Kommunizieren und Kooperieren", „Produzieren und Präsentieren", „Schützen und sicher Agieren", „Problemlösen und Handeln" sowie „Analysieren und Reflektieren".

Neben der Definition von digitalisierungsbezogenen Kompetenzen beinhaltete die Strategie unter anderem die Absichtserklärung, dass alle zum Schuljahr 2018/19 eingeschulten SchülerInnen bis zum Ende ihrer Pflichtschulzeit diese Kompetenzen erwerben können sollten (Kultusministerkonferenz 2017, S. 19).

Das Strategiepapier sollte unter anderem als Grundlage für die Überarbeitung von Lehrplänen dienen. Das Papier enthielt auch die Forderung, „dass möglichst bis 2021 jede Schülerin und jeder Schüler jederzeit, wenn es aus pädagogischer Sicht im Unterrichtsverlauf sinnvoll ist, eine digitale Lernumgebung und einen Zugang zum Internet nutzen können sollte" (Kultusministerkonferenz 2017, S. 11). Um diese Ziele zu erreichen wurde im Mai 2019 von Bundesländern und Bund die Verwaltungsvereinbarung „DigitalPakt Schule 2019 bis 2024" geschlossen. Damit stellte der Bund insgesamt fünf Milliarden Euro für die Weiterentwicklung der digitalen Infrastruktur an Schulen zur Verfügung. Das Ausgangsvolumen wurde im Laufe des Jahres 2020 – unter anderem aufgrund der in der Corona-Pandemie aufgetretenen Herausforderungen – durch drei zusätzliche Programme im Umgang von 1,5 Milliarden Euro ergänzt (Rohde/Wrase 2022, S. 8).

Im Strategiepapier der Kultusministerkonferenz, wie auch in anderen bildungspolitischen Initiativen und Absichtserklärungen, wird deutlich, was Bildung in einer digitalisierten Welt erfordert. Um eine erfolgreiche und selbständige Teilhabe an der digitalisierten Gesellschaft zu ermöglichen, braucht es „operatives Wissen über die Funktionen bestimmter Technologien und ihre Handhabung [..], technologisches Wissen über die dahinterliegenden Prinzipien und Mechanismen

[..] sowie Reflexionswissen über und die Bewertung von möglichen Wirkungen von Technologien auf Individuum und Gesellschaft" (Bildungsberichterstattung 2020, S. 235). Neben den klassischen Kompetenzen und neben der Vermittlung von Anwendungswissen in Bezug auf den Umgang mit digitalen Technologien rücken also kritisch-reflexive Fähigkeiten wieder stärker in den Vordergrund von Bildungszielen. Der „kompetente rezipierende, produktive, kritische, kreative und zielgerichtete Umgang mit digitalen Medien" wird zu einer neuen Kulturtechnik (van Ackeren et al. 2019, S. 296) und damit zur Voraussetzung für gesellschaftliche und berufliche Teilhabe. Dazu gehört auch grundsätzliches Verständnis von Algorithmen und Technologien („Computational Thinking"). Schülerinnen sollen befähigt werden, „digital mündig und souverän zu handeln" (Bildungsberichterstattung 2020, S. 296). Der Schule als formalem Bildungsort kommt eine zentrale Rolle bei der Vermittlung dieser digitalisierungsbezogenen Kompetenzen zu.

Die Umsetzung dieser Aufgabe an den Schulen erfordert nicht nur die angemessene und kompetente Einbeziehung digitaler Medien im Unterricht, die Einrichtung digitaler Lernumgebungen und Plattformen und die notwendige Ausstattung mit technischer Infrastruktur, sondern vor allem auch fortlaufend qualifiziertes Lehrpersonal. Entsprechend wurden neben Kompetenzmodellen für Lernende im Bereich Digitalisierung in den letzten Jahren auch Modelle für digitalisierungsbezogene Kompetenzen Lehrender entwickelt. Ein häufig herangezogener Ansatz ist der europäische Kompetenzrahmen DigCompEdu, der von der gemeinsamen Forschungsstelle der EU entwickelt wurde. Auch hier wird der Bezugsrahmen für die Entwicklung pädagogischer digitaler Kompetenzen in sechs Kompetenzbereiche unterteilt: „Lehren und Lernen", „Digitale Ressourcen", „Lernerorientierung", „Evaluation", „Berufliches Engagement" und „Förderung der digitalen Kompetenz der Lernenden" (Gemeinsame Forschungsstelle der Europäischen Kommission 2019).

Die in den Modellen formulierten Anforderungen und Fähigkeiten verdeutlichen, dass Kompetenzen Lehrender und Lernender in der digitalisierten Welt weit über „Medienkompetenz" hinausgehen und die Veränderungen von Lehr-Lernprozessen nicht nur die einfache Einbeziehung neuer Inhalte und Werkzeuge betrifft. Vielmehr verändert sich das idealtypische Lehr- und Lernverständnis, von einem lehrerzentrierten, auf (auswendig) lernen ausgerichteten Verständnis, zu einem eher explorativen und kommunikativen (und ergebnisoffeneren) Lernprozess (Muuß-Merholz 2019, S. 9).

11.2 Befunde zur Digitalisierung im Bildungsbereich

11.2.1 Infrastruktur und Personal

Voraussetzung für den erfolgreichen Kompetenzerwerb im Bereich Digitalisierung ist die infrastrukturelle Ausstattung der Schulen und die entsprechende Qualifizierung des Lehrpersonals. Für Deutschland konnten hier trotz der umfangreichen politischen Bemühungen bislang kaum zufriedenstellende Ergebnisse festgestellt werden. Aus einem Bericht der Europäischen Kommission (European Commission 2019) geht hervor, dass der Anteil technisch gut ausgestatteter Grundschulen im Jahr 2019 mit nur 9 Prozent deutlich unter dem EU-Durchschnitt von 35 Prozent lag. Im Sekundarbereich II lag der Anteil mit 48 Prozent ebenfalls deutlich unter dem Durchschnitt von 72 Prozent. Auch Rohde und Wrase (2022) kommen in ihrer Evaluation des DigitalPakts zu einem deutlichen Schluss: „So erweist sich die technische Infrastruktur an deutschen Schulen, insbesondere die Basisausstattung mit leistungsfähigem Breitbandanschluss, WLAN, Netzwerken sowie digitalen Präsentations- und Endgeräten, im internationalen Vergleich als weiterhin unterdurchschnittlich. Ein beträchtlicher Teil der Schülerinnen besucht eine Grundschule oder weiterführende Schule des Sekundarbereichs I ohne WLAN, ohne Lernmanagementsysteme oder ohne internetbasierte Anwendungen für gemeinschaftliches Arbeiten (Rohde/Wrase 2022, S. 5). In einer weiteren bundesweiten Studie von 2.750 Lehrkräften aus dem Jahr 2021 heißt es, dass „noch immer eklatante Lücken in der digitalen Basisinfrastruktur der deutschen Schulen klaffen [...] Schulisches WLAN ist in Deutschland noch längst nicht flächendeckend im pädagogisch erforderlichen Maße vorhanden, 30 Prozent der Lehrkräfte verfügen über keine schulische WLAN-Infrastruktur (und sei es auch nur im Lehrerzimmer) und sogar 50 Prozent der Schülerinnen und Schüler verfügen über keinerlei schulischen Internetzugang" (Mußmann et al. 2021, S. 79). So hat auch der Digitalisierungsschub durch die Corona-Pandemie die ausgeprägten Defizite in diesem Bereich nicht zufriedenstellend beseitigen können.

Entsprechend konstatierte die Ständige wissenschaftliche Kommission der Kultusministerkonferenz in einer Stellungnahme im Herbst 2021, dass in Deutschland ein „erheblicher Nachholbedarf bei der Schaffung einer stabil funktionierenden Infrastruktur, die den Einsatz digitaler Lehr-Lern-Materialien [..] ermöglicht, bei der forschungsbasierten Entwicklung digitaler Lernprogramme und Werkzeuge und bei zielgerichteten Fortbildungsangeboten für eine lernwirksame Nutzung digitaler Technologien und Medien in Bildungseinrichtungen" bestehe (SWK 2021, S. 5).

Eine wichtige Voraussetzung für eine erfolgreiche Vermittlung digitalisierungsbezogener Kompetenzen sind neben der technischen Ausstattung auch die diesbezüglichen Einstellungen und Motivationen von Lehrkräften (Lorenz et al. 2019). Ergebnisse der International Computer and Information Literacy (ICILS)-Studie haben gezeigt, dass 2018 gut ein Drittel (34,7 Prozent) der Lehrkräfte in Deutschland die Einstellung äußerte, dass der Einsatz digitaler Medien die schulischen Leistungen der SchülerInnen verbessert (Lorenz/Eickelmann 2022, S. 67). In einer weiteren Studie aus dem Jahr 2021 zeigt sich hier ein aufsteigender Trend, da hier immerhin 46 Prozent der Lehrkräfte dieser Aussage zustimmten (ebd.). Obwohl manche Studien darauf hinweisen, dass die traditionelle habituelle Prägung von Lehrkräften eher medienkritisch ist und somit dem Einsatz von Medien entgegensteht (Kutscher 2020, S. 7), haben auch weitere frühere Studien eher wohlwollende als ablehnende Einstellungen von Lehrkräften erfasst. Diese betrafen jedoch eher die Nutzung von technischen Geräten im Unterricht als beispielsweise den Einsatz des Internets und sozialer Medien (Waffner 2020, S. 66f.). Dennoch zeigt sich eine gewisse Diskrepanz zwischen den Einstellungen und der Umsetzung, die wiederum von der umfassenden Befähigung des Lehrpersonals zum Umgang mit digitalen Anwendungen im Unterricht abhängt. Diese Qualifizierung soll im Lehramtsstudium erfolgen, Studien zeigen aber, dass die Implementierung entsprechender Ausbildungsanteile an vielen Universitäten noch unzureichend ist. So haben laut den Befunden des Monitor Lehrerbildung nur 15 Prozent der lehrerbildenden Hochschulen angegeben, verpflichtende Angebote zum Erwerb von Medienkompetenz in einer digitalen Welt im Bereich der Ausbildung für die Primarstufe verankert zu haben (23 Prozent für die Sekundarstufe II)[44].

Das in der Strategie der Kultusministerkonferenz formulierte Ziel, dass jedes Schulkind bis zum Jahr 2021 eine digitale Lernumgebung und einen Zugang zum Internet nutzen können sollte, ist angesichts der hier berichteten Befunde als verfehlt anzusehen. Die unzureichende infrastrukturelle Ausstattung und Qualifizierung des Personals lässt erwarten, dass die Vermittlung digitalisierungsbezogener Kompetenzen entsprechend eingeschränkt ist.

11.2.2 Kompetenzen

Angesichts der zentralen Bedeutung „digitaler Mündigkeit" für die soziale Teilhabe, wurden bereits relativ früh Tests zur Erfassung digitalisierungsbezogener Kompetenzen von SchülerInnen entwickelt. Die IEA, die auch die TIMSS und IGLU-Studien durchführt, führte 2013 zum ersten Mal die International Computer and Information Literacy Study (ICILS) durch, an der neben 19 weiteren Ländern auch AchtklässlerInnen in Deutschland teilnahmen. Deutschland landete in dieser Studie nur auf Platz 11, knapp unterhalb des Durchschnitts der EU-Länder (Bos et al. 2014, S. 126). Die Ergebnisse der zweiten ICILS-Studie fünf Jahre später (2018) belegten, dass sich die Situation nicht merklich verbessert hatte. Etwa ein Drittel der SchülerInnen wies in ICILS 2018 nur rudimentäre digitalisierungsbezogene Kompetenzen auf, wobei zu diesem Testzeitpunkt (8. Klasse) davon ausgegangen werden muss, dass die Lernlücken voraussichtlich nicht mehr in späteren Jahrgangsstufen aufgeholt werden können. Jugendliche mit diesen Kompetenzen „sind lediglich in der Lage, äußerst einfache digitale Informationen zu verarbeiten (z. B. einen Link anzuklicken), und damit nur unzureichend auf künftige Herausforderungen vorbereitet" (Bildungsberichterstattung 2020, S. 284). An der Spitze der internationalen Kompetenzverteilung (Kompetenzstufe 5) fanden sich entsprechend nur 1,9 Prozent der SchülerInnen aus deutschen Schulen (SchülerInnen mit sehr hohen Kompetenzen sind unter anderem in der Lage, Informationen selbständig zu ermitteln und zu bewerten, Eickelmann et al. 2019, S. 126).

Die Anteile auf den unteren Kompetenzstufen sind im Bereich der digitalisierungsbezogenen Kompetenzen höher als bei den fachbezogenen Kompetenzen wie Mathematik und Lesen. Es muss davon ausgegangen werden, dass es die SchülerInnengruppen mit den nicht ausreichenden digitalen Kompetenzen schwer haben werden, an weiteren Bildungsangeboten, am Erwerbsleben und allgemein am gesellschaftlichen Leben selbstbestimmt teilzuhaben (Drossel et al. 2019, S. 392; Senkbeil et al. 2019).

---

44 https://www.monitor-lehrerbildung.de/web/publikationen/digitalisierung/Vergleichsdaten-2017-2020, Zugriff 22. Juni 2022.

11.2.3 Ungleichheit

Neben den durchschnittlichen digitalisierungsbezogenen Kompetenzen der SchülerInnen ist aus Perspektive der Bildungssoziologie insbesondere die Frage der Kompetenzungleichheit (im Sinne der Kopplung an Herkunftsmerkmale) relevant. Um Ungleichheit in Bezug auf Digitalisierung zu beleuchten, wird häufig auf das Konzept des „digital divide" (dt. Digitale Kluft/Spaltung) zurückgegriffen (Dijk 2020). Mit diesem Konzept werden Ungleichheiten in verschiedenen Aspekten unterschieden: in Bezug auf Zugang und die (Diversität der) Nutzung digitaler Medien, in Bezug auf Motivation und Einstellungen gegenüber digitalen Medien und in Bezug auf die digitalisierungsbezogenen Kompetenzen (Drossel et al. 2019, S. 393). Diese verschiedenen Dimensionen bauen aufeinander auf: „Das bedeutet beispielsweise, dass der Erwerb ‚digitaler' Kompetenzen eigene Erfahrungen im Umgang mit digitalen Medien voraussetzt und der Nutzung digitaler Medien für verschiedene Anwendungszwecke wiederum spezifische Nutzungsmotive (z.B. zum Lernen oder zur Unterhaltung) oder positive Werthaltungen gegenüber digitalen Medien vorangehen. Die grundlegendste Voraussetzung für eine digitale Medienaneignung stellt schließlich der materielle und physische Zugang zu digitalen Medien dar" (Senkbeil et al. 2019, S. 303).

Hinsichtlich des Zugangs zu digitalen Medien und Technologien zeigen sich zwar nur geringe sozioökonomische Unterschiede, wenn es etwa um die Verfügbarkeit von Smartphones oder Internetverbindungen geht, dennoch zeigen sich Unterschiede zum Beispiel bei der Qualität der Internetverbindung oder des verfügbaren Datenvolumens sowie in der Verfügbarkeit über Peripheriegeräte wie Druckern oder weiteren Desktop-Geräten, die für effektive Lernaktivitäten relevant sein können (Senkbeil et al. 2019, S. 308).

Der Zugang und die Diversität der Nutzung wirken sich wiederum auf die Ausbildung von Kompetenzen aus (Yang et al. 2019). Die Art der Nutzung und entsprechend die Entwicklung von digitalisierungsbezogenen Kompetenzen ist wiederum von primären Effekten der sozialen Herkunft geprägt (siehe Kapitel 6). Die im Elternhaus vorhandenen Ressourcen und die Erziehungsstile, die unter anderem von elterlichen Aspirationen und kulturellem Kapital abhängen, bestimmen die Art der Nutzung der Medien und Technologien. Das zeigt sich etwa darin, dass Eltern mit hohem Bildungsniveau Mediennutzung intensiver beaufsichtigen und mit den Kindern Nutzungsregeln und Anwendungen aushandeln (Senkbeil et al. 2019, S. 307). So hängt die Nutzung von digitalen Medien und Technologien von „Aufmerksamkeits- und Navigationsentscheidungen" (Kutscher 2019, S. 381) ab, die von sozioökonomisch spezifisch verteilten Interessen, Wissensbeständen, Fähigkeiten und Möglichkeiten bestimmt sind (ebd.). Daraus ergeben sich schichtspezifische digitalisierungsbezogene Sozialisationserfahrungen die einen „medialen Habitus" (ebd.) prägen, der unterschiedlich anschlussfähig an die Erwartungen der Bildungsinstitutionen ist. So weisen Nutzungsweisen, die eher am „Gebrauchswert" orientiert sind (wie Gaming oder Kommunikation) gerade „bei sozial benachteiligten Nutzer*innengruppen häufig eine mangelnde Passung zu bildungsinstitutionellen Erwartungen auf und sind dem Risiko ausgesetzt, als nicht legitim qualifiziert zu werden" (Kutscher 2020, S. 11). Kinder aus besser ausgestatten Familien nutzen digitale Medien eher bildungsorientiert, zum Beispiel für Recherchezwecke oder zum Lernen. Insgesamt zeigen diese Kinder ein breiteres und instrumentelleres Nutzungsverhalten. Kinder aus weniger privilegierten Schichten nutzen die Angebote eher für kommunikative oder freizeitorientierte Zwecke (Unterhaltung, Selbstdarstellung), mit entsprechend weniger förderlichen Folgen für den Kompetenzerwerb (Drossel et al. 2019).

Auch bei den digitalisierungsbezogenen Kompetenzen zeigt sich in der ICILS-Studie 2018 entsprechend ein vergleichsweise enger Zusammenhang zwischen sozio-ökonomischem (bzw. migrationsbezogenem) Hintergrund und Kompetenzen. Dieser Zusammenhang führt dazu, dass sich die Anteile auf den niedrigen Kompetenzstufen deutlich nach familiärem Hintergrund unterscheiden. Auf der niedrigsten Kompetenzstufe finden sich nur knapp 5 Prozent der SchülerInnen mit hohem kulturellen Kapital, jedoch fast 13 Prozent der SchülerInnen mit weniger privilegiertem Hintergrund. „Insgesamt verfügen deutlich mehr als zwei Fünftel (43,1 Prozent) der Schülerinnen und Schüler aus Familien mit niedrigem kulturellen Kapital nur über rudimentäre oder basale Fähigkeiten im kompetenten Umgang mit digitalen Medien (maximal Kompetenzstufe II) und können beispielsweise einen Link anklicken oder weisen basale Wissensbestände und einfache Fertigkeiten hinsichtlich der Identifikation und Bearbeitung von Informationen auf" (Senkbeil et al. 2019, S. 314). Bei den SchülerInnen mit hohem Kapital liegt dieser Anteil nur bei knapp 19 Prozent (ebd.).

Die soziale Ungleichheit ergibt sich nicht nur durch unterschiedliche Zugänge und Sozialisationserfahrungen zuhause, sie werden durch unterschiedliche Angebote verschiedener Schulen und Schulformen verstärkt. Rohde und Wrase (2022) stellen fest, dass digitale Lernformate häufiger an Gymnasien als an anderen Schulformen genutzt werden. Da Gymnasien aufgrund der primären und sekundären Effekte (siehe Kapitel 6) häufiger von SchülerInnen aus privilegierteren Familien besucht werden, profitieren diese eher von den Angeboten (Rohde/Wrase 2022, S. 50). Entsprechend zeigen sich auch schulformspezifische Unterschiede in den digitalisierungsbezogenen Kompetenzen (Bildungsberichterstattung 2020, S. 284). Ungleichheit zeigt sich auch zwischen den Geschlechtern, und zwar zugunsten der Mädchen (Bildungsberichterstattung 2020, S. 285). Dieser Befund zeigt sich auch in anderen Ländern – und das obwohl das Interesse an und das Vergnügen im Umgang mit digitalen Technologien bei den Jungen höher ist. Mädchen nutzen digitale Technologien jedoch häufiger für kommunikative Zwecke, was zum Teil die besseren Leistungen erklären könnte (Gebhardt et al. 2019, S. 70).

11.3 Digitalisierung an Hochschulen

Die Veränderungen durch Digitalisierungsprozesse spielen auch für die Entwicklung von Hochschulen eine wichtige Rolle. Hochschulen werden dabei als Nutzerinnen aber vor allem auch als Treiberinnen der Digitalisierung gesehen. Der Digitalisierungs-Diskurs an Hochschulen wird aus verschiedenen Perspektiven geprägt. Zum einen steht die Veränderung der Lehrformate und Lehr-Lernprozesse durch die Digitalisierung im Vordergrund. Zum anderen liegt ein Fokus auf den sich durch die Digitalisierung notwendigerweise verändernden Lehrinhalten, hier prägt insbesondere das Stichwort „Data Literacy" als notwendige Zukunftskompetenz von HochschulabsolventInnen die Debatte. Weiterhin verändert die Digitalisierung die Steuerung und Entwicklung von Hochschulen, hier ist das Feld der „Learning Analytics" ein zentraler Aspekt.

Stärker noch als im schulischen Bereich wird mit Blick auf Hochschulen und Digitalisierung schon länger die Bedeutung von E-Learning diskutiert. E-Learning ist gegenüber dem traditionellen Lehren und Lernen (in der Hochschule) unabhängiger von Zeiten und Orten, es ist stärker selbstorganisiert durch die Lernenden, weniger stark auf die Lehrenden und Bildungseinrichtungen als Wissensvermittelnde zentriert und sowohl in formalen als auch in informellen Settings statt (Kirchner/Lemke 2019, S. 242). Die flächendeckende Verbreitung von E-Learning-Angeboten hat durch die Corona-Pandemie durchaus einen Schub erfahren. Etwa die Hälfte der Lehrenden hatte angegeben, vor der Pandemie keine Erfahrung mit digitalen Lernangeboten gehabt zu haben (Friedrich et al. 2021, S. 3). Während der Pandemie wurde dann jedoch ein Großteil der Lehrveranstaltungen umgehend ins Digitale „übersetzt" (siehe Kapitel 10).

Aus den Möglichkeiten der Digitalisierung der Lehrangebote hat sich für die Hochschulen in den letzten zwei Jahrzehnten auch eine zunehmende Konkurrenzsituation gegenüber „freien" Angeboten höherer Bildung ergeben. „Open Educational Resources" (digitale Bildungsressourcen mit bestimmten Freiheitsrechten zum digitalen Lernen und Lehren) und insbesondere „Massive Open Online Courses" (MOOCs) sind zwei zentrale Schlagworte, die diese neue Konkurrenzsituation beschreiben. MOOCs sind weniger Online-Vorlesungen als üblicherweise eine interaktive Mischung aus Videos, Quiz und Diskussionsforen (Kirchner/Lemke 2019, S. 259) „Mit MOOCs sind Hoffnungen der Demokratisierung von höherer Bildung und der Überwindung des ‚digital divide' verbunden" (Kirchner/Lemke 2019). MOOCs werden entweder von Universitäten selbst oder über Plattformen wie Udacity, Coursera oder edX angeboten (siehe auch https://www.mooc-list.com (Zugriff 22.06.2022)) und repräsentieren einen wachsenden digitalen Bildungs(technologie)markt („EdTech"). Der größte nicht-universitäre Anbieter verzeichnete 2021 97 Millionen Studierende in über 8.000 Kursen[45]. Die Plattformbetreiber suchen die Kooperation mit Universitäten, da MOOC-Lehrende überwiegend Hochschullehrende sind. Mit MOOCs können sich auch neue Kooperationen zwischen Universitäten und anderen Wirtschaftsunternehmen ergeben, die ihre Mitarbeitenden weiterbilden müssen und dabei auf von Hochschullehrenden entwickelte MOOCs setzen. Die Zusammenarbeiten in diesem Bereich sind jedoch an deutschen staatlichen Universitäten noch nicht so ausgeprägt wie z.B. im angelsächsischen Raum. Die Konkurrenzsituation ist auch deshalb noch überschaubar, weil die Universitäten weiterhin die legitimen Bildungszertifikate ausstellen und die auf MOOC-Plattformen zu erwerbenden Zertifikate im Gegensatz zu den Inhalten häufig nicht kostenlos sind. So verbinden sich mit der Digitalisierung der Lehrangebote an deutschen Universitäten weniger Konkurrenzängste als viel-

---

45 https://www.classcentral.com/report/mooc-platforms/, Zugriff 22.06.2022.

mehr Hoffnungen, zum Beispiel auch einer verbesserten Zugänglichkeit für nicht traditionell Studierende oder internationale Studierende (Kultusministerkonferenz 2017, S. 48).

In Bezug auf die Veränderung der Lehrinhalte durch die Digitalisierung steht auch an den Universitäten die systematische curriculare Einbettung von digitalen Kompetenzen im Vordergrund. Die an der Hochschule zu vermittelnden zentralen Kompetenzen werden hier vorrangig mit dem Begriff „Data Literacy" beschrieben. Data Literacy beinhaltet, „planvoll mit Daten umzugehen und sie im jeweiligen Kontext bewusst einsetzen und hinterfragen zu können" (Schüller et al. 2019, S. 10). Zu Data Literacy gehört entsprechend, „Daten auf kritische Art und Weise zu sammeln, zu managen, zu bewerten und anzuwenden" (ebd.). Data Literacy ist die Fähigkeit, aus Daten Handlungswissen und Handlungsfähigkeit – letztlich „Macht" – generieren zu können (ebd., S. 15). Diese „Datenkompetenz" wird als Voraussetzung für zukünftige soziale Teilhabe gesehen, und ist entsprechend eine Kompetenz, die für Studierende aller Fächer kritisch ist.

Bislang kann von einer flächendeckenden Vermittlung dieser Kompetenzen an Hochschulen jedoch nicht ausgegangen werden. Das Hochschulforum Digitalisierung hat im Jahr 2019 zunächst einen Kompetenzrahmen für Data Literacy entwickelt (Schüller et al. 2019). Zwei Jahre später wurde ein Sammelband vorgelegt, der Data-Literacy-Initiativen von einzelnen Universitäten im Sinne von „best practices" beleuchtet. Die „Data Literacy Education" an deutschen Hochschulen steht demnach erst am Anfang; umfassende Daten über die Ausprägungen von Datenkompetenzen bei Studierenden oder die flächendeckende curriculare Einbettung der entsprechenden Kompetenzbereiche liegen entsprechend noch nicht vor.

Mit Blick auf die Bedeutung der Digitalisierung für die Verwaltung und Steuerung von Hochschulen sind verschiedene Handlungsfelder und Ziele wie die Erhöhung des Studienerfolgs, der Umgang mit Heterogenität oder Strategien der Internationalisierung und Öffnung der Hochschulen zu identifizieren (Budde 2021). In diesem Bereich wird insbesondere das Feld der „Learning Analytics" als Potential gesehen. Learning Analytics bezeichnet den Umgang mit und die Auswertung von Daten, die im Bereich Lernen und Lehren anfallen – und die an Hochschulen durch Digitalisierungsprozesse vermehrt gesammelt werden (etwa durch Hochschulmanagementsysteme). Durch die zielgerichtete Analyse solcher Daten könnten Steuerungsprozesse, aber auch Lehr-Lernprozesse und Ressourceneinsatz möglicherweise effizienter gestaltet werden, es könnten aber auch Rückmeldungen an Studierende über ihren Studienerfolg (etwa mit Blick auf eine Verringerung der Studienabbruchsquote) intensiviert werden. Entsprechend stellen sich hier aber auch einige kritische Fragen, etwa zum Datenschutz und zum Verhältnis von Kontrolle und Freiheit der Studierenden (Scheidig/Holmeier 2021).

11.4 Perspektiven

In dieser knappen Übersicht über den Stand der Digitalisierung im Bildungsbereich ist deutlich geworden, dass der digitale Wandel zwar vielfältige Chancen und Innovationen mit sich bringt, gleichzeitig aber mit enormen Herausforderungen verbunden ist. Da die Digitalisierung der Gesellschaft ein fortlaufender Prozess ist, müssen Strategien und Handlungsziele gegebenenfalls regelmäßig hinterfragt und weiterentwickelt werden.

Mit Blick auf die Herausforderung, bestehende soziale Ungleichheiten im Bildungssystem möglichst nicht zu reproduzieren, bieten digitale Technologien und Medien durchaus Potentiale, Bildungsungleichheiten beim Kompetenzerwerb zu verringern. Sie können Lerngelegenheiten intensivieren und die SchülerInnen durch lebensnahe multimediale Szenarien und spielerische Umsetzungen motivieren und dabei unterschiedliche Fähigkeiten und Lerntempi berücksichtigen (Racherbäumer et al. 2020, S. 304). Dennoch zeigt sich auch hier, dass die Technik allein keine „Wunderwaffe" darstellt, sondern der Einsatz der Technik Engagement, Erfahrung und Motivation und die Fähigkeit, fachliches und digitales Lernen zu kombinieren, erfordert (Schacht et al. 2019, S. 452). Darüber hinaus verändert der Einsatz digitaler Medien in der Lehre nicht die übergeordneten Strukturen von Bildungssystemen, wie ihre Gliederung, die weitaus größere Beiträge zur Reproduktion von Ungleichheit leisten.

Hinzu kommt, dass die Digitalisierung selbst neue Risiken der Entstehung und Reproduktion von Ungleichheiten erzeugt. Durch die Datafizierung wird es für die Individuen immer schwieriger, Datenspuren des eigenen Verhaltens oder Lernens zu kontrollieren. Diese mangelnde Kontrollfähigkeit erfordert entsprechend eine starke datenschutzrechtliche Regulierung, da immer die Gefahr besteht, dass die Verarbeitung der Daten durch Algorithmen diskriminierend oder „sozial unverantwortlich" (Gapski 2019 S. 28) gerät. Wenn bestimmte Teilhabemöglichkeiten, wie die Beurteilung von Kreditwürdigkeiten oder der Zugang zu bestimmten (Bildungs-)Angeboten, auf Basis von datenbasierten Kategorisierungen von NutzerInnen erfolgt (z.B. in kreditwürdige oder leistungs(un)fähige AnwenderInnen), dann kann dies zu einer Vervielfältigung von Benachteiligungen führen, weil Personen „aufgrund des Werts ihrer Daten und deren Gewichtung im Zuge algorithmenbasierter Zugangssteuerungs- und Ratingprozesse unterschiedliche ökonomische und gesellschaftliche Teilhabeoptionen erhalten" (Kutscher 2019, S. 381). Gerade wenn Bildungseinrichtungen Daten nutzen, etwa zur Zuweisung von Fördermöglichkeiten oder um Leistungsrückmeldungen zu geben, müssen sie sich der daraus resultierenden Verantwortung bewusst sein. Dazu gehört, dass Daten nur für vorab festgelegte Verwendungszwecke genutzt werden dürfen. Darüber hinaus muss dafür Sorge getragen werden, dass auch Bildungsziele, die nicht datengestützt erfassbar sind, zum Beispiel in den Bereichen Persönlichkeitsbildung und Identitätsentwicklung, nicht aus dem Blick geraten (Kultusministerkonferenz 2021, S. 5f.).

Mit der Digitalisierung ist das klassische humanistische Bildungsziel der Mündigkeit und des kritischen Denkens wieder stärker in den Vordergrund gerückt. Ursache dafür ist die Erkenntnis, dass in der datafizierten Gesellschaft Daten Macht bedeuten – und dass Daten vor allem von Unternehmen wie Google und Facebook gesammelt werden, die dabei ihre eigenen datenökonomischen Interessen verfolgen. In der Konsequenz können die Unternehmen erheblichen Einfluss nehmen auf Öffentlichkeit und politische Meinungsbildung – und damit auf gesellschaftliche Machtverhältnisse. Diese politischen Konsequenzen und die sich daran anschließenden Folgen (auf Regierungsbildungen, Gesetzgebung, gesellschaftliche Handlungsziele usw.) einschätzen zu können, sollte ein Ziel von Bildung in einer digitalisierten Welt sein (Gapski 2019, S. 29). Diese Anforderung an Bildung(ssysteme) ist schon groß genug, und es kommen weitere hinzu. Selbständige, mündige Teilhabe an zukünftigen Gesellschaften erfordert nicht nur Datenkompetenz. Für die einzelnen Personen können die digitalen Technologien und Medien zu allgemeinen Überforderungserlebnissen auch jenseits von verschärften Erfahrungen von Gewalt und Exklusion durch Cybermobbing und Hate-Speech führen. Baum und Diefenbach (2018) problematisieren beispielsweise die Selbstbildungsprozesse, die durch Praktiken des „Self-Tracking" etwa mit Smartwatches ergeben: „Zum einen etabliert eine Vielzahl smarter Tools eine Norm durch ihre einzuhaltenden Vorgaben (von Schritten am Tag, von abzuhaltenden Entspannungsphasen etc.). Diese Normen führen erst dazu, dass Menschen ihre Leistungen und Verhaltensweisen als unzureichend, [..] wahrnehmen. [..] Zum anderen ermöglicht die Übersetzung von Qualität in Quantität den ständigen Vergleich mit eigenen vorherigen Leistungen und mit denen anderer. Derartige Dynamisierungsspiralen führen nicht selten zu Depressionen" (Baum/Diefenbach 2018, S. 10). Deshalb müsse Bildung in einer digitalisierten Welt eben nicht nur die Ausbildung, d.h. die Vermittlung der entsprechenden Anwendungs- und Datenkompetenzen, sondern auch die Entwicklung von gelungenen Selbstverhältnissen beinhalten. Schließlich geht es darum, zu erkennen, dass die digitale Transformation der Gesellschaft keine unabwendbare Folge der technologischen Entwicklungen ist, sondern dass technologische und gesellschaftliche Entwicklungen und Entscheidungen Hand in Hand gehen und sich gegenseitig bedingen. Der digitale Wandel ist gestaltbar – wenn das Bewusstsein dafür und die notwendigen Kompetenzen vorhanden sind.

Fragen und Aufgaben zur Wiederholung

- Was zeichnet den digitalen Wandel aus?
- Was sind Bestandteile von digitalisierungsbezogenen Kompetenzen von Lehrenden und Lernenden?
- Welche Chancen und Risiken bringt die Digitalisierung für den Bildungsbereich mit sich?

Literaturempfehlung

bpb (Hrsg.) (2019): Bildung und Digitalisierung. Aus Politik und Zeitgeschichte. Jg. 69, Heft 27–28

Dolata, U./Schrape, J.-F. (Hrsg.) (2022): Internet, Big Data und digitale Plattformen: Politische Ökonomie – Kommunikation – Regulierung: Eine kurze Einführung in das Sonderheft. Kölner Zeitschrift für Soziologie und Sozialpsychologie Sonderheft 74(1).

Eickelmann, B./Bos, W./Gerick, J./Goldhammer, F./Schaumburg, H./Schwippert, K./Senkbeil, M./ Vahrenhold, J. (Hrsg.). (2019). ICILS 2018# Deutschland: Computer-und informationsbezogene Kompetenzen von Schülerinnen und Schülern im zweiten internationalen Vergleich und Kompetenzen im Bereich Computational Thinking. Münster: Waxmann.

McElvany, N./Schwabe, F./Bos, W./Holtappels, H. G. (Hrsg). (2018). Digitalisierung in der schulischen Bildung: Chancen und Herausforderungen. Münster: Waxmann.

Literaturverzeichnis

Abels, H. (2009): Der Blick auf die Gesellschaft. Wiesbaden: VS, Verl. für Sozialwiss.

Aljets, E. (2015): Der Aufstieg der Empirischen Bildungsforschung. Wiesbaden: Springer Fachmedien Wiesbaden.

Allmendinger, J./Ebach, M./Hennig, M./Stuth, S. (2010): Verschenkte Potenziale? Lebensverläufe nicht erwerbstätiger Frauen. Frankfurt am Main: Campus.

Allmendinger, J./Leibfried, S. (2003): Bildungsarmut. In: Aus Politik und Zeitgeschichte, 53. Jg., H. 21, S. 12–18.

Allmendinger, J. (2022): Auf dem Rücken der Frauen. In: DIE ZEIT, 01.03.2022

Andresen, S./Lips, A./Möller, R./Rusack, T./Schröer, W./Thomas, S./Johanna Wilmes (2020): Kinder, Eltern und ihre Erfahrungen während der Corona-Pandemie. Hildesheim.

Altrichter, H. (2015): Theory and Evidence on Governance: Conceptual and Empirical Strategies of Research on Governance in Education. In: Governance von Bildung im Wandel. Wiesbaden: Springer Fachmedien Wiesbaden, S. 25–43.

Amos, K./Schmid, J./Schrader, J./Thiel, A. (2015b): Governance im Bildungsbereich – Erträge, Desiderate und Potenziale der Forschung. In: Schrader, J./Schmid, J./Amos, K./Thiel, A. (Hrsg.): Governance von Bildung im Wandel. Wiesbaden: Springer Fachmedien Wiesbaden, S. 3–21.

Anger, S./Dietrich, H./Patzina, A./Sandner, M./Lerche, A./Bernhard, S./Toussaint, C. (2020): School closings during the COVID-19 pandemic: findings from German high school students. (IAB-Forum 15. Mai 2020).

Apelt, M. (2016): Schule aus organisationssoziologischer Perspektive. In: Maier, M. (Hrsg.): Organisation und Bildung. Wiesbaden: Springer Fachmedien Wiesbaden, S. 13–32.

Autorengruppe Bildungsberichterstattung (2016): Bildung in Deutschland 2016 Ein indikatorengestützter Bericht mit einer Analyse zu Bildung und Migration Bildung in Deutschland 2016. Bielefeld: W. Bertelsmann Verlag

Autorengruppe Bildungsberichterstattung (2018): Bildung in Deutschland 2018. Ein indikatorengestützter Bericht mit einer Analyse zu Wirkungen und Erträgen von Bildung. Bielefeld: wbv Media.

Autorengruppe Bildungsberichterstattung (2020): Bildung in Deutschland 2020. Ein indikatorengestützter Bericht mit einer Analyse zu Bildung in einer digitalisierten Welt. Bielefeld: wbv Media.

Autorengruppe Bildungsberichterstattung (2022): Bildung in Deutschland 2022. Ein indikatorengestützter Bericht mit einer Analyse zum Bildungspersonal. Bielefeld: wbv Media.

Bailey, D. H./Duncan, G. J./Murnane, R. J./Au Yeung, N. (2021): Achievement Gaps in the Wake of COVID-19. In: Educational Researcher, 50. Jg., H. 5, S. 266–275.

BAMF Bundesamt für Migration und Flüchtlinge (2018): Migrationsbericht der Bundesregierung 2016/2017. Nürnberg: Bundesamt für Migration und Flüchtlinge.

BAMF Bundesamt für Migration und Flüchtlinge (2021): Migrationsbericht der Bundesregierung 2020. Nürnberg: Bundesamt für Migration und Flüchtlinge.

Bauer, U./Bittlingmayer, U. H./Scherr, A. (2012): Handbuch Bildungs- und Erziehungssoziologie. Wiesbaden: VS Verlag für Sozialwissenschaften.

Baum, M./Diefenbach, N. (2018): Digitalisierte Bildungsprozesse: Eine soziologische Betrachtung und Kritik. In: ZEP – Zeitschrift für internationale Bildungsforschung und Entwicklungspädagogik, 2018. Jg., H. 03, S. 8–12.

Bauman, Z. (2001): Vom Nutzen der Soziologie. Frankfurt am Main: Suhrkamp.

Baumert, J./Bos, W./Lehmann, R. (2000): TIMSS/III Dritte Internationale Mathematik- und Naturwissenschaftsstudie — Mathematische und naturwissenschaftliche Bildung am Ende der Schullaufbahn. Wiesbaden: VS Verlag für Sozialwissenschaften.

Baumert, J./Stanat, P./Watermann, R. (2006): Schulstruktur und die Entstehung differenzieller Lern- und Entwicklungsmilieus. In: Baumert, J./Stanat, P./Watermann, R. (Hrsg.): Herkunftsbedingte Disparitäten im Bildungswesen: differenzielle Bildungsprozesse und

Probleme der Verteilungsgerechtigkeit. Wiesbaden: VS Verlag für Sozialwissenschaften and VS Verl. für Sozialwissenschaften, S. 95–188.

Baumert, J./Maaz, K. (2010): Bildungsungleichheit und Bildungsarmut: -- Der Beitrag von Large-Scale-Assessments. In: Quenzel, G./Hurrelmann, K. (Hrsg.): Bildungsverlierer. Wiesbaden: VS Verlag für Sozialwissenschaften, S. 159–179.

Becker, G. S. (1964): Human capital: Atheoretical and empirical analysis with special reference to education. New York: Columbia Univ.Press.

Becker, R. (2009): Entstehung und Reproduktion dauerhafter Bildungsungleicheiten. In: Becker, R. (Hrsg.): Lehrbuch der Bildungssoziologie. Wiesbaden: VS Verlag für Sozialwissenschaften, S. 85–131.

Becker, R. (2011): Integration von Migranten durch Bildung und Ausbildung? Theoretische Erklärungen und empirische Befunde. In: Becker, R. (Hrsg.): Integration durch Bildung. Wiesbaden: VS Verlag für Sozialwissenschaften, S. 11–36.

Becker, R. (2019): Bildung: Die Wichtigste Investition in die Zukunft. In: Bundeszentrale für politische Bildung (Hrsg.): Deutsche Verhältnisse. Eine Sozialkunde. Bonn: BpB, Bundeszentrale für politische Bildung, S. 116–140.

Becker, K./Lörz, M. (2020): Studieren während der Corona- Pandemie: Die finanzielle Situation von Studierenden und mögliche Auswirkungen auf das Studium. Hannover: .

Behörde für Schule und Berufsbildung Hamburg (2015): Abiturientinnen und Abiturienten an Hamburger Schulen nach erreichtem Abiturdurchschnitt je Schule des Schuljahres 2014/15. Hamburg: https://fragdenstaat.de/anfrage/abiturnoten-2015/33081/anhang/Anlage3_Abiturdurchschnitt_Schule_Geschlecht_14_07_mit_Datenschutz.xlsx.

Berger, P. L./Luckmann, T. (1969): Die gesellschaftliche Konstruktion der Wirklichkeit. Frankfurt am Main: Fischer Taschenbuch-Verl.

Berkemeyer, N./Bos, W./Hermstein, B./Abendroth, S./Semper, I./Kanders, M. (2017): Chancenspiegel – eine Zwischenbilanz. Gütersloh: Verlag Bertelsmann Stiftung.

Berkes, J./Peter, F./Spieß, C. K. (2020): Wegfall von Studi-Jobs könnte Bildungsungleichheiten verstärken.https://www.diw.de/de/diw_01.c.790492.de/publikationen/diw_aktuell/2020_0044/wegfall_von_studi-jobs_koennte_bildungsungleichheiten_verstaerken.html.

Bernfeld, S. (1925): Sisyphos oder die Grenzen der Erziehung. Leipzig [u.a.]: Internat. Psychoanalyt. Verl.

Besa, K.-S./Kochskämper, D./Lips, A./Schröer, W./Thomas, S. (2021): Stu.diCo II – Die Corona Pandemie aus der Perspektive von Studierenden. Hildesheim: . https://hildok.bsz-bw.de/files/1256/Stu.diCo_2.pdf.

Betthäuser, B. A./Bach-Mortensen, A./Engzell, P. (2022): A systematic review and meta-analysis of the impact of the COVID-19 pandemic on learning. SocArXiv. https://osf.io/g2wuy.

Bian, L./Leslie, S.-J./Cimpian, A. (2017): Gender stereotypes about intellectual ability emerge early and influence children's interests. In: Science, 355. Jg., H. 6323, S. 389–391.

Bieber, Tonia, und Kerstin Martens 2011. The OECD PISA Study as a Soft Power in Education? Lessons from Switzerland and the US. European Journal of Education 46(1), 101-116.

Blaskó, Z./Costa, P. da/Schnepf, S. V (2022): Learning losses and educational inequalities in Europe: Mapping the potential consequences of the COVID-19 crisis. In: Journal of European Social Policy, S. 095892872210916.

Blossfeld, H.-P./Bos, W./Lenzen, D./Müller-Böling, D./Oelkers, J./Prenzel, M./Wößmann, L. (2007): Bildungsgerechtigkeit. Jahresgutachten 2007. Wiesbaden: VS Verlag für Sozialwissenschaften.

Blossfeld, H.-P./Bos, W./Hannover, B./Lenzen, D./Müller-Böling, D./Prenzel, M./Wößmann, L. (2009): Geschlechterdifferenzen im Bildungssystem. Jahresgutachten 2009. Wiesbaden: VS Verlag für Sozialwissenschaften.

Blossfeld, H.-P./Bos, W./Daniel, H.-D./Hannover, B./Köller, O./Lenzen, D./Roßbach, H.-G./ Seidel, T./Tippelt, R./Wößmann, L. (2017): Bildung 2030 - veränderte Welt. Fragen an die Bildungspolitik. vbw – Vere. Münster: Waxmann.

BMFI (2016): 11. Bericht der Beauftragten der Bundesregierung für Migration, Flüchtlinge und Integration – Teilhabe, Chancengleichheit und Rechtsentwicklung in der Einwanderungsgesellschaft Deutschland. Berlin: Die Beauftragte der Bundesregierung für Migration, Flüchtlinge und Integration.

BMFI (2019): 12. Bericht der Beauftragten der Bundesregierung für Migration, Flüchtlinge und Integration – Teilhabe, Chancengleichheit und Rechtsentwicklung in der Einwanderungsgesellschaft Deutschland. Berlin: Die Beauftragte der Bundesregierung für Migration, Flüchtlinge und Integration.

BMFSFJ (2020): Familie heute. Daten. Fakten. Trends Familienreport 2020. Berlin: Bundesministerium für Familie, Senioren, Frauen und Jugend

Bogner, A. (2020a): Zwischen Virologie und Verschwörungstheorie: Expertise in der Coronakrise. https://coronasoziologie.blog.wzb.eu/podcast/alexander-bogner-zwischen-virologie-und-verschwoerungstheorie-expertise-in-der-coronakrise/

Bogner, A. (2020b): Was kann die Wissenschaft bei Pandemien leisten? In: Preisfrage der Österreichischen Akademie der Wissenschaften (Öaw). https://www.oeaw.ac.at/fileadmin/NEWS/2021/PDF/Bogner_Alexander_de_PF_2020-26_final-CD-1.pdf

Bongaerts, G. (2008): Verhalten, Handeln, Handlung und soziale Praxis. In: Raab, J./Pfadenhauer, M./Stegmaier, P./Dreher, J./Schnettler, B. (Hrsg.): Phänomenologie und Soziologie. Wiesbaden: VS Verlag für Sozialwissenschaften, S. 223–232.

Bongaerts, G./Schulz-Schaeffer, I. (2016): Theorie, soziologische. In: Kopp, J./Steinbach, A. (Hrsg.): Grundbegriffe der Soziologie. Wiesbaden: VS Verlag für Sozialwissenschaften, S. 339–345.

Bos, W./Lankes, E.-M./Prenzel, M./Schwippert, K./Valtin, R./Walter, G. (Hrsg.) (2004): IGLU: einige Länder der Bundesrepublik Deutschland im nationalen und internationalen Vergleich. Münster: Waxmann.

Bos, W./Hornberg, S./Arnold, K.-H./Faust, G./Fried, L./Lankes, E.-M./Schwippert, K./Valtin, R. (2007): IGLU 2006: Lesekompetenzen von Grundschulkindern in Deutschland im internationalen Vergleich. Münster: Waxmann.

Bos, W./Eickelmann, B./Gerick, J. (2014): Computer- und informationsbezogene Kompetenzen von Schülerinnen und Schülern der 8. Jahrgangsstufe in Deutschland im internationalen Vergleich. In: Bos, W./Eickelmann, B./Gerick, J./Goldhammer, F./Schaumburg, H./Schwippert, K./Senkbeil, M./Schulz-Zander, R./Wendet, H. (Hrsg.): ICILS 2013. Computer- und informationsbezogene Kompetenzen von Schülerinnen und Schülern in der 8. Jahrgangsstufe im internationalen Vergleich. Münster; New York: Waxmann, S. 113–146.

Bourdieu, P./Passeron, J. C. (1971): Die Illusion der Chancengleichheit: Untersuchungen zur Soziologie des Bildungswesens am Beispiel Frankreichs. Stuttgart: Klett.

Boudon, R. (1974): Education, opportunity, and social inequality : changing prospects in western society: L' inégalité des chances engl. New York and NY: Wiley & Sons.

Bourdieu, P. (1976): Kulturelle Reproduktion und soziale Reproduktion. In: Hörning, K. H. (Hrsg.): Soziale Ungleichheit. Strukturen und Prozesse sozialer Schichtung. Darmstadt: Luchterhand, S. 223–231.

Bourdieu, P. (1983): Ökonomisches Kapital, kulturelles Kapital, soziales Kapital. In: Kreckel, R. (Hrsg.): Soziale Ungleichheiten. Soziale Welt, Sonderband 2. Göttingen: Schwartz, S. 183–198.

Breen, R./Goldthorpe, J. H. (1997): Explaining Educational Differentials: Towards a Formal Rational Action Theory. In: Rationality and Society, 9. Jg., H. 3, S. 275–306.

Bronfenbrenner, U. (1976): Ökologische Sozialisationsforschung. Stuttgart: Klett.

Literaturverzeichnis

Brüsemeister, T. (2012): Educational Governance: Entwicklungstrends im Bildungssystem. In: Ratermann, M./Stöbe-Blossey, S. (Hrsg.): Governance von Schul- und Elementarbildung. Wiesbaden: VS Verlag für Sozialwissenschaften, S. 27–44.

Brunner, K./ Ebitsch, S./Hildebrand, K./Schories, M. (2019): Blaue Bücher, Rosa Bücher. https://projekte.sueddeutsche.de/artikel/kultur/gender-wie-gleichberechtigt-sind-kinderbuecher-e970817/ (Juli 2019)

Brunsson, N./Olsen, J. P. (1993): The reforming organization. London; New York: Routledge.

Budde, J. (2008): Bildungs(miss)erfolge von Jungen und Berufswahlverhalten bei Jungen/ männlichen Jugendlichen. Bildungsforschung Band 23. Berlin: Bundesministerium für Bildung und Forschung.

Budde, J. (2021): Der digitale Wandel als Motor der Hochschulentwicklung – Strategiemuster für die Digitalisierung der Hochschullehre. In: Digitalisierung in Studium und Lehre gemeinsam gestalten. Wiesbaden: Springer Fachmedien Wiesbaden, S. 165–180.

Bujard, M./Driesch, E. von den/Ruckdeschel, K./Laß, I./Thönnissen, C./Schumann, A./ Schneider, N. F. (2021): Belastungen von Kindern, Jugendlichen und Eltern in der Corona-Pandemie. BIB.Bevölkerungsstudien 2 | 2021

Bundesinstitut für Berufsbildung (2019). Datenreport 2019. Bonn: Bundesinsitut für Berufsbildung

Bühlmann, M./Freitag, M. (2007): Freiwilligentätigkeit als Sozialkapital: eine empirische Analyse zu den Rahmenbedingungen bürgerschaftlichen Vereinsengagements. In: Kölner Zeitschrift für Soziologie und Sozialpsychologie, Sonderheft, S. 163–182.

Cialdini, R. B./Borden, R. J./Thorne, A./Walker, M. R./Freeman, S./Sloan, L. R. (1976): Basking in reflected glory: Three (football) field studies. In: Journal of Personality and Social Psychology, 34. Jg., H. 3, S. 366–375.

Cimpian, A./Leslie, S.-J. (2017): Why Young Girls Don't Think They Are Smart Enough. In: The New York Times.

Collège de France (1987): Vorschläge für das Bildungswesen der Zukunft. In: Müller-Rolli, S. (Hrsg.): Das Bildungswesen der Zukunft. Stuttgart: Klett-Cotta, S. 253–282.

Collins, R. (1971): Functional and Conflict Theories of Educational Stratification. American Sociological Review 36 (December): 1002-1019.

Collins, R. (1979): The Credential Society. An Historical Sociology of Education and Strati- fi- cation. New York: Academic Press.

Corsten, M. (2011): Grundfragen der Soziologie. UTB basics 3494. Konstanz: UVK-Verl.-Ges.

Deutsches Krebsforschungszentrum (2015): Die Kosten des Rauchens in Deutschland. Heidelberg: Deutsches Krebsforschungszentrum

Diaz-Bone, R. (2006): Statistik für Soziologen. Konstanz: UVK Verlags-Gesellschaft.

Diehl, C./Fick, P. (2016): Ethnische Diskriminierung im deutschen Bildungssystem. In: Ethnische Ungleichheiten im Bildungsverlauf. Wiesbaden: Springer Fachmedien Wiesbaden, S. 243–286.

Diehl, C./Hunkler, C./Kristen, C. (2016): Ethnische Ungleichheiten im Bildungsverlauf. Eine Einführung. In: Ethnische Ungleichheiten im Bildungsverlauf. Wiesbaden: Springer Fachmedien Wiesbaden, S. 3–31.

Diekmann, A./Schmidheiny, K. (2001): Bildung und Ehestabilität: eine Untersuchung schweizerischer Familienbiografien mit den Methoden der Ereignisanalyse. In: Schweizerische Zeitschrift für Soziologie, Vol. 27 Jg.

Dijk, J. van (2020): The digital divide. Cambridge, UK; Medford, MA: Polity.

Dimbath, O. (2011): Einführung in die Soziologie. München: Fink.

Dollmann, J. (2016): Der Übergang von der Primar- in die Sekundarstufe. In: Diehl, C./ Hunkler, C./Kristen, C. (Hrsg.): Ethnische Ungleichheiten im Bildungsverlauf. Wiesbaden: Springer Fachmedien Wiesbaden, S. 517–542.

Dreitzel, H.-P. (1966): Wege in die soziologische Literatur. In: Bahrdt, H.-P. (Hrsg.): Wege zur Soziologie. München: Nymphenburger Verlagshandlung.
Drossel, K./Eickelmann, B./Vennemann, M. (2019): Digitalisierung und Bildungsgerechtigkeit – die schulische Perspektive. In: DDS – Die Deutsche Schule, 111. Jg., H. 4, S. 391–404.
Drucker, P. F. (1994): The Age of Social Transformation. In: The Atlantic, 274. Jg., H. 5, S. 53–80.
Durkheim É. (1984): Erziehung, Moral und Gesellschaft: Vorlesung an der Sorbonne 1902/1903. Suhrkamp-Taschenbuch Wissenschaft 487. Frankfurt am Main: Suhrkamp.
Eickelmann, B./Bos, W./Gerick, J./Labusch, A. (2019): Computer- und informationsbezogene Kompetenzen von Schülerinnen und Schülern der 8. Jahrgangsstufe in Deutschland im zweiten internationalen Vergleich. In: Eickelmann, B./Bos, W./Gerick, J./Goldhammer, F./Schaumburg, H./Schwippert, K./Senkbeil, M./Vahrenhold, J. (Hrsg.): ICILS 2018 #Deutschland: Computer- und informationsbezogene Kompetenzen von Schülerinnen und Schülern im zweiten internationalen Vergleich und Kompetenzen im Bereich Computational Thinking. Münster; New York: Waxmann.
Engzell, P./Frey, A./Verhagen, M. D. (2021): Learning loss due to school closures during the COVID-19 pandemic. In: Proceedings of the National Academy of Sciences, 118. Jg., H. 17.
Entorf, H./Minoiu, N. (2004): What a Difference Immigration Law Makes PISA Results, Migration Background and Social Mobility in Europe and Traditional Countries of Immigration. Discussion Paper No. 04-17. Mannheim: ZEW Zentrum für Europäische Wirtschaftsforschung.
Entorf, H./Sieger, P. (2010): Unzureichende Bildung: Folgekosten durch Kriminalität. Gütersloh:.
Erikson, E. H. (1973): Identität und Lebenszyklus. Drei Aufsätze. Frankfurt/M.: Suhrkamp
Erikson, R./Goldthorpe, J. H. (1992): The constant flux. Oxford England, New York: Clarendon Press.
Erikson, R./Jonsson, J. O. (1996): Introduction: Explaining Class Inequality in Education: The Swedish Test Case. In: Erikson, R./Jonsson, J. O. (Hrsg.): Can education be equalized? Boulder and Colo.: Westview Press, S. 1–63
European Commission (2019): 2nd survey of schools: ICT in education: Germany country report. Luxembourg:
Esser, H. (1999): Situationslogik und Handeln. Soziologie. Spezielle Grundlagen Band 1. Frankfurt/Main: Campus.
Esser, H. (2001): Sinn und Kultur. Spezielle Grundlagen Band 6. Frankfurt [u.a]: Campus.
Esser, H. (2002a): Institutionen. Soziologie. Spezielle Grundlagen Band 5. Frankfurt/Main: Campus-Verl.
Esser, H. (2002b): Soziologie. Spezielle Grundlagen. Situationslogik und Handeln. Frankfurt/Main [u.a.]: Campus
Esser, H. (2006): Migration, Sprache und Integration. WZB. AKI-Forschungsbilanz 4. http://www.wzb.eu/zkd/aki/files/aki_forschungsbilanz_4.pdf (Juli 2019).
Esser, H. (2016): Ethnische Ungleichheiten im Bildungsverlauf: Mechanismen, Befunde, Debatten. In: Diehl, C./Hunkler, C./Kristen, C. (Hrsg.). Wiesbaden: Springer Fachmedien Wiesbaden, S. 331–396.
Fend, H. (2006): Geschichte des Bildungswesens. Wiesbaden: VS Verlag für Sozialwissenschaften.
Fend, H. (2008): Neue Theorie der Schule. Wiesbaden: VS Verlag für Sozialwissenschaften.
Fend, H. (2011): New governance of education. Potentials of reform and risks of failure. In: Tröhler, D./Barbu, R. (Hrsg.): Education Systems in Historical, Cultural, and Sociological Perspectives. Rotterdam u.a.: SensePublishers, S. 39–54.
Friedrich, J.-D./Neubert, P./Sames, J. (2021): 9 Mythen des digitalen Wandels in der Hochschulbildung. Berlin: Hochschulforum Digitalisierung

Fuchs, M. (2003): Rechtsextremismus von Jugendlichen. In: KZfSS Kölner Zeitschrift für Soziologie und Sozialpsychologie, 55. Jg., H. 4, S. 654–678.
Gabriel, O. W./Zmerli, S. (2006): Politisches Vertrauen: Deutschland in Europa. In: Aus Politik und Zeitgeschichte, 30.–31. Jg., S. 8–15.
Ganzeboom, H. B. G./Graaf, P. M. de/Treiman, D. J. (1992): A standard international socio-economic index of occupational status. In: Social Science Research, 21. Jg., H. 1, S. 1–56.
Gapski, H. (2019): Mehr als Digitalkompetenz. Bildung und Big Data. In: Aus Politik und Zeitgeschichte, 27.–28. Jg., S. 24–29.
Gebhardt, E./Thomson, S./Ainley, J./Hillman, K. (2019): What Have We Learned About Gender Differences in ICT? S. 69–73.
Gehlen, A. (1940): Der Mensch: Seine Natur und seine Stellung in der Welt. Berlin: Junker und Dünnhaupt.
Gemeinsame Forschungsstelle der Europäischen Kommission (2019): Europäischer Rahmen für die Digitale Kompetenz Lehrender DigCompEdu.
Giesecke, J./Ebner, C./Oberschachtsiek, D. (2010): Bildungsarmut und Arbeitsmarktexklusion. In: Bildungsverlierer. Wiesbaden: VS Verlag für Sozialwissenschaften, S. 421–438.
Giesinger, J. (2015): Bildungsgerechtigkeit und die sozialen Funktionen der Schule. In: Manitius, V./Hermstein, B./Berkemeyer, N./Bos, W. (Hrsg.): Zur Gerechtigkeit von Schule: Theorien, Konzepte, Analysen. Münster New York: Waxmann, S. 150–162.
Gomolla, M./Radtke, F.-O. (2002): Institutionelle Diskriminierung: Die Herstellung ethnischer Differenz in der Schule. Opladen: Leske + Budrich.
Gordon, M. M. (1964): Assimilation in American life: The role of race, religion, and national origins. New York: Oxford University Press.
Gordt, S./Becker, M. (2016): Bildung. In: Kopp, J./Steinbach, A. (Hrsg.): Grundbegriffe der Soziologie. Wiesbaden: Springer VS, S. 40–42.
Grewenig, E./Lergetporer, P./Werner, K./Woessmann, L./Zierow, L. (2021): COVID-19 and educational inequality: How school closures affect low- and high-achieving students. In: European Economic Review, 140. Jg., S. 103920.
Grewenig, E./Lergetporer, P./Werner, K./Woessmann, L./Zierow, L. (2020): COVID-19 school closures hit low-achieving students particularly hard. https://voxeu.org/article/covid-19-school-closures-hit-low-achieving-students-particularly-hard.
Griese H. M. (2004): Kritik der 'interkulturellen Pädagogik': Essays gegen Kulturalismus, Ethnisierung, Entpolitisierung und einen latenten Rassismus. Pädagogik Bd. 1. Münster: Lit.
Griese, H. M. (2015): Sozialisation. In: Jordan, S./Schlüter, M. (Hrsg.): Lexikon Pädagogik: hundert Grundbegriffe. Stuttgart: Reclam, S. 269–273
Grundmann, M. (2011): Sozialisation – Erziehung – Bildung: Eine kritische Begriffsbestimmung. In: Lehrbuch der Bildungssoziologie. Wiesbaden: VS Verlag für Sozialwissenschaften, S. 63–85.
Hadjar, A. (2013): Geschlechterungleichheiten als fortwährende Herausforderung des Bildungssystems. In: Becker, R./Bühler, P./Bühler, T. (Hrsg.): Bildungsungleichheit und Gerechtigkeit: wissenschaftliche und gesellschaftliche Herausforderungen. Bern: Haupt, S. 209–227.
Häder, M. (2015): Empirische Sozialforschung. Eine Einführung. Wiesbaden: VS Verlag für Sozialwissenschaften.
Halpern, D. F./Benbow, C. P./Geary, D. C./Gur, R. C./Hyde, J. S./Gernsbacher, M. A. (2007): The Science of Sex Differences in Science and Mathematics. In: Psychological Science in the Public Interest, 8. Jg., H. 1, S. 1–51.
Hannover, B. (2011): Geschlecht und soziale Ungleichheit. In: Reinders, H./Ditton, H./Gräsel, C./Gniewosz, B. (Hrsg.): Empirische Bildungsforschung. Gegenstandsbereiche. Wiesbaden: VS Verlag für Sozialwissenschaften, S. 169–180.

Hannover, B./Kessels, U. (2011): Sind Jungen die neuen Bildungsverlierer? Empirische Evidenz für Geschlechterdisparitäten zuungunsten von Jungen und Erklärungsansätze In: Zeitschrift für Pädagogische Psychologie, 25. Jg., H. 2, S. 89–103.

Hanushek, E. A./Wößmann, L. (2015): The Knowledge Capital of Nations. The MIT Press.

Hanushek, E. A./Wößmann, L. (2020): The Economic Impacts of Learning Losses. Paris: OECD

Hattie, J. A. C. (2002): Classroom composition and peer effects. In: International Journal of Educational Research, 37. Jg., H. 5, S. 449–481.

Hausmann, A.-C./Kleinert, C. (2014): Berufliche Segregation auf dem Arbeitsmarkt: Männer- und Frauendomänen kaum verändert. IAB-Kurzbericht 9/2014.

Heckmann, F. (2015): Integration von Migranten. Wiesbaden: Springer Fachmedien Wiesbaden.

Helbig, M./Nikolai, R. (2015): Die Unvergleichbaren. Der Wandel der Schulsysteme in den deutschen Bundesländern seit 1949. Bad Heilbrunn: Klinkhardt.

Helbig, M./Morar, T. (2017): Warum Lehrkräfte sozial ungleich bewerten. Ein Plädoyer für die Etablierung tertiärer Herkunftseffekte im werterwartungs-theoretischen Standardmodell der Bildungsforschung. WZB Discussion Paper P 2017-005

Helbig, M. (2021): Corona Schuljahre – und wie weiter? Eine Auseinandersetzung mit den aktuellen Debatten zur Schließung der Lernlücken infolge der Corona-Schuljahre 2019/20 und 2020/21. Berlin: WZB Discussion Paper P 2021-002.

Helm, C./Huber, S./Loisinger, T. (2021): Was wissen wir über schulische Lehr-Lern-Prozesse im Distanzunterricht während der Corona-Pandemie? – Evidenz aus Deutschland, Österreich und der Schweiz. In: Zeitschrift für Erziehungswissenschaft, 24. Jg., H. 2, S. 237–311.

Helsper, W. (2002): Sozialisation. In: Krüger, H.-H./Helsper, W. (Hrsg.): Einführung in Grundbegriffe und Grundfragen der Erziehungswissenschaft. Wiesbaden: VS Verlag für Sozialwissenschaften, S. 71–79.

Helsper, W. (2004): Sozialisation. In: Einführung in Grundbegriffe und Grundfragen der Erziehungswissenschaft. Wiesbaden: VS Verlag für Sozialwissenschaften, S. 79–89.

Henecka, H. P. (2009): Grundkurs Soziologie. Konstanz: UVK-Verl.-Ges.

Herrlitz, H.-G./Hopf, W./Titze, H. (1984): Deutsche Schulgeschichte von 1800 bis zur Gegenwart: Eine Einführung. Juventa Verl.

Hillmert, S. (2009): Bildung und Lebensverlauf – Bildung im Lebensverlauf. In: Becker, R. (Hrsg.): Lehrbuch der Bildungssoziologie. Wiesbaden: VS Verlag für Sozialwissenschaften, S. 215–235.

Hobsbawm, E. (2004): Europäische Revolutionen: 1789 bis 1848. Köln: Parkland-Verl.

Horlacher, R. (2015): Bildung. In: Lexikon Pädagogik: Hundert Grundbegriffe. Stuttgart: Reclam, S. 50–52.

Horn, D. (2009): Age of selection counts: a cross-country analysis of educational institutions. In: Educational Research and Evaluation. In: Educational Research and Evaluation 15. Jg. H. 4, S. 343-366

Houben, D. (2019): Theorieentwicklungen des soziologischen Neoinstitutionalismus und seine Potentiale für die Educational Governance-Perspektive. In: Langer, R./Brüsemeister, T. (Hrsg.): Handbuch Educational Governance Theorien. Wiesbaden: Springer Fachmedien, S. 147–179.

Huber, S. G./Günther, P. S./Schneider, N./Helm, C./Schwander, M./Schneider, J.A./Pruitt, J. (2020): COVID-19 – aktuelle Herausforderungen in Schule und Bildung. Erste Befunde des Schul-Barometers in Deutschland, Österreich und der Schweiz. Münster, New York: Waxmann

Huebener, M./Spieß, C. K./Zinn, S. (2020): SchülerInnen in Corona-Zeiten: Teils deutliche Unterschiede im Zugang zu Lernmaterial nach Schultypen und -trägern. In: DIW Wochenbericht.

Huinink, J./Schröder, T. (2008): Sozialstruktur Deutschlands. Konstanz: UVK-Verl.-Ges.

IAB Institut für Arbeitsmarkt- und Berufsforschung (2015): Qualifikationsspezifische Arbeitslosenquoten. http://doku.iab.de/arbeitsmarktdaten/qualo_2015.pdf.
IAB Institut für Arbeitsmarkt- und Berufsforschung (2016): Qualifikationsspezifische Arbeitslosenquoten. http://doku.iab.de/arbeitsmarktdaten/qualo_2016.pdf.
IAB Institut für Arbeitsmarkt- und Berufsforschung (2020): Qualifikationsspezifische Arbeitslosenquoten. https://doku.iab.de/arbeitsmarktdaten/Qualo_2020.pdf
Jäger, M. (2008): Wenn Ideen Schule machen: Anregungen zum Transfer von FörMig-Prinzipien und bewährter Praxis. Münster: Waxmann.
Joas, H. (2003): Lehrbuch der Soziologie. Frankfurt/Main: Campus-Verl.
Kajetzke, L./Engelhardt, A. (2013): Leben wir in einer Wissensgesellschaft? In: Aus Politik und Zeitgeschichte, H. 18–20.
Kalter, F./Granato, N. (2018): Migration und ethnische Ungleichheit auf dem Arbeitsmarkt. In: Arbeitsmarktsoziologie. Wiesbaden: Springer Fachmedien Wiesbaden, S. 355–387.
Kao, G./Tienda, M. (1995): Optimism and Achievement: The Educational Performance of Immigrant Youth. In: Social Science Quarterly, 76. Jg., H. 1, S. 1–19.
Karakaşoğlu, Y./Mecheril, P./Shure, S./Wojciechowicz, A. A. (2017): Angekommen in der Migrationsgesellschaft? Grundlagen der Lehrerbildung auf dem Prüfstand. Essen:.
Keller, R. (2010): Kompetenz-Bildung: Programm und Zumutung individualisierter Bildungspraxis. In: Kurtz, T./Pfadenhauer, M. (Hrsg.): Soziologie der Kompetenz. Wiesbaden: VS Verlag für Sozialwissenschaften, S. 29–48.
Kersey, A. J./Braham, E. J./Csumitta, K. D./Libertus, M. E./Cantlon, J. F. (2018): No intrinsic gender differences in children's earliest numerical abilities. In: npj Science of Learning, 3. Jg., H. 1, S. 12.
Kirchner, K./Lemke, C. (2019): MOOCs als disruptive Innovation für die akademische Bildung. S. 239–263.
Klein, T./Rüffer, W. (1999): Bildungshomogamie im internationalen Vergleich. In: Zeitschrift für Familienforschungr Familienforschung, 11. Jg., H. 2, S. 28–58.
Klieme, E./Hartig, J. (2007): Kompetenzkonzepte in den Sozialwissenschaften und im erziehungswissenschaftlichen Diskurs. In: Kompetenzdiagnostik. Wiesbaden: VS Verlag für Sozialwissenschaften, S. 11–29.
Klieme, E./Avenarius, H./Blum, W. et al (2007): Zur Entwicklung nationaler Bildungsstandards. Bonn; Berlin: Bundesministerium für Bildung und Forschung
Kneer, G./Schroer, M. (2009): Handbuch Soziologische Theorien. Wiesbaden: VS Verlag für Sozialwissenschaften.
Koch, S. (2009): Die Bausteine neo-institutionalistischer Organisationstheorie – Begriffe und Konzepte im Lauf der Zeit. In: Koch, S./Schemmann, M. (Hrsg.): Neo-Institutionalismus in der Erziehungswissenschaft. Wiesbaden: VS Verlag für Sozialwissenschaften, S. 110–131.
König, C./Frey, A. (2022): The Impact of COVID-19-Related School Closures on Student Achievement—A Meta-Analysis. In: Educational Measurement: Issues and Practice, 41. Jg., H. 1, S. 16–22.
Konsortium Bundesbericht Wissenschaftlicher Nachwuchs (2021): Bundesbericht Wissenschaftlicher Nachwuchs 2021. Bielefeld: wbv Media.
Kramer, R.-T./Helsper, W. (2010): Kulturelle Passung und Bildungsungleichheit – Potenziale einer an Bourdieu orientierten Analyse der Bildungsungleichheit. In: Krüger, H.-H./Rabe-Kleberg, U./Kramer, R.-T./Budde, J. (Hrsg.): Bildungsungleichheit revisited. Wiesbaden: VS Verlag für Sozialwissenschaften, S. 103–125.
Kraus, J. (2008): Bildungsgerechtigkeit. In: Aus Politik und Zeitgeschichte, 49. Jg., S. 8–13.
Kristen, C. (2002): Hauptschule, Realschule oder Gymnasium? In: KZfSS Kölner Zeitschrift für Soziologie und Sozialpsychologie, 54. Jg., H. 3, S. 534–552.
Kristen, C./Dollmann, J. (2010): Sekundäre Effekte der ethnischen Herkunft: Kinder aus türkischen Familien am ersten Bildungsübergang. In: Baumert, J./Maaz, K./Trautwein,

U. (Hrsg.): Bildungsentscheidungen: Zeitschrift für Erziehungswissenschaft Sonderheft 12 | 2009. Wiesbaden: VS Verlag für Sozialwissenschaften, S. 205–229.
Kracke, N./Buck, D./Middendorff, E. (2018): Beteiligung an Hochschulbildung Chancen(un)gleichheit in Deutschland. In: DZHW Brief, H. 3. Hannover: DZHW.
Kultusministerkonferenz (2006): Gesamtstrategie Bildungsmonitoring. München: Kultusministerkonferenz.
Kultusministerkonferenz (2011): Empfehlungen der Kultusministerkonferenz zur Stärkung der Fremdsprachenkompetenz. Beschluss der Kultusministerkonferenz vom 08.12.2011.
Kultusministerkonferenz (2013): Interkulturelle Bildung und Erziehung in der Schule. Beschluss der Kultusministerkonferenz vom 25. 10. 1996 in der Fassung vom 05.12. 2013.
Kultusministerkonferenz (2015): Ganztagsschulen in Deutschland. Bericht der Kultusministerkonferenz vom 03.12.2015. Berlin/Bonn: KMK.
Kultusministerkonferenz (2017): Bildung in der digitalen Welt Strategie der Kultusministerkonferenz. Berlin/Bonn: KMK
Kultusministerkonferenz (2021): Lehren und Lernen in der digitalen Welt. Die ergänzende Empfehlung zur Strategie „Bildung in der digitalen Welt". Berlin/Bonn: KMK
Kurtz, T. (2004): Organisation und Profession im Erziehungssystem. In: Böttcher, W./Terhart, E. (Hrsg.): Organisationstheorie in pädagogischen Feldern. Wiesbaden: VS Verlag für Sozialwissenschaften, S. 43–53.
Kurtz, T./Pfadenhauer, M. (2010): Soziologie der Kompetenz. Wiesbaden: VS Verlag für Sozialwissenschaften.
Kutscher, N. (2020): Digitalität, Digitalisierung und Bildung. In: Bauer, U./Bittlingmayer, U. H./Scherr, A. (Hrsg.): Handbuch Bildungs- und Erziehungssoziologie. Wiesbaden: Springer Fachmedien Wiesbaden, S. 1–17.
Kutscher, N. (2019): Digitale Ungleichheit als Herausforderung für Medienbildung. In: DDS – Die Deutsche Schule, 111. Jg., H. 4, S. 379–390.
Lampert, T./Kroll, L. (2014): Soziale Unterschiede in der Mortalität und Lebenserwartung. www.rki.de/gbe-kompakt.
Lange, E. (2005) Soziologie des Erziehungswesens. Studienskripten zur Soziologie. Wiesbaden: VS Verlag für Sozialwissenschaften
Langenohl, A. (2008): Die Schule als Organisation. In: Willems, H. (Hrsg.): Lehr(er)buch Soziologie. Wiesbaden: VS Verlag für Sozialwissenschaften, S. 817–833.
Langer, R. (2015): Educational Governance und Theoriebildung. In: Schrader, J./Schmid, J./Amos, K./Thiel, A. (Hrsg.): Governance von Bildung im Wandel. Wiesbaden: Springer Fachmedien Wiesbaden, S. 45–64.
Langmeyer, A./Guglhör-Rudan, A./Naab, T./Urlen, M./Winklhofer, U. (2020): Kind sein in Zeiten von Corona. Ergebnisbericht zur Situation von Kindern während des Lockdowns im Frühjahr 2020.
Larsen, L./Helland, M. S./Holt, T. (2021): The impact of school closure and social isolation on children in vulnerable families during COVID-19: a focus on children's reactions. In: European Child & Adolescent Psychiatry.
Lenzen, D./Luhmann, N. (1997): Vorwort. In: Lenzen, D./Luhmann, N. (Hrsg.): Bildung und Weiterbildung im Erziehungssystem: Lebenslauf und Humanontogenese als Medium und Form. 1. Aufl. Frankfurt am Main: Suhrkamp, S. 7–11,
Lindenberg, S. (1984): Normen und die Allokation sozialer Wertschätzung. In: Dörner, D./Todt, H. (Hrsg.): Normengeleitetes Verhalten in den Sozialwissenschaften. Berlin: Duncker & Humblot, S. 169–191.
Lindenberg, S. (1985): An Assessment of the New Political Economy: Its Potential for the Social Sciences and for Sociology in Particular. In: Sociological Theory, 3. Jg., H. 1, S. 99.
Lindenberg, S. (1986): The Paradox of Privatization in Consumption. In: Rapoport, A./Diekmann, A./Mitter, P. (Hrsg.): Paradoxical effects of social behavior: Essays in honor of Anatol Rapoport. Heidelberg: Physica-Verlag, S. 297–311.

Löw, M./Geier, T. (2014): Einführung in die Soziologie der Bildung und Erziehung. Opladen: Leske + Budrich.
Loo, H. van der/Reijen, W. van (1992): Modernisierung: Projekt und Paradox. München: Deutscher Taschenbuch Verlag.
Lorenz, R./Eickelmann, B. (2022): Nutzung digitaler Medien im Unterricht der Sekundarstufe I und Nutzungsbedingungen im Trendvergleich von 2017 und 2021. In: Lorenz, R./Yotyodying, S./Eickelmann, B./Endberg, M. (Hrsg.): Schule digital – der Länderindikator 2021. Münster; New York: Waxmann, S. 63–88.
Lorenz, R./Endberg, M./Bos, W. (2019): Predictors of fostering students' computer and information literacy – analysis based on a representative sample of secondary school teachers in Germany. In: Education and Information Technologies, 24. Jg., H. 1, S. 911–928.
Ludewig, U./Kleinkorres, R./Schaufelberger, R./Schlitter, T./Lorenz, R./König, C./Frey, A./McElvany, N. (2022): COVID-19 Pandemic and Student Reading Achievement: Findings From a School Panel Study. In: Frontiers in Psychology, 13. Jg.
Lüdemann, E./Schwerdt, G. (2011): Sind Zuwanderer der zweiten Generation im deutschen Schulsystem doppelt benachteiligt? Die Bedeutung der frühen Mehrgliedrigkeit für erfolgreiche Integration. In: Ifo-Institut für Wirtschaftsforschung, 64. Jg., H. 10, S. 19–24.
Maag Merki, K./Langer, R./Altrichter, H. (2014): Educational Governance als Forschungsperspektive. In: Maag Merki, K./Langer, R./Altrichter, H. (Hrsg.): Educational Governance als Forschungsperspektive. Wiesbaden: Springer Fachmedien Wiesbaden, S. 11–23.
Maasen, S. (2013): Wissensgesellschaft. In: Scherr, A. (Hrsg.): Soziologische Basics. Wiesbaden: VS Verlag für Sozialwissenschaften, S. 279–286.
Maehler, D. B./Teltemann, J./Rauch, D. P./et al. (2016): Die Operationalisierung des Migrationshintergrunds. In: Maehler, D./Brinkmann, H. U. (Hrsg.): Methoden der Migrationsforschung. Wiesbaden: Springer Fachmedien, S. 263–282.
Mahoney, J., 2000: Path Dependence in Historical Sociology. Theory and Society 29: 507–548
Maldonado, J. E./De Witte, K. (2022): The effect of school closures on standardised student test outcomes. In: British Educational Research Journal, 48. Jg., H. 1, S. 49–94.
Marcus, J./Zambre, V. (2017): Folge der G8-Schulreform: Weniger Abiturientinnen und Abiturienten nehmen ein Studium auf. Berlin: DIW
Martens, K./Knodel, P./Windzio, M. (Hrsg.) (2014): Internationalization of Education Policy: A new constellation of statehood in education? New York: Palgrave Macmillan.
Marx, Karl (1859): Zur Kritik der Politischen Ökonomie. Berlin: Duncker
Mattes, M. (2002): Hindernisse und Strategien der staatlichen Anwerbung von „Gastarbeiterinnen" in der Bundesrepublik 1955-73. Archiv für Sozialgeschichte 42, S. 105-121
Mayer, K.-U. (2000): Die Bildungsgesellschaft. In: Pongs, A. (Hrsg.): In welcher Gesellschaft leben wir eigentlich? Gesellschaftskonzepte im Vergleich. München: Dilemma Verlag.
Meyer, J. W./Rowan, B. (1977): Institutionalized Organizations: Formal Structure as Myth and Ceremony. In: American Journal of Sociology, 83. Jg., H. 2, S. 340–363.
Mitchell, D.E. (1996): Institutional Theory and the Social Structure of Education. In: Crowson, R.L./Boyd, W.L./Mawhinney, H.B. (Hrsg.): The Politics of Education and the New Institutionalism: Reinventing the American School. The 1995 Yearbook of the Politics of Education Association. Washington, DC, London: Falmer, S. 167-188.
Morris-Lange, S./Wagner, K./Altinay, L. (2016): Lehrerbildung in der Einwanderungsgesellschaft. Qualifizierung für den Normalfall. In: Policy Brief 4 des SVR-Forschungsbereichs, S. 1–36.
Muslic, B./Ramsteck, C. (2016): Neo-Institutionalistische Perspektive auf die Organisation Schule. In: Maier, M. S. (Hrsg.): Organisation und Bildung. Wiesbaden: Springer Fachmedien Wiesbaden, S. 199–219.

Mußmann, F./Hardwig, T./Riethmüller, M./Klötzer, S. (2021): Digitalisierung im Schulsystem 2021 Arbeitszeit, Arbeitsbedingungen, Rahmenbedingungen und Perspektiven von Lehrkräften in Deutschland. Göttingen.

Muuß-Merholz, J. (2019): Der große Verstärker. Spaltet die Digitalisierung die Bildungswelt? In: Aus Politik und Zeitgeschichte, 27.–28. Jg., S. 4–10.

Nagel, A. K./Martens, K./Windzio, M. (2010): Introduction – Education Policy in Transformation. In: Martens, K./Nagel, A.-K./Windzio, M./Weymann, A. (Hrsg.): Transformation of education policy. Basingstoke: Palgrave Macmillan, S. 3–28

Neugebauer, M. (2011): Werden Jungen von Lehrerinnen bei den Übergangsempfehlungen für das Gymnasium benachteiligt? Eine Analyse auf Basis der IGLU-Daten. In: Hadjar, A. (Hrsg.): Geschlechtsspezifische Bildungsungleichheiten. Wiesbaden: VS Verlag für Sozialwissenschaften, S. 235–260.

Nuscheler, F. (1995): Internationale Migration. Flucht und Asyl. Opladen: Leske + Budrich.

OECD (2010): PISA 2009 results. What Students Know and Can Do: Student Performance in Reading, Mathematics, and Science. (Volume I). Paris: OECD.

OECD (2015): What Lies Behind Gender Inequality in Education? In: PISA in focus, 3. Jg.

OECD (2017): Government at a Glance 2017. Paris: OECD.

OECD (2021): Education at a Glance 2021. Paris. OECD

Olczyk, M./Seuring, J./Will, G./Zinn, S. (2016): Migranten und ihre Nachkommen im deutschen Bildungssystem: Ein aktueller Überblick. In: Ethnische Ungleichheiten im Bildungsverlauf. Wiesbaden: Springer Fachmedien Wiesbaden, S. 33–70.

Oltmer, J. (2010): Migration im 19. und 20. Jahrhundert. München: R. Oldenbourg.

Osterman, K. F. (2000): Students' Need for Belonging in the School Community. In: Review of Educational Research, 70. Jg., H. 3, S. 323–367.

Park, R. E. (1950): Race and culture. New York: Free Press.

Parsons, T. (1937): The Structure of Social Action. A Study in Social Theory with Special Reference to a Group of Recent European Writers. New York: McGraw Hill

Parsons, T. (1951): The Social System. Glencoe: The Free Press.

Pensiero, N./Kelly, A./Bokhove, C. (2020): Learning inequalities during the Covid-19 pandemic: how families cope with home-schooling.

Pilz, S. (2018): Schulentwicklung als Antwort auf Heterogenität und Ungleichheit. Wiesbaden: Springer Fachmedien Wiesbaden.

Piopiunik, M./Wößmann, L. (2010): Volkswirtschaftliche Folgekosten unzureichender Bildung: Eine makroökonomische Projektion. In: Quenzel, G./Hurrelmann, K. (Hrsg.): Bildungsverlierer. Wiesbaden: VS Verlag für Sozialwissenschaften, S. 463–473.

Poltermann, A. (2013): Wissensgesellschaft – eine Idee im Realitätscheck. In: Dossier: Bildung. http://www.bpb.de/gesellschaft/kultur/zukunft-bildung/146199/wissensgesellschaft.

Pongratz, H. J. (2022): Plattformen auf dem Arbeitsmarkt: Digitalisierung und Diversifizierung in der Beschäftigungsindustrie. In: KZfSS Kölner Zeitschrift für Soziologie und Sozialpsychologie.

Portes, A./Zhou, M. (1993): The New Second Generation: Segmented Assimilation and its Variants. In: American Academy of Political and Social Science: The annals of the American Academy of Political and Social Science, 530. Jg., S. 74–96.

Racherbäumer, K./Liegmann, A. B./Breiwe, R./Ackeren, I. van (2020): Unterrichtsentwicklung in Research Learning Communities – digital und inklusiv. In: Kaspar, K./Becker-Mrotzek, M./Hofhues, S./König, J./Schmeinck, D. (Hrsg.): Bildung, Schule, Digitalisierung. Münster; New York: Waxmann, S. 303–308.

Radtke, F.-O. (2004): Schule und Ethnizität. In: Helsper, W./Böhme, J. (Hrsg.): Handbuch der Schulforschung. Wiesbaden: VS Verlag für Sozialwissenschaften, S. 625–646.

Ravens-Sieberer, U./Kaman, A./Erhart, M./Devine, J./Schlack, R./Otto, C. (2021): Impact of the COVID-19 pandemic on quality of life and mental health in children and adolescents in Germany. In: European Child & Adolescent Psychiatry.

Reichenbach, R. (2015): Erziehung. In: Lexikon Pädagogik: Hundert Grundbegriffe. Stuttgart: Reclam, S. 87–90.
Richerson, P. J./Boyd, R. (2008): Being human: Migration: An engine for social change. In: Nature : the international weekly journal of science, 456. Jg., H. 7224, S. 877–878.
Ricken, N. (2006): Die Ordnung der Bildung. Wiesbaden: VS Verlag für Sozialwissenschaften.
Rieger-Ladich, M. (2015): Habitus. In: Lexikon Pädagogik: Hundert Grundbegriffe. Stuttgart: Reclam, S. 119–120.
Rippl, S. (2003): Kompensation oder Konflikt? In: KZfSS Kölner Zeitschrift für Soziologie und Sozialpsychologie, 55. Jg., H. 2, S. 231–252.
Rjosk, C./Richter, D./Hochweber, J./Lüdtke, O./Klieme, E./Stanat, P. (2014): Socioeconomic and language minority classroom composition and individual reading achievement: The mediating role of instructional quality. In: Learning and Instruction, 32. Jg., S. 63–72.
Robinsohn, S. B. (1988): Bildungsreform als Revision des Curriculum. Neuwied a.Rh., Berlin: Luchterhand.
Rohde, D./Wrase, M. (2022): Die Umsetzung des DigitalPakts Schule Perspektiven der schulischen Praxis auf zentrale Steuerungsfragen und -herausforderungen.
Rössel, J. (2009): Sozialstrukturanalyse: eine kompakte Einführung. 1. Aufl. Wiesbaden: VS Verlag für Sozialwissenschaften
Rosa, H./Strecker, D./Kottmann, A. (2013): Soziologische Theorien. Konstanz: UVK-Verl.-Ges.
Ruhose, J. (2013): Bildungsleistungen von Migranten und deren Determinanten – Teil II: Primar-, Sekundar- und Tertiärbereich. In: Ifo Schnelldienst, 66. Jg., H. 10.
Rühle, M. (2018): Was ist Bildung? Geschichte und Gegenwart einer neuzeitlichen Idee. In: Medien + Erziehung (merz). Zeitschrift für Medienpädagogik, 62. Jg., H. 5, S. 8–15.
Schacht, F./Barzel, B./Daum, S./Klinger, A./Klinger, M./Schröder, P./Schüler, A./Wardemann, S. (2019): Das fachliche Lernen stärken. In: DDS – Die Deutsche Schule, 111. Jg., H. 4, S. 435–455.
Schaefers, C. (2002): Der soziologische Neo-Institutionalismus. Eine organisationstheoretische Analyse- und Forschungsperspektive auf schulische Organisationen. In: Zeitschrift für Pädagogik, 48. Jg., H. 6, S. 835–855.
Schäfers, B. (2016): Soziologie. In: Kopp, J./Steinbach, A. (Hrsg.): Grundbegriffe der Soziologie. Wiesbaden: VS Verlag für Sozialwissenschaften, S. 312–316.
Scheidig, F./Holmeier, M. (2021): Learning Analytics aus institutioneller Perspektive: Ein Orientierungsrahmen für die hochschulische Datennutzung. In: Digitalisierung in Studium und Lehre gemeinsam gestalten. Wiesbaden: Springer Fachmedien Wiesbaden, S. 215–231.
Scherr, A. (2013): Bildung, Erziehung, Sozialisation. In: Ders. (Hrsg.): Soziologische Basics. Wiesbaden: VS Verlag für Sozialwissenschaften, S. 23–28.
Schmid, K./Hafner, H./Pirolt, R. (2007): Reform von Schulgovernance-Systemen. Vergleichende Analyse der Reformprozesse in Österreich und bei einigen PISA-Teilnehmerländern. ibw – Schriftenreihe Nr. 135. Wien: ibw
Schmitt, D. P./Realo, A./Voracek, M./Allik, J. (2008): Why can't a man be more like a woman? Sex differences in Big Five personality traits across 55 cultures. In: Journal of Personality and Social Psychology, 94. Jg., H. 1, S. 168–182.
Schnepf, S. V. (2002): A sorting hat that fails? The transition from primary to secondary school in Germany. Florenz:, UNICEF Innocenti Research Centre. Innocenti working papers Bd. 92.
Schroeders, U./Penk, C./Jansen, M./Anand Pant, H. (2013): Geschlechtsbezogene Disparitäten. In: Anand Pant, H./Stanat, P./Schroeders, U./Roppelt, A./Siegle, T./Pöhlmann, C. (Hrsg.): IQB-Ländervergleich 2012. Mathematische und naturwissenschaftliche Kompetenzen am Ende der Sekundarstufe I, S. 249–274.

Schult, J./Mahler, N./Fauth, B./Lindner, M. A. (2022): Did students learn less during the COVID-19 pandemic? Reading and mathematics competencies before and after the first pandemic wave. In: School Effectiveness and School Improvement, S. 1–20.
Schüller, K./Busch, P./Hindinger, C. (2019): Future Skills: Ein Framework für Data Literacy – Kompetenzrahmen und Forschungsbericht. Berlin: Hochschulforum Digitalisierung
Schunck, R./Teltemann, J. (2019): Kompetenzungleichheit zwischen SchülerInnen mit und ohne Migrationshintergrund im Zeitvergleich. In: ISI Informationsdienst Soziale Indikatoren, 61. Jg., S. 6–12.
Schwabl, F./Vogelsang, C. (2021): CoViD-19 als Katalysator für die digitale Professionalisierung angehender Lehrpersonen? In: MedienPädagogik: Zeitschrift für Theorie und Praxis der Medienbildung, 40. Jg., S. 253–281.
Scott, W. R. (1995): Institutions and organizations. Los Angeles: Sage.
Seel, N. M./Hanke, U. (2015): Erziehungswissenschaft. Berlin, Heidelberg: Springer Berlin Heidelberg.
Senkbeil, M./Drossel, K./Eickelmann, B./Vennemann, M. (2019): Soziale Herkunft und computer- und informationsbezogene Kompetenzen von Schülerinnen und Schülern im zweiten internationalen Vergleich. In: Eickelmann, B./Bos, W./Gerick, J./Goldhammer, F./Schaumburg, H./Schwippert, K./Senkbeil, M./Vahrenhold, J. (Hrsg.): ICILS 2018 #Deutschland: Computer- und informationsbezogene Kompetenzen von Schülerinnen und Schülern im zweiten internationalen Vergleich und Kompetenzen im Bereich Computational Thinking. Münster: Waxmann, S. 301–334.
Sewell, W. H./Heller, A. O./Portes, A. (1969): The Educational and Early Occupational Attainment Process. In: American Sociological Review, 34. Jg., H. 1, S. 82–92.
Solga, H. (2009): Bildungsarmut und Ausbildungslosigkeit in der Bildungs- und Wissensgesellschaft. In: Becker, R. (Hrsg.): Lehrbuch der Bildungssoziologie. Wiesbaden: VS Verlag für Sozialwissenschaften, S. 395–432.
Solga, H. (2013): Was wirkt? In: Deißner, D. (Hrsg.): Chancen bilden. Wiesbaden: Springer Fachmedien Wiesbaden, S. 169–175.
Sommerkorn, I. N. (1997): Soziologie der Bildung und Erziehung. In: Korte, H./Schäfers, B. (Hrsg.): Einführung in Praxisfelder der Soziologie. Wiesbaden: Leske + Budrich.
Spence, A. M. (1974): Market Signaling: Informational Transfer in Hiring and Related Screening Processes. Cambridge and Mass. [u.a.]: Harvard University Press.
Stalder, F. (2016): Kultur der Digitalität. Berlin: Suhrkamp.
Stanat, P. (2006): Schulleistungen von Jugendlichen mit Migrationshintergrund: Die Rolle der Zusammensetzung der Schülerschaft. In: Baumert, J./Stanat, P./Watermann, R. (Hrsg.): Herkunftsbedingte Disparitäten im Bildungswesen: differenzielle Bildungsprozesse und Probleme der Verteilungsgerechtigkeit. Wiesbaden: VS Verlag für Sozialwissenschaften, S. 189–219.
Stanat, P./Bergann, S. (2009): Geschlechtsbezogene Disparitäten in der Bildung. In: Handbuch Bildungsforschung. Wiesbaden: VS Verlag für Sozialwissenschaften, S. 513–527.
Stanat, P./Schwippert, K./Gröhlich, C. (2010): Der Einfluss des Migrantenanteils in Schulklassen auf den Kompetenzerwerb. Längsschnittliche Überprüfung eines umstrittenen Effekts. In: Allemann-Ghionda, C./Stanat, P./Göbel, K./Röhner, C. (Hrsg.): Migration, Identität, Sprache und Bildungserfolg. Zeitschrift für Pädagogik Beiheft 55., S. 147–164.
Stanat, P. (2016): Zuwanderungshintergrund und Schulerfolg. Forschungsstand und offene Fragen. In: Schulmanagement, 47. Jg., H. 3, S. 11–13.
Stanat, P./Bergann, S./Taraszow, T. (2018): Geschlechtsbezogene Disparitäten im deutschen Bildungswesen. In: Handbuch Bildungsforschung. Wiesbaden: Springer Fachmedien Wiesbaden, S. 1321–1338.
Statistisches Bundesamt (2012): Statistisches Jahrbuch Deutschland und Internationales 2012. Statistisches Bundesamt (2013): Geburtentrends und Familiensituation in Deutschland. Wiesbaden: Statistisches Bundesamt.

Literaturverzeichnis

Statistisches Bundesamt (2014): Statistisches Jahrbuch Deutschland und Internationales 2014. Wiesbaden: Statistisches Bundesamt

Statistisches Bundesamt (2015): Statistisches Jahrbuch Deutschland und Internationales 2015. Wiesbaden: Statistisches Bundesamt.

Statistisches Bundesamt (2016): Statistisches Jahrbuch Deutschland und Internationales 2016. Wiesbaden: Statistisches Bundesamt

Statistisches Bundesamt (2019): Statistisches Bundesamt, Fachserie 11, Reihe 4.1. Bildung und Kultur. Studierende an Hochschulen. Wiesbaden: Statistisches Bundesamt.

Statistisches Bundesamt 2022a: Bildung und Kultur. Allgemeinbildende Schulen. Fachserie 11, Reihe 1. Wiesbaden: Statistisches Bundesamt.

Statistisches Bundesamt 2022b: Bevölkerung und Erwerbstätigkeit. Bevölkerung mit Migrationshintergrund Ergebnisse des Mikrozensus 2020 (Endergebnisse). Wiesbaden: Statistisches Bundesamt.

Stehr, N. (2000): Die Zerbrechlichkeit moderner Gesellschaften. Weilerswist: Velbrück Wissenschaft.

Susskind, R./Susskind, D. (2015): The Future of the Professions: How Technology Will Transform the Work of Human Experts. Oxford: Oxford University Press.

(SWK) Ständige wissenschaftliche Kommission der Kultusministerkonferenz (2021): Stellungnahme zur Weiterentwicklung der KMK-Strategie „Bildung in der digitalen Welt". Berlin/Bonn

Tacke, V. (2004): Organisation im Kontext der Erziehung. In: Böttcher, W./Terhart, E. (Hrsg.): Organisationstheorie in pädagogischen Feldern. Wiesbaden: VS Verlag für Sozialwissenschaften, S. 19–42.

Teltemann, J./Windzio, M. (2014): Individuelle und institutionelle Bedingungen gescheiterter Bildungs-investitionen: Bildungsarmut im internationalen Vergleich. In: WSI-Mitteilungen, H. 8, S. 609–619.

Teltemann, J. (2015): Ungleichheit als System? Der Schulerfolg von Migranten im internationalen Vergleich. Frankfurt/Main: Campus.

Teltemann, J./Schunck, R. (2016): Education systems, school segregation, and second-generation immigrants' educational success: Evidence from a country-fixed effects approach using three waves of PISA. In: International Journal of Comparative Sociology, 57. Jg., H. 6.

Teltemann, J./Rauch, D. (2018): Immigrant Student Achievement and Education Policy in Germany. In: Volante, L./Klinger, D./Bilgili, O. (Hrsg.): Immigrant Student Achievement and Education Policy. Cham: Springer International Publishing, S. 35–52.

Teltemann, J./Jude, N. (2019): Assessments and accountability in secondary education: International trends. In: Research in Comparative and International Education, 14. Jg., H. 2, S. 249–271.

Timmermann, D./Strikker, F. (2004): Organisation, Management, Planung. In: Krüger, H.-H./Helsper, W. (Hrsg.): Einführung in Grundbegriffe und Grundfragen der Erziehungswissenschaft. Wiesbaden: VS Verlag für Sozialwissenschaften, S. 151–170.

Treibel, A. (2000): Einführung in soziologische Theorien der Gegenwart. Wiesbaden: VS Verlag für Sozialwissenschaften.

Treibel, A. (2008): Migration in modernen Gesellschaften: Soziale Folgen von Einwanderung, Gastarbeit und Flucht. 4. Aufl. Weinheim: Juventa.

Treiman, D. (1977): Occupational Prestige in Comparative Perspective. New York: Elsevier

van Ackeren, I./Klemm, K./Kühn, S. M. (2015): Entstehung, Struktur und Steuerung des deutschen Schulsystems. Wiesbaden: Springer Fachmedien Wiesbaden.

van Ackeren, I./Aufenanger, S./Eickelmann, B./Friedrich, S./Kammerl, R./Knopf, J./Mayrberger, K./Scheika, H./Scheiter, K./Schiefner-Rohs, M. (2019): Digitalisierung in der Lehrerbildung. Herausforderungen, Entwicklungsfelder und Förderung von Gesamtkonzepten. In: DDS – Die Deutsche Schule, 111. Jg., H. 1, S. 103–119.

van de Werfhorst, H. G./Mijs, J. J. B. (2010): Achievement Inequality and the Institutional Structure of Educational Systems: A Comparative Perspective. In: Annual Review of Sociology, 36. Jg., H. 1, S. 407–428.

Vogelbacher, M./Attig, M. (2022): Carrying the Burden Into the Pandemic – Effects of Social Disparities on Elementary Students' Parents' Perception of Supporting Abilities and Emotional Stress During the COVID-19 Lockdown. In: Frontiers in Psychology, 12. Jg.

Waffner, B. (2020): Unterrichtspraktiken, Erfahrungen und Einstellungen von Lehrpersonen zu digitalen Medien in der Schule. In: Wilmers, A./Anda, C./Keller, C./Rittberger, M. (Hrsg.): Bildung im digitalen Wandel. Die Bedeutung für das pädagogische Personal und für die Aus- und Fortbildung. Münster; New York: Waxmann, S. 57–102.

Watermann, R./Maaz, K./Bayer, S./Roczen, N. (2016): Social Background. In: Kuger, S./Klieme, E./Jude, N. (Hrsg.): Assessing Contexts of Learning. Methodolog. Cham: Springer International Publishing. S. 117-145

Weber, M. (1965): Wirtschaft und Gesellschaft. Grundriss der verstehenden Soziologie. Tübingen: Mohr.

Weick, K. E. (1976): Educational Organizations as Loosely Coupled Systems. In: Administrative Science Quarterly, 21. Jg., H. 1, S. 1–19.

Weinert, F. E. (2001): Leistungsmessungen in Schulen. Dr. nach T. Weinheim [u.a.]: Beltz.

Weisberg, Y. J./DeYoung, C. G./Hirsh, J. B. (2011): Gender Differences in Personality across the Ten Aspects of the Big Five. In: Frontiers in Psychology, 2. J

Werner, K./Wößmann, L. (2021): Will the Covid-19 Pandemic Leave a Lasting Legacy in Children's Skill Development?

Willke, H. (1998): Organisierte Wissensarbeit. In: Zeitschrift für Soziologie. S. 161–177.

Windzio, M./Martens, K./Sackmann, R.: Types of Governance in Education – A Quantitative Analysis. In: TranState Working Paper. SFB 597, University of Bremen

Winkler, M. (2002): Erziehung. In: Einführung in Grundbegriffe und Grundfragen der Erziehungswissenschaft. Wiesbaden: VS Verlag für Sozialwissenschaften, S. 53–69.

Wößmann, L./Piopiunik, M. (2009): Was unzureichende Bildung kostet: Eine Berechnung der Folgekosten durch entgangenes Wirtschaftswachstum. Gütersloh: Bertelsmann Stiftung.

Wößmann, L. (2015): Die volkswirtschaftliche Bedeutung von Bildung. In: Dossier: Bildung. http://www.bpb.de/gesellschaft/kultur/zukunft-bildung/209149/volkswirtschaft.

Wößmann, L./Freundl, V./Grewenig, E./Lergetporer, P./Werner, K./Zierow, L. (2020): Bildung in der Coronakrise: Wie haben die Schulkinder die Zeit der Schulschließungen verbracht, und welche Bildungsmaßnahmen befürworten die Deutschen? https://www.ifo.de/DocDL/sd-2020-09-woessmann-etal-bildungsbarometer-corona.pdf.

Wrase, M. (2020): Schulrechtliche Herausforderungen in Zeiten der Corona-Pandemie. In: Fickermann, D./Edelstein, B. [Hrsg.]: „Langsam vermisse ich die Schule …" Münster: Waxmann, S. 105–116.

Yang, Z./Barnard-Brak, L./Siwatu, K. (2019): How Does the Availability of Information and Communication Technology (ICT) Resources Mediate the Relationship Between Socioeconomic Status and Achievement? In: Journal of Technology in Behavioral Science, 4. Jg., H. 3, S. 262–266.

Zeiher, J./Kuntz, B./Lange, C. (2017). Rauchen bei Erwachsenen in Deutschland. In: Journal of Health Monitoring, 2(2), 59–65. https://doi.org/10.17886/RKI-GBE-2017-030

Zhou, M. (1997): Segmented Assimilation: Issues, Controversies, and Recent Research on the New Second Generation. In: International migration review, 31. Jg., H. 4, S. 975–1008.

Zimmer, L. M./Lörz, M./Marczuk, A. (2021): Studieren in Zeiten der Corona-Pandemie: Vulnerable Studierendengruppen im Fokus Zum Stressempfinden vulnerabler Studierendengruppen. Hannover: DZHW-Brief 2/2021

Stichwortverzeichnis

Die Angaben verweisen auf die Seitenzahlen des Buches.

Aggregatdaten 102
Algorithmen 184, 185, 188, 195
askriptive Merkmale 31, 108, 130

Bildungsarmut 40, 61, 62, 105
Bildungssystem 30, 32, 36, 39, 54, 57–59, 62, 65, 69–74, 76–88, 91, 96, 97, 99, 101, 103, 104, 108, 110, 114, 117–120, 122, 127–131, 136–138, 140, 141, 143, 150, 157–169, 173, 180, 184–186, 195

Corona-Pandemie 66, 67, 169–174, 178, 179, 181, 183, 187, 189, 193

Datafizierung 159, 183, 184, 195
Digitalisierung 159, 183–188, 190–196

Entkoppelung 96
Entkopplung 74, 76, 96, 99, 100, 166
Equity 74, 76, 83, 108, 110
Erziehung 19, 30, 31, 33, 34, 37–39, 42, 43, 69, 70, 72, 92, 96, 141, 152, 157

Funktionen von Bildungssystemen
- Allokationsfunktion 72, 73, 78
- Legitimationsfunktion 71
- Qualifizierungsfunktion 71
- Reproduktionsfunktion 72

Gastarbeitermigration 132, 141
Gerechtigkeit 27, 72–76, 78, 83, 98, 117, 128, 141, 157, 159, 165, 172, 173
Governance 159, 160, 165–168

Habitus 36, 56, 78, 119, 120, 124, 191
Humankapital 40, 119, 156

Industrialisierung 20, 39, 72
Institutionen 19, 22, 24, 27, 32, 33, 50, 57, 65, 69, 74, 77, 80, 81, 83–86, 88, 91, 93, 96, 125, 128, 139, 140, 167
Integration 23, 31, 71, 73, 77, 78, 98, 99, 129–133, 136, 139, 141–143, 157, 186
Isomorphismus 96

Kapital 23, 24, 40, 42, 49, 57, 63, 109, 113, 118, 119, 124, 137, 138, 191, 192
Kompetenzen 31, 39–42, 54–56, 61, 62, 65, 75, 82, 85, 99, 101–108, 113–117, 125, 133, 134, 137, 145, 146, 148–153, 167, 170–176, 183–192, 194, 196
Konflikttheorie 77, 78, 84, 118, 120, 121, 127, 167
Kulturelle Reproduktion 79, 118–120, 124

Lernen 35, 65, 85, 92, 99, 125, 127, 152, 164, 170, 174–176, 186, 188, 191–195
Moderne 30, 31, 37, 46, 63, 69, 71–73, 77, 88, 92, 93, 95, 109, 117–119, 129, 145, 159

Normen 21, 22, 34–37, 77, 81, 85, 86, 93, 95, 196

Organisationen
- +nformelle Struktur 88, 94, 95
- Formalstruktur 94
- Umwelt 26, 34, 35, 37, 59, 79, 80, 93, 95–97, 99, 133, 148, 152, 159
Organisationsgesellschaft 63, 92

Passungsverhältnissen 118, 119, 125, 128
Peer-Effekte 126
Primäre Effekte 121, 124, 138, 139, 157, 175
Professionen 98–100

Rationalität 95
Rekontextualisierung 88, 166
Ressourcen 24, 36, 40, 56, 58, 65, 66, 72, 78, 81, 83, 85, 86, 88, 92, 93, 95, 96, 101, 109, 116, 121, 125, 127, 137–139, 142, 159, 163, 169, 175, 184, 188, 191, 194
Rolle 21, 23, 25, 31, 35, 36, 53, 56, 58, 59, 64, 65, 71, 84, 85, 87, 88, 92–96, 98–100, 120, 122, 129, 136, 139, 140, 152, 153, 155–157, 175, 184, 188, 192
RREEMM-Modell 85, 86

Segmentierten Assimilation 139
Segregation 125, 142
Sekundären Effekte 122, 124, 128, 139, 192
Signaling-Theorie 54
Skalenniveau 104

Stichwortverzeichnis

Soziale Ordnung 33, 73, 130, 165
Sozialer Gradient 112, 113, 117
Soziales Handeln 29
Sozialisation 19, 33–38, 42, 43, 69, 70, 87, 118, 137, 186
Status 26, 28, 30, 31, 53, 71, 86, 109–114, 117–119, 124, 126, 127, 137, 139, 140, 183
Statuserhalt 124
Stereotypenbedrohung 141, 153, 154
Strukturfunktionalismus 35, 77, 78, 84
Systemtheorie 77, 79, 80, 84

Tertiäre Effekte 125

Ungleichheit 22, 31, 32, 66, 69, 71, 73, 76, 78, 83, 101, 104, 106, 108, 110–115, 117, 118, 120–123, 125–130, 134, 136, 137, 140, 141, 145, 147, 150, 153, 154, 156, 160, 162, 165, 167, 168, 174, 175, 179, 183, 185, 186, 191, 192, 195

Werterwartungstheorie 86, 122, 123, 128
Wissen 20, 32, 34, 35, 37–39, 42, 54, 56, 58, 63, 65–67, 80, 87, 91, 100, 101, 119, 128, 130, 142, 145, 162, 163, 169, 180, 183, 185–187

**Bereits erschienen in der Reihe
STUDIENKURS SOZIOLOGIE**

Umweltsoziologie
Von Prof. Dr. Cordula Kropp und Dr. Marco Sonnberger
2021, 237 Seiten, broschiert, ISBN 978-3-8487-5035-1

Politische Soziologie
Von Prof. Dr. Boris Holzer
2. Auflage 2020, 199 Seiten, broschiert, ISBN 978-3-8487-6109-8

Transnationalismus
Von Prof. Dr. Magdalena Nowicka
2019, 170 S., broschiert, ISBN 978-3-8487-5059-7

Bildungssoziologie
Von Prof. Dr. Janna Teltemann
2019, 168 S., broschiert, ISBN 978-3-8487-3766-6

Öffentliche Soziologie
Von PD Dr. Oliver Neun
2019, 225 S., broschiert, ISBN 978-3-8487-4758-0